新しい権威主義の時代 上

STRONGMEN

Mussolini to the Present

ストロングマンはいかにして民主主義を破壊するか

ルース・ベン＝ギアット
Ruth Ben-Ghiat
小林朋則 訳

原書房

新しい権威主義の時代——ストロングマンはいかにして民主主義を破壊するか　上

目　次

下巻目次

謝辞

本書『新しい権威主義の時代』には、権威主義的支配者たちと彼らが個々人や社会に与える破滅的な影響について考えてきた私の半生が反映されている。私の生まれ故郷はカリフォルニア州パシフィック・パリセーズという海辺の町で、およそ十代の若者がさまざまな政権とその残虐行為について思索にふけることを促すような場所ではなかった。しかし、ここや近隣のいくつかの町には、作曲家アルノルト・シェーンベルクや作家トーマス・マンなど、ナチズムから逃れてきた亡命者が大勢移り住んでいた。一九七〇年代や一九八〇年代になっても亡命者たちの痕跡はあちこちで見られ、それをきっかけに私は彼らの歴史をもっと知りたいと思うようになった。カリフォルニア大学ロサンゼルス校の学部生だったとき、ドイツ人亡命者に関するゼミを受講して歴史学者ロバート・ウォールの指導を受け、歴史的背景を学んだ。卒業論文では、指揮者オットー・クレンペラーがベルリンから南カリフォルニアへ移り住んだことを取り上げたが、そのときにアーカイヴで働いたり人々にインタビューしたりすることの楽しさを知った。その魅力は、数十年たった今でも失われていない。

また本書は、政治的極右勢力が社会の主流になったときに民主主義が破壊されていく様子を私が直接見聞きした実体験にも基づいている。私は幸いにもフルブライト研究員プログラムにより特別研究員として一九九四年ローマに留学したが、この年は、シルヴィオ・ベルルスコーニの中道右派連立政権がネオ・ファシストたちを一九四五年以来初めて政府に参加させた年でもあった。私はイタリアをよく知っていたものの、イタリア人が、それまで心の内に秘めていたファシズムへのノスタルジアと称賛の気持ちを公然と口にするようになったのを見て、この国の政治的基盤が自分の足元で揺らいでいるような気がした。住んでいたアパートの向かいにあるドイツ風ビアホールから「ハイル・ヒトラー」「ヴィーヴァ・イル・ドゥーチェ」と叫ぶ声が聞こえてきたことも、一度や二度ではなかった。

それから約二〇年後にドナルド・トランプが大統領選に向けた活動を開始したとき、私は同じような感覚を抱いた。トランプがネオナチのプロパガンダをリツイートしたり、民主党の大統領候補ヒラリー・クリントンを刑務所に入れろと叫んだり、集会で支持者たちに忠誠の誓いを復唱させたりする光景すべてに私は強烈な既視感を覚え――そして恐怖に襲われた。当時すでに私はイタリアのファシズムについて多くの著書や論文を発表し、その中で政権がいかにしてイタリア人に、暴力が人種的・政治的浄化と帝国支配に必要な手段だと思わせたかを立証していた。こうした知識と経験を踏まえ、私は二〇一五年、トランプがアメリカの民主主義に及ぼしている危険について一般の人々に警告する意見記事を書き始めた。二〇一七年一月にトランプが大統領に就任した時点で、私は彼が権力強化に利用しそうな権威主義的な戦術を詳しく列挙していた。そして、何の慰めにもならないが、私の予想は的中した。こうした私の研究・執筆活動を支援してくだされた、ニューヨーク大学（NYU）のイタリア研究所「カーザ・イタリアーナ・ゼリッリ＝マリモ」所長ステファノ・アルベルティーニと、NYUの歴史学科とイタリア学科の同僚たち、およびNYU広報担当理事ジェームズ・デヴィットの各位に感謝申し上げたい。また、CNNで私を最初に担当したリチャード・ギャラントとパット・ウィーデンケラーには、私の研究成果が多くの視聴者に届くよう尽力してくださったことに感謝したい。

本書は、さまざまなデータセット、保管されている公文書、および歴史学・ジェンダー研究・政治学・視覚文化研究など多くの学術分野の研究成果を活用している。中でも私にとって最も貴重な情報源は、ストロングマン（強権的指導者）の支配を実際に経験した人々の話で、それらは回想録やグラフィック・ノベル、警察や軍部の尋問記録、インタビューなどで語られている。このインタビューに本書のため応じてくださった方々にも深く感謝いたします。彼らに語ってもらった話のいくつかは、本書が初公開となる。

世界中にいる何人もの同僚や友人たちが、私の質問に辛抱強く答え、さまざまな形で私の助けになってくれた。彼らがいなければ本書を書き終えることはできなかっただろう。以下の各位に感謝したい。アラン・アンジェル、ジョン・ボーデン、モハマド・バッズィ、イサーク・ベンギヤット、ジョルジョ・ベルテッリーニ、エリオット・ボーンスティン、ニナ・バーリー、ランドール・バイトワーク、マウロ・カナーリ、ジョージ・デ・カストロ・デイ、フレッド・クーパー、ジェシカ・デイヴィッドソン、エミディオ・ディオダート、マンスール・エル＝キヒア、レベッカ・

フォルコフ、ジェームズ・フェルナンデス、アントニオ・フェロス、フェデリコ・フィンチェルステイン、デイヴィッド・フォーガチ、ミンモ・フランズィネッリ、マーク・ガレオッティ、アルフレード・ゴンサレス＝ルイバル、スティーヴン・ガンドル、ベンジャミン・ヘット、ジョン・フーパー、イバン・ジャクシッチ、ジェフリー・ジェンセン、デイヴィッド・カーツァー、アダム・クラスフェルド、マルワン・クライディ、ジョー・ラバーニ、オルガ・ラウトマン、フランチェスカ・レッサ、マイケル・リヴィングストン、セルジョ・ルッツァット、ニコレッタ・マリーニ・マイオ、ヒシャーム・マタル、クリストファー・マサイアス、モリー・マッキュー、ジェニファー・マーチーア、エンリケ・モラディエージョス、リー・モーガンベッサー、セバスティアン・モール、ジョヴァンニ・オルスィナ、フレーザー・オッタネッリ、ファン・クリストバル・ペーニャ、ガラドリエル・ラヴェッリ、ジャンニ・リオッタ、ロベルト・サヴィアーノ、ローラ・セルヴィッグ、アレックス・セルヴィッグ、ファビオ・セルヴィッグ、リチャード・スタイグマン＝ゴール、アレグザンダー・スティル、メアリー・ヘレン・スプーナー、ダーク・ヴァンデウォール、クリスティアン・ヴァッカーリ、スティーヴン・ワイリー。

ホルヘ・ダグニーノは、私を特別講師としてロス・アンデス大学に招き、私の同大訪問中には何から何まで便宜を図ってくださった。アルフォ・ゴンサレス・アグアードには、私のサンティアゴ滞在中にインタビューの手配を手伝ってもらい、感謝している。バービー・ゼライザーには、私をペンシルヴェニア大学アネンバーグ・コミュニケーション大学院に招いてプロパガンダについての授業を担当する機会を作ってくださったことにお礼を申し上げたい。私はいくつかの大学で講演を行なっているが、スタンフォード大学、ノースイースタン大学、ニューヨーク州立大学ニューパルツ校、ペンシルヴェニア大学、ブリティッシュコロンビア大学、ジェームズ・マディソン大学、ケンブリッジ大学での講演の後で行なわれたディスカッションからは、多くを学ばせていただいた。ダイアン・コイル、アンワル・フェキニ、ミア・フラー、ステファニー・マリア・ホム、オルガ・ラウトマン、リサ・ティアステンの各氏には、ありがたいことに原稿の一部を読んでいただいたし、アンドレア・チェイピンが丁寧に編集してくれたおかげで私の文章ははるかに明快になった。

私は幸いにも、研究助手であるアンドレス・フェルナンデス・コラスコ、チャールズ・ダンスト、エゼル・サヒンカヤ、ジュリオ・サルヴァーティ、メイサム・タヘルから助力を得ることができた。ニコラ・ルッキは、図版の出典を特定するという仕事を見事に果たしてくれた。アレグザンダー・ラングスタッフは、原稿全体を通して読んで改善点を指摘し、参考文献一覧を作成してくれた。

私のエージェントであるウェンディー・ストロースマンに、大きな感謝を伝えたい。彼女は当初から本書の成功を確信し、執筆・出版の過程を通じて常に賢明な助言を与えてくれた。出版社W・W・ノートン&カンパニーの副社長・編集責任者であるアラン・メイソンは、原稿に何度か目を通し、その優れた編集能力と、構成と流れに対する鋭い感覚とで文章を改めてくれた。時間と労力を割いてくれた彼女には感謝している。モー・クリスト、ジャネット・グリーンブラット、レベッカ・ホミスキは、専門家として本書の出版を取り仕切り、カイル・ラドラーとスティーヴ・コルカは、宣伝とマーケティングに、プロ意識を持ちながら上機嫌で取り組んでくれた。

友人たちからは、彼らの日々の生活や具体的な仕事から刺激を受けた。私を支え、親交を持ってくれたステファノ・アルベルティーニ、ジョヴァンナ・カルヴィーノ、ダイアン・コイル、ダニエラ・デル・ボカ、トロイ・エランダー、ミア・フラー、ロンダ・ゲアリック、ステファニー・マリア・ホム、ニータ・ジュネジャ、ケイト・ロイ、ジャンカルロ・ロンバルディ、ジェニー・マクフィー、チンツィア・ムレ、エレン・ネレンバーグ、フランコ・ピローネ、ジャクリーン・ライチ、ダナ・レンガ、マリーナ・サゴーナ、イジャーバ・シェーゴ、ルティ・タイテル、デイヴィッド・トコフスキー、リサ・ティアステンの各氏に感謝したい。私の家族は、アメリカ内外に散らばっているが、いつも私を励ましてくれた。シュロミット・アルモグ、ガル・アルモグ、シモニダ・ベンギアット、ドゥスィカ・サヴィッチ＝ベンギアット、マイケル・ベンギアット、ステイシー・ベンギアット、ヴィクター・ベンギアットとヴィティ・ベンギアット、ベザレル・ティダールとゼハヴァ・ティダール、そして両親であるラフィエル・ベンギアットとマーガレット・ロビンソンに、ありがとうと伝えたい。近所に住むキャンダー一家は、ユーモアと優しい心でいつも私を元気づけてくれた。

私は本書を、娘ジュリアと、私のパートナーであるビル・スコットに捧げる。ふたりは、過去と現在の権威主義的指導者について聞きたくもないのに聞かされ、あまりにも長い間、指導者ごとに整理された本の山に自宅を浸食されながら暮らしてくれた。私の人生にふたりがいてくれて、心から幸せだと思っている。

主要人物

［記載された情報は二〇二〇年現在］

イディ・アミン　ウガンダの大統領（一九七一～一九七九）。軍事クーデターで大統領となり、後に反政府勢力に追われて亡命した。

モハメド・シアード・バレ　ソマリア民主共和国の大統領（一九六九～一九九一）。軍事クーデターで大統領となり、後に反政府勢力に追われて亡命した。

シルヴィオ・ベルルスコーニ　イタリアの首相（一九九四年五月～一二月、二〇〇一～二〇〇六、二〇〇八～二〇一一）。毎回、選挙に勝利して政権を握った。一九九四年の政権は汚職問題が原因で倒れた。二〇〇六年には選挙に敗れて退陣し、二〇一一年には欧州通貨危機の最中に辞任した。

ジャイル・ボルソナーロ　ブラジルの大統領（二〇一九～現在）。選挙に勝利して大統領に就任した。［二〇二二年、選挙に敗れて退任］

ロドリゴ・ドゥテルテ　フィリピンの大統領（二〇一六～現在）。選挙に勝利して大統領に就任した。［二〇二二年六月、任期満了により退任］

レジェップ・タイップ・エルドアン　トルコの大統領（二〇一四～現在）。トルコの首相（二〇〇三～二〇一四）。選挙に勝利して権力の座に就いた。

フランシスコ・フランコ・バアモンデ　スペインのエル・カウディージョ（総統）（一九三九～一九七五）。軍事クーデターで権力を握り、スペイン内戦（一九三六～一九三九）ではナショナリスト軍を率いた。在職中に自然死した。

ムアンマル・カダフィ　リビアの最高指導者および革命指導者（一九六九～二〇一一）。軍事クーデターで権力を握り、二〇一一年の革命で反政府勢力によって処刑された。

アドルフ・ヒトラー　ドイツの首相（一九三三～一九四五）、ドイツの総統（一九三四～一九四五）。パウル・フォン・ヒンデンブルク大統領によって首相に任命された。一九四五年四月、自殺した。

サダム・フセイン　イラクの大統領（一九七九～二〇〇三）。軍事クーデターで権力を握った。イラクを占領するアメリカ軍によって二〇〇三年に拘束され、イラク特別法廷で人道に対する罪で裁かれた。二〇〇六年、絞首刑を言い渡され、同年に執行された。

ナレンドラ・モディ　インドの首相（二〇一四～現在）。選挙に勝利して首相に就任した。

ベニート・ムッソリーニ　イタリアの首相（一九二二～一九二五）、イタリアの首席宰相・ドゥーチェ（一九二五～一九四三）、サロ共和国の国家元首・ドゥーチェ（一九四三～一九四五）。国王ヴィットーリオ・エマヌエーレ三世によって首相に任命された。一九四三年七月、ファシズム大評議会によって宰相を解任・拘束された。一九四三年九月、アドルフ・ヒトラーによって救出され、ナチ・ドイツの傀儡国家サロ共和国の元首に据えられた。一九四五年四月、イタリア人パルチザンによって処刑された。

オルバーン・ヴィクトル　ハンガリーの首相（二〇一〇～現在）。選挙に勝利して首相に就任した。二〇二〇年四月現在、政令による統治を行なっている［二〇二二年現在、その状況は続いている］。

アウグスト・ピノチェト・ウガルテ　チリの軍事評議会議長（一九七三～一九八一）、チリの大統領（一九七四～一九九〇）。軍事クーデターで大統領となり、一九八八年の国民投票に敗れて辞任した。

ウラジーミル・プーチン　ロシアの大統領（二〇〇〇～二〇〇八、二〇一二～現在）、ロシアの首相（二〇〇八～二〇一二）。二度とも選挙に勝利して大統領に就任した。

モブツ・セセ・セコ　ザイールの大統領（一九六五～一九九七）。軍事クーデターで大統領となった。誕生時の名前はジョゼフ＝デジレ・モブツだったが、一九七二年に「モブツ・セセ・セコ・クク・ンベンドゥ・ワ・ザ・バンガ」と改名した。この名は、「勝利を目指す忍耐力と不屈の意志によって、征服を次々と行ない、すべてを燃やして進んでいく全能の戦士」という意味である。一九九七年に反政府勢力に追われて亡命した。

ドナルド・J・トランプ　アメリカ合衆国の大統領（二〇一六～現在）。選挙に勝利して権力を握った。二〇一九年、権力乱用と連邦議会の公務執行妨害を理由に下院で弾劾が可決された。二〇二〇年、上院はこのふたつについて無罪を言い渡した［二〇二〇年、選挙に敗れて退任した。その後、二〇二一年のアメリカ連邦議会襲撃事件をめぐり下院で再び弾劾が可決されたが、上院で再び無罪となった］。

用語と言葉の使い方について

人名については、初出時にフルネームを記し、その後は姓（家族名）のみを用いる。スペイン語圏出身者は、父方と母方ふたつの姓を名乗っているので、初出時に父方の姓と母方の姓の両方を記し、その後は父方の姓のみを記す。例えばアウグスト・ピノチェト・ウガルテは、本書では初出以降「ピノチェト」と記した。

固有名詞の中には、アルファベット表記が定まっていないものがある。本書では、リビアの独裁者カダフィの英語表記として「Gaddafi」を採用しているが、引用や資料では「Kadafi」「Qaddafi」などと表記される場合もあるので読者には留意されたい［日本語版では、すべて一貫して「カダフィ」と表記する］。

本書では、小文字始まりの「fascism」を、戦間期の政府が採用した政治体制一般を指す用語として使い、大文字始まりの「Fascism」を、同時期のイタリアの独裁政治を指す用語として用いる［日本語版では、「fascism」を「ファシズム」、「Fascism」を「イタリア・ファシズム」と表記する］。また、一般的な用例に従い、「ネオ・ファシズム neo-Fascism」「ネオ・ファシスト neo-Fascist」を、一九四五年以降に生まれたあらゆる形態のファシズムおよびその信奉者を指す語として使い、「反ファシズム anti-Fascism」「反ファシスト anti-Fascist」を、二〇世紀および二一世紀を通じてあらゆる形態のファシズムに反対する運動および個人を指す語として用いる。

専門用語は、当時の資料および議論に出てきたものをそのまま用いる。例えば、モブツ・セセ・セコは「コンゴ」を「ザイール」と改名したので、本書では彼の統治時代（一九六五～一九九七）については「ザイール」という国名を用いる。長年にわたって抑圧されてきたLGBTQ＋の人々を論じる際は、二〇世紀については「同性愛者」、二一世紀については「LGBTQ＋」という語を用いる。

フランス語、イタリア語、スペイン語、ドイツ語、ポルトガル語の諸資料からの翻訳は、特に明記したものを除き、すべて著者本人によるものである。

序章

二〇〇八年一一月四日、世界中の多くの指導者たちがアメリカ大統領選挙の結果を待っていたとき、イタリア首相シルヴィオ・ベルルスコーニはローマの邸宅でセックスの準備をしていた。「シャワーを浴びてくる」とベルルスコーニは、その夜の相手パトリツィア・ダッダーリオに言ってから、こう付け加えた。「君の方が先に終わったら、大きいベッドで待っていてくれ」。

ダッダーリオ：どっちのベッド？　プーチンの方？
ベルルスコーニ：プーチンの方だ。
ダッダーリオ：あら、ステキ。カーテンのある方ね。

このベッドが、前ロシア大統領で当時は首相だったウラジーミル・プーチンからの贈り物なのか、それともプーチンが寝たことのあるベッドだったのかは不明だ。しかし、ベルルスコーニ

上：シルヴィオ・ベルルスコーニとウラジーミル・プーチン。2003 年 2 月、ロシア、ザヴィドヴォにて。
VIKTOR KOROTAYEV/AFP/GETTY IMAGES

下：ベルルスコーニとプーチン。2003 年 8 月、イタリア、サルデーニャ島にて。
STR/AFP/GETTY IMAGES

の「プーチンのベッド」が、このふたりの指導者が共通して持つ、個人の権力を政治制度の許す限り最大限に行使し、全世界に——そして互いに対して——男らしさをアピールするという動機によって支えられた親密な友情を象徴していたのは間違いない[1]。ふたりは、国家元首による相互訪問回数の新記録を打ち立てた。二〇〇三年には、二月にモスクワ近郊のザヴィドヴォにあるプーチンの別荘で親交を深め、八月にはベルルスコーニが別荘を持つサルデーニャ島で記者会見を開いた。同年ローマでは、ダリオ・フォーとフランカ・ラーメの戯曲「双頭の異常 L'anomalo bicefalo」が初演され、その中でプーチンは殺されて脳がベルルスコーニに移植された[2]。

ベルルスコーニとプーチンが交友関係を結んだことで、取引を非常に重視する二名の指導者は次第に接近していった。ただし、このふたりが二一世紀型の権威主義的支配を目指して進んだ道は異なっていた。ベルルスコーニは、名ばかりの民主主義国家で専制的な統治スタイルを打ち立てた。自身の政党フォルツァ・イタリアを思いのままに操り、民間テレビ放送網を複数所有することで世論の形成に対してベニート・ムッソリーニ以降のどのイタリアの指導者よりも強い影響力を手にした。プーチンは、議会とメディアと裁判所を手なずけ、批判する者を暗殺または投獄し、国家経済を私物化することで、民主主義を抑圧した。

ふたりの首相の親密ぶりに、アメリカの駐イタリア大使ロナルド・スポグリは懸念を抱いた。二〇〇九年一月、彼は成立間もないバラク・オバマ政権の国務長官ヒラリー・クリントンに、ベルルスコーニが「プーチンから直接伝えられた意見や声明」を何度も表明していることを伝えた。

ベルルスコーニは、私設特使ヴァレンティーノ・ヴァレンティーニを自分の代理として頻繁にロシアへ派遣して、イタリアの対ロシア政策をふたりで処理し、イタリア外相を「蚊帳の外」に置いていた。スポグリは、こうした秘密活動の裏には「違法な関係」があるのではないかと疑っていた。おそらく当時のベルルスコーニは、ロシアが進める「ヨーロッパにおけるアメリカの安全保障上の利益を弱める」取り組みを支援する見返りとして、イタリアのエネルギー会社ＥＮＩとロシアのエネルギー会社ガスプロムとの取引から利益を得ていたのだろう[3]。

後にウィキリークスが公開した大量の文書でスポグリの覚え書きが公表されると、イタリア議会は調査を開始した。その結果、黒海の海底にＥＮＩとガスプロムが建設予定のパイプライン「サウスストリーム」からベルルスコーニが一定割合の利益を得ることになっていたことが確認された。二〇一二年にパイプラインの建設が始まったときには、ベルルスコーニはセックス・スキャンダルと汚職スキャンダルおよび欧州通貨危機により、すでに職を追われていた。同年、フォーとラーメの戯曲をロシアでリメークした劇「ベルルスプーチン Berlus-Putin」がモスクワで上演された。このリメーク版では、ふたりのうちプーチンが政治家として生き残った事実を踏まえ、ベルルスコーニが死んで、その脳がプーチンに移植された[4]。

現代は「ストロングマン」――ベルルスコーニやプーチンのように、民主主義の一部または全部を破壊し、男らしさを政治的正当性の道具として利用する強権的な国家元首――の時代である。アメリカ、トルコ、ブラジルなど地政学的に重要な国々では、そのような支配者たちが自分の欲を満たすため国の資源を流用し、気候変動と戦う努力を妨害してきた。彼らは汚職などの腐敗行為と検閲を有効だと信じ、公共の利益を無視しており、そのため国家的危機への対応がまずく、しばしば国民を破滅させてしまう。こうした権威主義的な支配権力といかにして戦うかが、現代における喫緊の課題のひとつとなっている[5]。

その好例が、二〇二〇年に起こった新型コロナウイルス感染症のパンデミックに対して反自由主義的な国家元首たちが採った当初の対応だ。そもそも危機というのは一種のリーダーシップ・テストであり、支配者とその協力者たちの中核的価値・特質・統治スタイルを明らかにする。その中でも公衆衛生の緊急事態は、専制的支配でしばしば見られる特徴のひとつ「透明性と説明責任という規範の拒絶」がもたらす損失を、きわめて効率的に暴き出していく。新型コロナウイルス感染症の流行は、一党支配が強固な習近平体制の中国で始まった。二〇一九年一二月、武漢の医師だった李文亮は、このウイルスが強い致死力を持っていると仲間の医師たちに警告した。中国の警察は、真実を告げる彼の活動を「違法行為」と見なして発言を禁じた。この病気を「予防可能かつ制御可能」だとする政府の主張と矛盾していたからだ。ハンガリーでは、オルバーン・ヴィクトル首相がパンデミックを利用して、専制的な権力奪取のプロセスを完了させた。彼は非常事態宣言を出し、やがて政令による支配を開始して独裁権力を手にした。民主主義が攻撃を受けているブラジルでは、ジャイル・ボルソナーロ大統領が、新型コロナウイルス感染症はインフルエンザと大差ないと言い張り、国民にソーシャルディスタンスを取るよう勧めたルイス・エンリケ・マンデッタ保健相を解任した。どちらの事例でも、指導者が優先したのは国民の生命を守ることではなく、自らの権力を維持・拡張することだった。今後、気候変動が病気と食料不足を深刻化させる可能性が高いことを考えると、ストロングマン式の統治スタイルが広まることは、民主主義を危険にさらすにとどまらず、人類の生存そのものにとっての脅威となるだろう[6]。

「どんな歴史学者でも、死者の頭の中に入ることはできない。（中略）しかし、十分な量の文書があれば、思考と行動のパターンを探り出すことはできる」と、ロバート・ダーントンは書いている[7]。本書では、まさにこのダーントンの言葉どおりのことを、権威主義――行政権が立法府と司法府を抑えて行使される政治制度――がどのように展開してきたかに目を向けることで実践しようと考えている。具体的には、ベニート・ムッソリーニ、アドルフ・ヒトラー、フランシスコ・フランコ・バアモンデ、ムアンマル・カダフィ、アウグスト・ピノチェト・ウガルテ、モブツ・セセ・セコ、シルヴィオ・ベルルスコーニ、レジェップ・タイイップ・エルドアン、ウラジーミル・プーチン、ドナルド・トランプを主要な対象とし、加えてイディ・アミン、モハメド・シアード・バレ、ジャイル・ボルソナーロ、ロドリゴ・ドゥテルテ、ナレンドラ・モディ、オルバーン・ヴィクトルなども随時取り上げる。

本書では権威主義的支配の全体像を、民主主義体制が堕落・崩壊していく過程から解き明かしていくため、習近平など最初から閉鎖的な体制で権力を獲得する共産主義国家の指導者は除外している。もちろん、共産主義体制とそれ以外の権威主義体制が相互に影響を及ぼしながら展開してきたことは否定しない。例えば反共産主義を掲げたザイールのモブツ大統領は、ルーマニアのニコラエ・チャウシェスクや中国の毛沢東など、共産主義国の指導者の個人崇拝を参考にしていた。彼が名乗った称号のひとつ「舵取り」は、毛沢東に倣ったものだった[8]。

読者の中には、イギリスのマーガレット・サッチャー首相やインドのインディラ・ガンディー首相など、現代史に登場した強力な女性指導者をなぜ本書で論じないのかと疑問に思う人もいるだろう。確かにそうした女性の中にはストロングマンの特徴をある程度持つ者（サッチャーの異名は「鉄の女」だった）や少数派を弾圧した者もいたが、民主主義を破壊しようとした者はひとりもおらず、そのため本書では取り上げないこととした。

人種差別的な感情を強めた二〇〇八年の大不況とグローバル規模での移民の増加のような、今日の民主主義に反する動きを説明するのに、最近の歴史的事件に注目する研究は多い。中には、一九八九〜一九九〇年に起こった共産主義の崩壊にまでさかのぼる研究もある。実際、東ヨーロッパで民族感情や同族意識が解放されたことで、西ヨーロッパでも極右勢力の復活が促された。また、かつては共産主義国家の公務員で現在はグローバル規模での右派のリーダーとなったプーチンは、この政治的変動とイデオロギーの変容という波に乗って成功を収めている[9]。

こうした民主政治の反自由主義的な展開を押し進める政党や運動を、一般に「ポピュリズム」という。ポピュリズム自体は権威主義的なものではないが、過去と現在のストロングマンの多くが、自国を法的権利ではなく信仰・人種・民族意識によって結びつけられた国だと定義するポピュリズム的なレトリックを用いてきた。権威主義的人間にとっては、出生地や国籍に関係なく一部の国民のみが「国民」であり、制度ではなく指導者のみが、その集団を具現化する。そのためにストロングマンの国家では、指導者への攻撃は国家そのものへの攻撃と見なされ、指導者を批判する者は「人民の敵」あるいはテロリストのレッテルを貼られる[10]。

本書『新しい権威主義の時代』は、今日の指導者たちがさらに深い根も持っていることを論証する。彼らは、権威主義が始まった一九二〇年代にさかのぼるレトリックや行動を再び採用し、かつての独裁者たちを再評価するのに利用している。プーチンは、ノヴォシビルスクやモスクワなどの都市にヨシフ・スターリンの銅像を建立することを承認し、スターリンの犠牲者たちが葬られた共同墓地について執筆したロシア人研究者を投獄した[11]。ベルルスコーニは、ムッソリーニは「誰も殺さなかった」という嘘を広めた。ボルソナーロは、ナチズムは左派の現象だという嘘の主張を繰り返している。オーストリアのゼバスティアン・クルツ首相は、二〇一八年にハンガリー、イタリア、オーストリア（三か国とも第二次世界大戦中はファシズム国家または対独協力国だった）が不法移民を阻止するため「有志の枢軸」を組むことを提案してファシズムへのノスタルジアを示すシグナルを送った。このように、今日の権威主義者とその協力者たちを理解するには歴史的視点が必要となる[12]。

これほど多くの人々の生活に影響を与える政治制度にもかかわらず、権威主義は概念としては驚くほど曖昧なままだ。二一世紀の権威主義的支配者は、市民的自由を抑圧する一方で権力の座に居座り続けるために選挙を利用しているが、そうした統治形態を指す共通の用語すら今はまだない。オルバーンは、ファリード・ザカリアが一九九七年に雑誌『フォーリン・アフェアーズ』に寄せた画期的論文で作った用語を用いて、自国ハンガリーが「非自由主義的民主主義」国に変容したと賛美している。最近では、研究者たちがこの新たな反民主主義的支配の波を分類しようとして、「ハイブリッド体制」「選挙制専制政治」「新しい権威主義」などの用語を量産している（本書では「新しい権威主義」の用語を用いる）[13]。権威主義的統治スタイルを長期的視点から考察し、異なる歴史的状況で繰り返し生じる基本的な特徴と、時間とともに変化するものに焦点を当てれば、今日の姿の権威主義を理解する助けになるだろう。

ムッソリーニからプーチンまで、本書で取り上げるストロングマンは全員が、一個人に強大な権力を集中させ、内政と外交の方針を決める際には国益よりもその人物の政治的・経済的利益を優先させる、個人主義的支配の形式を打ち立てている。その場合、国の官僚となる主要な条件は、専門的な知識と経験でなく、ストロングマンとその協力者への忠誠心と、ストロングマンによる腐敗行為への参加になる。個人主義的な支配者は、長期にわたって支配者の座にとどまる場合がある。人々を共犯関係と恐怖で縛りつける利益供与のネットワークを、そうした支配者はコントロールしているからだ。実際フランコは、あらゆる政治活動で自身の権威を支えることにより、スペインで三六年間、権力の座にとどまり続けた[14]。

本書で論じる指導者たちは、全員が権威主義の実践集――過去一〇〇年間に展開してきた、相互に関連のある数々の手段や戦術――に貢献してきた。『新しい権威主義の時代』で焦点を当てるのは、プロパガンダ、男らしさ、腐敗行為、暴力、それと、人々が権威主義に抵抗してその崩壊を速めるために用いてきた手段である[15]。今日の支配者――および、その反対者たち――の実践と行動には、それぞれ独自の歴史がある。プーチンが上半身裸でポーズを取る姿は、その先駆であるムッソリーニの肉体誇示を連想させる。フィリピンのドゥテルテ大統領が敵をヘリコプターから放り投げたという自慢話は、チリの独裁者ピノチェトの行動を想起させる。資源採取は、ムッソリーニとヒトラーからベルルスコーニとプーチンまで、ストロングマンどうしの数々の提携を思い起こさせる。アメリカのトランプ大統領が二〇一九年に示した、シリアにおけるアメリカの国益についての考え方は、煎じ詰めれば次のようになる。「我々は石油を持っている。我々には石油がある。石油は確保されている。我々が軍隊を残しているのは、もっぱら石油のためである」。本書では、特定の国や歴史の枠組みを超えて検討されることが非常に少ない暴力と略奪の歴史にも焦点を当てる[16]。

さらに本書では、男らしさの重要性と、それが他の支配手段とどのように組み合わされて機能するかにも注目して権威主義についての議論を進める。指導者が男らしさを誇示し、他の男性指導者との親密ぶりをひけらかすのは、単なる空威張りではなく、国内で権力を行使し、外交政策を実施する手段なのである。男らしさによって指導者による腐敗行為が可能となり、指導者は弱い個人が従わなくてはならない法律を超越した存在だという印象を与えることができる。さらに男らしさは、検察や報道機関と並んでストロングマンの敵である女性とLGBTQ+の人々をターゲットとした国策にも反映される。モブツやウガンダのアミン大統領など反植民地主義の指導者たちは、人種差別的な帝国主義的指導者と同様、女性を蔑視し同性愛に反対している場合が多かった。

本書ではストロングマンによる支配の歴史を、権威主義者の実践集によって連続性を与えられた三つの時代に区分している。その三時代とは、第一は一九一九～一九四五年のファシズムの時代、第二は一九五〇～一九九〇年の軍事クーデターの時代、第三は一九九〇年から現在までの新たな権威主義の時代で、このうち第一と第二の時代は、この時期に続いた共産主義支配とのやり取りの中で展開する。本書の第一部「権力掌握」では、ストロングマンたちがどのようにして権力の座に就くかに焦点を当てる。第二部「支配の道具」では、まず、偉大な国家を目指すプロジェクトを検討してストロングマンの政策の論理を明らかにし、その後、彼らが権力の座にとどまるためプロパガンダ、男らしさ、政治腐敗、暴力をどのように利用しているかを探る。第三部「権力喪失」では、ストロングマンに対する抵抗運動、権威の低下、そして退陣までを追う。ヨーロッパ、南北アメリカ、アフリカの事例を取り上げることで『新しい権威主義の時代』は、法と秩序を約束しながら経済的・性的略奪者による無法行為を可能にする指導者の下で続いた専制政治の一〇〇年をカバーしている。本書によって、そうした指導者たちがどのように考えて行動し、どのような人物に頼り、どうすればそうした指導者に抵抗できるかが明らかになるだろう。

―

この一〇〇年間、不確実な時代や過渡期になるとカリスマ性のある指導者が人々の支持を集めてきた。そうした指導者は、既存の政治体制以外の出身であることが多く、新たな運動を作り出し、新たな提携関係を結び、独創的な方法で支持者とコミュニケーションを取る。権威主義的支配者が魅力的と思われるのは社会が二極化したとき、つまり、ふたつの対立するイデオロギー陣営に分かれたときであり、そのため彼らは、あらゆる手を尽くして紛争を悪化させる。ジェンダー、労働問題、人種差別撤廃で進歩が見られる時代は、人種差別・性差別を公然と唱える者たちにとっては権力の座を目指す絶好の機会でもある。男性優位と階級の特権が失われたり白人キリスト教徒の「文明」が終わったりするのではないかという不安をそうした者たちが静めるからだ。文化的保守派は、こうした歴史の分岐点で何度も反民主主義的な政策に引きつけられ、危険人物が政界の主流に入って政権を支配できるようにしてきた[17]。

権威主義的な支配者たちは、不愉快な経験や感情に訴えることで他の政治家と当初から一線を画している。彼らは、国民の被害者意識というマントを身にまとい、外国勢力によって自国民に加えられた屈辱を思い起こさせて、我こそは民族の救世主だと宣言する。恨みと希望と恐怖を理解し、人々が最も望んでいるものを、それが領土であれ、異なる人種からの身の安全であれ、男性の権威護持であれ、国内外の敵による搾取への報復であれ、入手できるのは自分だというイメージを売り込む。大げさな身振り手振りでムッソリーニが自国のために正義を求める姿を、一部の者たちは芝居じみた「見世物小屋の呼び込みをするカエサル」のようだと思ったが、彼が用いた生の感情に訴える策略は今も有効だ。危機と緊急事態をあおるレトリックや、今の国難が誰のせいか——そして、そうした国難を完全に解決するには誰に頼ればいいのか——を知っているという安心感も、同様に有効である。これについて文化人類学者アーネスト・ベッカーは、次のように述べている。

人々に（中略）威勢がよくて強そうに見えるデマゴーグに従いたいと強く願う気持ちを起こさせるのは［恐怖］である。［デマゴーグは］この世から曖昧なもの、弱いもの、不確実なもの、悪いものを一掃できる［と思わせる］。ああ、彼らの指示に身をゆだねれば——どれほど心穏やかになり、どれほど安心できるだろうか[18]。

野心を抱く指導者は、支持を得ながら、プロパガンダや腐敗行為など、後に自分の支配を助けることになりそうな道具を実地で試していく。真実の腐敗と民主主義の崩壊は密接に関連しながら進展する。まず体制外の人物が、既存のメディアは虚偽または偏向した情報を流しているが、自分は真実を話すし、「本当の事実」を公表するためにどんなことでもすると主張する。彼の支持者たちは、本人と密接な絆を結んだ途端、彼の虚言を気にしなくなる。支持者らは、彼は正しいと信じているがゆえに彼の言葉を信じている[19]。未来の独裁者の多くは、たとえ逮捕歴があっても（ムッソリーニとヒトラーが該当）、捜査を受けている最中であっても（トランプ、プーチン、ベルルスコーニが該当）、道徳的に破綻した政治制度に代わる新たな選択肢を装う。一九二二年にファシスト党支持派の弁護士は、イタリア政界の既成勢力について「彼らがこれまで気にしてきたものは、自分の利益と腐敗した支持者たちの利益だけだ」と書いているが、これはまるで一〇〇年後の今日にポピュリズム政党や権威主義的支配者を支持する人々の言葉のようである[20]。

すべての支配者が権力を掌握するのに弾圧を利用するわけではないが、支配者なら全員が威嚇の術に長けている。公職に立候補中に自分には暴力を振るう能力があると公言することは、二一世紀に広く見られる戦術であり、現にトランプは二〇一六年一月に、私は五番街で人を射殺できると宣言したが、支持者をひとりも失うことはなかった。また、特定のカテゴリーに属する人々をターゲットにすると国民に告げる者もいる。二〇一五年にドゥテルテは、もし大統領に選出されたら麻薬密売人と犯罪者を何千人も殺すと公約し、「フィリピン国民には私に投票しないよう告げたいと思う。なぜなら流血の事態になるからだ」と宣言した[21]。

衝撃的な事件、つまり、たいていは非常事態宣言を出さねばならないほどの重大な出来事が、権威主義の歴史を前進させてきた。そうした事件は、新たな人物が権力を握る要因となることもあれば、すでに権力の座にある者に、政権掌握を確実にしたり反対派を黙らせたりなど、どうしてもやりたいと思っていたことをやる口実を与えることもある。そうした状況では、一時的なものであるはずの非常事態は常態となる。ナチ党に反対した哲学者ヴァルター・ベンヤミンの言葉を借りれば、「もはや例外ではなく常のこと」になるのだ。この一〇〇年間、災厄が起きたとき、その災厄に自分が関係しているかどうかにかかわらず、その機に乗じて利益を得ることは、ストロングマンに不可欠なスキルだった[22]。

イタリア系オーストリア人のジャーナリスト・作家のクルツィオ・マラパルテは、一九三一年の著書『クーデターの技術』[手塚和彰・鈴木純訳、中公文庫、二〇一九年]で、権力を握って

一〇年になるムッソリーニについて、「現代人であり、冷酷で無礼、暴力的で打算的」だと警告し、当時は世界恐慌のため国民からの支持を伸ばしていたヒトラーについては、ムッソリーニよりもはるかに悪いと予言している。オーストリア出身であるヒトラーは、外見はウエーターのようだし、バカみたいに芝居がかった口調で話すが、そのヒトラーをドイツ人は、多くのイタリア人がムッソリーニに示したのと同じように、「行動を礼賛する修行者・超能力者」だと賛美した。もしヒトラーが権力を握れば「ドイツの自由・栄光・勢力の名の下に、ドイツ民族を堕落させ、誇りを奪い、奴隷とするだろう」とマラパルテは警告した[23]。

ジャーナリストや補佐官など、ストロングマンの危険な特徴を直接に見たことのある人々は、このマラパルテのゾッとするほど正確な予言と同じことを述べている。権威主義は、この一〇〇年で変容するあいだに多種多様な形態に分岐した。ファシストは大量虐殺を実施したが、二一世紀の指導者たちは、特定の人物を狙って暗殺し、その他大勢を投獄する方をどちらかと言えば好む。そのため、姿を現す集団的肖像の一体性、つまり、指導者どうしの特徴が互いに不気味なほどよく似ていることが、いっそう明瞭になっている。ヒトラーは、全能の総統という仮面をかぶった優柔不断で臆病な支配者であり、その意見は最後に話した相手の考えに左右されがちだったという点で、後世の多くの指導者たちと似ていた。モブツは、アメリカの駐ザイール大使ブランドン・グローヴいわく「自分が大統領であることを軽視されるのを異常に気にしていた」といい、そうした権威主義的支配者はモブツひとりではなかった。ムッソリーニは、ジャーナリストのジョージ・セルデスが一九三五年に書いた文章によると、「自分を取り上げた記事（中略）に部下が印を付けておいた」新聞や雑誌を毎日何時間も読み、その様子はまるで「何かを探している人物のよう」だったというが、そのような権威主義者も、彼ひとりではなかった。プーチンは、「失脚、敵意、尊敬されたいという気持ち、もろさ」への個人的な不安や関心を国家の政策へと変換することで、個人主義的支配を続けている[24]。

ストロングマンの衝動的で短気な性格（彼らの大半は深刻なアンガー・イシュー［自分の怒りをコントロールできない問題］を抱えている）と、自分以外の人間が権力を持ちすぎるのを防ぐために採用する「分割統治」のせいで、政府は衝突と混乱に満ちたものとなる。その典型例がエルドアンの予測不可能な意志決定で、これは彼自身が家族と追従者を周囲に置いたことで悪化している。また、エルドアンに仕える役人たちが被害対策に奔走しているときに、この権威主義的指導者が、再び「敵を侮辱し、補佐官の足を引っ張り、方針を繰り返し変更して［中略］カオスを引き起こした」のも、典型例と言える。カダフィは、法的枠組み全体を毎日のようにコロコロと変えて、カオスを極限にまで推し進めた。予測不可能であることがカダフィのエネルギー源だが、それは、アミンにも当てはまり、彼の専属医師デイヴィッド・バーカムは、アミンは「偉大さという考えを持ち、自分は複雑な問題に対する解答を持っていると思い、ある意味、現実と乖離して」いたと述べている。このことは、アミンが自ら名乗った称号――終身大統領、陸軍元帥、メッカ巡礼者、医師イディ・アミン・ダダ閣下、ヴィクトリア十字勲章・英国殊勲章・戦功十字勲章受勲者、地上のあらゆる動物と海中のあらゆる魚の主、アフリカ全般とりわけウガンダにおける大英帝国の征服者――から一目瞭然だ[25]。

ある一点において、ストロングマンは首尾一貫している。それは、ありとあらゆる人や物を自分の個人的利益のために支配・利用したいという欲求だ。彼の支配する老若男女は、子供を産んだり、敵と戦ったり、公共の場で彼を褒め称えたりする限りにおいてのみ、価値あるものと見なされる。その枠組みの中では、支配道具のひとつひとつがそれぞれの役割を担っている。プロパガンダによって彼は国民の視線を独占し、男らしさは彼が責任を取る男という理想像を演じるときに威力を発揮する。弾圧によって監禁施設は捕らえられた者たちであふれかえる。腐敗行為によって、国民による努力の成果を自分のものだと言い張ることができる。作家ジョン・リー・アンダーソンは、一般に権威主義者が所有したいと病的なほど願うものとして、「猜疑心を引き起こす技術、虐殺と恐怖の物語、金庫室、個人財産として使える国家経済、珍しいペット、売春婦、黄金製の設備・備品」を挙げているが、それらはどれも、まだ持ち足りないのではないかという不安や、すでに持っている物を失うのではないかという不安を追い払ってくれるものだ。権威主義的支配者が、生死を問わず、ついに支配者の地位を降りるときには、「支配者の異常な執着心だけが国中にあふれ、ほかのものが入り込む余地がなくなっていた」という感じがする[26]。

個人主義的支配者は、自分の個人的な目標や要求と国家の目標や要求を区別しないため、最も破滅的な部類の権威主義者になる場合がある。彼らの個人的な願望が世論の方向を定め、制度としての優先順位をゆがめ、資金の大規模な再配分を強制する。ヒトラーによるユダヤ人迫害は、その最も有名な事例だ。権威主義者の歴史は、支配者が自信過剰と誇大妄想から支持して実行したが悲惨な結果に終わったプロジェクトや活動であふれている。ムッソリーニはイタリアを帝国にしようとして一九三五年にエチオピアを侵略したが、それによってイタリアは国家として破綻した。モブツがコンゴ川で巨大プロジェクト——二基のインガ・ダムとインガ＝シャバ送電線の建設事業——を進めた結果、ザイールは債務危機に見舞われた。トランプは国防費と防災費に充てるはずの連邦予算を使ってメキシコ国境に壁を建設しようとしている。

権威主義は効率的な統治手法と見なされているが、私が個人主義的支配の動態とコストを研究した結果からは、実際はそうではないことが分かる。例えば指導者や側近が捜査を受けると、統治は彼を守ることを最優先し、彼を無罪とすることと、彼の不正を暴くかもしれない検察官やジャーナリストなどを罰することに、時間と資金が集中的に投じられる。反対するエリートたちを殺害し、その家族全員を国外追放することで、さまざまな世代の有能な人材が失われる。収益を上げている企業——その中には、何十年もかけて築き上げられてきた会社もある——を乗っ取ったり潰したりすることで、国の経済は損害を受ける。反自由主義的支配は、建設的な力などでは決してなく、地球とそこに住む数多くの人々に壊滅的な結果をもたらしている[27]。

「一般に独裁者とは、下の方からやってきて、その後さらに深い穴に身を投じる人間だ。（中略）

世界中が、その独裁者に注目し（中略）彼に続いて穴に跳び込む」と、チャーリー・チャップリンは一九三九年に、権威主義における指導者と支持者の関係を捉えた発言をしている[28]。『新しい権威主義の時代』は、なぜ人々が、ときには何十年にもわたり、自分たちや国がどれほど多くの犠牲を強いられようとも、こうした指導者に協力するのかを検証していく。加えて本書は、専制政治家が必死になって隠蔽している事実、すなわち、専制政治家は支持者がいなければ取るに足らない人間にすぎないという点についても考察している。支持者たちは、集会で彼を賛美し、腐敗行為の共謀者となり、彼の敵を迫害する存在であるだけでなく、彼を選ばれし者として指名して力の座に居続けさせる力でもある。

大衆文化では、ストロングマンが持つようなカリスマは、人々を命令に従わせる魔法のような力として描かれる場合が多い。しかし、すでに一〇〇年前に理論家マックス・ウェーバーは、カリスマを「超自然的、超人間的、あるいは、少なくともきわめてまれな、能力または資質」を「その人の個性」に帰することだと定義し、そうしたカリスマの有無は、ほとんどの場合、見る者によって決まることを明らかにした。ストロングマンたちの大半は並はずれた説得力を持っている。ただ、その能力を認めることで彼らの名声を「築く」のは、ストロングマンの支持者や協力者たちだ。そのため、指導者のカリスマ的な権威は本質的に不安定である。王朝など他の形式の権威なら別だが、特別な存在であるというオーラは、世論が変わって指導者がいかなる正統性も持たなくなれば消えてしまう。だからこそ権威主義的国家は指導者への個人崇拝に力を注ぎ、国民に対する指導者の影響力が落ち始めると検閲と弾圧をますます用いるようになる[29]。

エリート層は、権威主義者にとって最も重要な後援者であり協力者である。有力者たちは階級・性別・人種による特権を失うのを恐れ、体制外の人物を、自分たちならコントロールできるだろうと考え、問題解決（多くの場合これには左派への弾圧が含まれる）を任せるために政治体制の内側に取り込む[30]。ひとたび支配者が権力の座に就くと、エリート層は、権力と安全が与えられる見返りとして、支配者に忠誠を誓い、支配者による権利の一時停止を容認する「権威主義的契約」を結ぶ。これを正しいことだと心の底から信じている者もいれば、支持しなかった場合の結果を心配する者もいるが、この契約を結ぶ者は、指導者が完全な失政を続けたり、弾劾されたり、国際社会で屈辱を受けたりしても、指導者に固執し続ける傾向がある[31]。

外国のエリート層も、ストロングマンを支える存在だ。本書では、そうした支持者のうち、ふたつの種類に焦点を当てる。ヒトラーからピノチェトやエルドアンまで、権威主義者が成し遂げたとされる奇跡的な経済成長は、膨大な対外債務に支えられている。ドイツ銀行は、ヒトラーのドイツからプーチンのロシアまで、数々の権威主義国家に資金を供給してきたほか、トランプ・オーガナイゼーションなど専制政治家とその縁故者の資金洗浄に手を貸した疑いのある企業に融資している。アメリカとイギリスの金融機関は、国際的な法律事務所と協力して、ストロングマンが違法資金を匿名口座や海外のペーパーカンパニーに隠せるようにしている。かつてはスイスも同様で、二〇一八年まで銀行業務の守秘義務を厳守してきた同国の金庫や銀行は、カダフィやモブツら独裁者の資金の一部を預かっていた[32]。広告会社とロビー会社も重要な役割を演じ、ストロングマンの国家を経済的に豊かで安定した国として宣伝した。魅力攻勢［支持者を引きつけるため自分の魅力を強調する政治活動］が、カオスと腐敗行為を覆い隠す助けとなる。かつて代理人としてチャウシェスクやイラクのサダム・フセイン大統領、およびモブツのために働いたエドワード・フォン・クロバーグ三世の協力者は、「クライアントがトラブルに見舞われれば見舞われるほど、関係者にとっては都合がよかった」と語っている[33]。

ストロングマンの歴史は、読み進めるのがつらくなるかもしれない。こうした支配者たちは国の明るい未来を約束するが、彼らの話を聞くと暗澹たる気持ちになる。彼らの国では、日常生活と恐怖は隣り合わせの場合がある。アミンは、ウガンダの首都カンパラの豪華なナイル・ホテルで外交官をもてなしながら、地下室で治安部隊に反体制派を暴行させていた。ピノチェトの軍部は、左派の人々の目の前で、彼らの知人を青色光で照らされた「舞台」で拷問した。カダフィは、性奴隷を調達する機関「儀典局」を持っていた。哲学者ハンナ・アーレントが主張したように、権威主義国家は官僚制と暴力の相乗作用によって成功を収めるのである[34]。

こうした歴史がある一方で、希望と勇気に満ちた歴史もある。『新しい権威主義の時代』は、例えば一九三七年にガブリエレ・ヘルツがドイツのモーリンゲン強制収容所から出した手紙で記しているような「想像しうる範囲で空間的にも時間的にも最も敵意に満ちた外的状況の中で」社会の絆と家族のつながりを強固なままにしようと努力した男女の知られざる英雄的行為を取り上げる。ユダヤ人だったヘルツは、幸運にもそれほどつらい思いをせずに済み、収容されて九か月後には家族とともに外国へ移り住んだ。彼女の回想録は、彼女がモーリンゲンで経験した連帯感と、収容者仲間たちの立ち直る力を称賛するものだ。労働者で共産主義者のヴィクトリア・ヘースルは、収容者仲間のグラフィック・アーティストに自分の姿を描いてもらい、その絵を息子に送った。息子は、彼女がゲシュタポに連行された後、当局によって修道院に入れられていた。息子は返信で「もう何年も離れたままだけれど、大好きなママだとすぐに分かったよ」と、感動的な文章を綴っている[35]。このような、愛を破壊しようとする国家の試みに抵抗する物語は、今も私たちの心に強く響く。

第一部　権力掌握

第一章　ファシズムによる権力奪取

民主政治を独裁政治へと最初に変容させた男は、二〇世紀と二一世紀のストロングマンを特徴づける資質である暴力的な気質、機を見るに敏な行動力、および巧みな話術を幼いころから発揮していた。これらの資質によりムッソリーニは、故郷であるイタリア・ロマーニャ地方にある労働者階級の村プレダッピオの子供たちの中で目立った存在だった。学生時代には級友と恋人をナイフで刺し、学校の教師になったころには、メリケンサックを持ち歩き、女性に性的暴行を加える男として知られるようになっていた。教え子で後に妻となるラケーレ・グイーディは、彼が社会主義者による反乱を呼びかけたときの恐ろしい顔つきを見て震え上がったと後に語っている[1]。

その一方でムッソリーニは、自分のキャリアを前進させてくれそうだと思った相手には、それがどんな人物であっても紳士として振る舞うことができた。彼の台頭は、権力を持った保守派の男性や影響力のある女性など、政治家人生の岐路でどう振る舞えばよいかを教えてくれた人々を魅了する能力と関係していた。イタリア社会党（ＰＳＩ）の職員でロシア生まれのアンジェリカ・バラバノフの後押しを得て彼は活気に満ちたイタリアの左派で頭角を現した。一九一二年には、ＰＳＩで革命派のリーダーとなり、党機関紙「アヴァンティ！ Avanti!」の編集長になっていた。二年後、ムッソリーニはイタリアの第一次世界大戦参戦を支持したため、ＰＳＩから追放された（党員たちは、大戦によって労働者の国際的連帯が弱まると思っていた）。多くの評論家はこれで彼の政治生命は終わったと思ったが、すぐに彼はイタリア・ファシズムについての思想を実験的に展開する場として新聞「イル・ポポロ・ディタリア Il Popolo d'Italia」を創刊した。その資金の一部は、一九一五年五月に実施されたイタリアの軍事動員で利益を得たイタリア内外の実業家や金融業者からのものだった[2]。

ファシズムと近代的ストロングマンは、第一次世界大戦（一九一四〜一九一八）という戦乱から出現した。この戦争は、戦闘に参加した者がその恐ろしさを言い表す言葉を見つけられないほど悲惨な戦いだった。軍事と非軍事の境界線が崩れたことから最初の総力戦と呼ばれる第一次世界大戦は、体制に衝撃を与えた。オスマン帝国、ハプスブルク帝国、ドイツ帝国、ロシア帝国の四帝国が崩壊した。激動の五年間とロシア革命（一九一七〜一九二二）から、ファシズムと共産主義が登場した。このふたつの政治体制は、どちらも自由民主主義を拒絶することと、近代化のエネルギーを利用して優れた社会を創造すると約束する男性指導者を崇拝することを基盤としていた[3]。

ムッソリーニは、大戦後は世界が二度と元通りにならないことを理解していた。演習中に受けた傷のせいで自身の戦争経験が終わった一九一七年、彼は、古い諸政党と、その諸政党を支配していた「古い者たち」は「排除される」だろうと断言した。戦場は、貴族の血筋ではなく戦闘によって作られたエリート層「塹壕階級」を生み出した。これらのエリートたちは、ムッソリーニがドイツ人哲学者でヒトラーにも影響を与えたフリードリヒ・ニーチェを読んで結論づけたように、「飛ぶことを教えられない相手は押すしかない。そうすれば、もっと勢いよく落ちるだろう」と考えていた。暴力を母体として生まれたファシズムは、イタリアとドイツでそうした冷酷な態度に政治的表現を与え、国から支給された軍服を黒シャツや褐色シャツと交換した元兵士たちを引きつけた〔黒シャツはファシスト党の、褐色シャツはナチ党のシンボル〕。戦争のメンタリティーと戦術を本国に持ち帰った兵士たちは、国内の敵を迫害することを愛国者の義務と考えていた——そして、これはムッソリーニやヒトラーが権力を握ると市民にとっても義務となった[4]。

ファシズムは、既存の政治の場を乱し、ナショナリズムと社会主義という、対極に位置すると考えられているふたつの考えをひとつにまとめることで多くの人を混乱させた。ファシズム体制が最初期のころから最も一貫して弾圧したターゲットは、左派だった。一九一九年にイタリアのファシズム勢力が掲げた当初の綱領には、一日八時間労働の要求など真に進歩的な要素があったが、そうした要素はすぐに消えた。しかし、かつて社会主義者だったムッソリーニは、反体制的な言葉に人々を動員する力があることを知っていた。彼はイタリア・ファシズムを「破壊的であると同時に保守的」なものだと宣伝し、階級対立ではなく国の結束を支持し、国際的な団結ではなく帝国主義と武力を是とし、伝統を損なうことなく近代化を進めることを約束する立場だと主張した[5]。

一九二一年にムッソリーニが創設した国民ファシスト党（ＰＮＦ）も、一九二一年の時点でヒトラーが率いていた国民社会主義ドイツ労働者党（ＮＳＤＡＰ）も、革命は大戦がもたらした大々的な政治的・社会的解放を推進するのではなく抑圧するのに利用できるという考えで支持者たちを興奮させた。女性の権利拡大は、男性が数多く負傷し、出生率が下がった時代に進んでいたが、この流れを逆転させることがファシズムの目標のひとつだった。また、労働者たちはロシア革命と一九一八年のドイツ革命およびハンガリー革命に刺激されて権利の拡大を求めていたが、この動きを封じることも、ファシズムの目標だった。無神論である共産主義の拡大も、有色人種に対する帝国主義的支配が失われるとの予想と並んで、白人キリスト教文明を脅かすと思われた。一九一九年のヴェルサイユ条約でドイツは植民地を奪われ、同条約を成立させたパリ講和会議では、イタリア領リビアの一部が世界初のアラブ人独立国家であるトリポリタニア共和国として承認された[6]。

破滅的な大戦の後に従来の政治と政治家に対する不満が高まり、新たな種類の指導者を求める声が生まれた。一九二〇年代前半に発生したムッソリーニとヒトラーへの個人崇拝は、男性の地位低下や、伝統的な宗教的権威の衰退、道徳的明快さの喪失などへの不安に応えるものだった。

彼らが話すのをその目で見た全ドイツ連盟議長ハインリヒ・クラースや批評家ウーゴ・オイエッティたちは、自分が「この国の政治活動でまったく新しいもの」を目撃しているような気持ちになった。それは、「自分自身と自らの説得力に絶対の自信」を持つ人間が提供する「白か黒かに単純化された世界」の安心感であった[7]。

この時期の試練から生まれたのが被害者意識であり、この被害者意識が、怒りや屈辱感といった感情を党の綱領の積極的な要素に変えた。ヴェルサイユ条約は大戦の被害の責任をすべてドイツに押しつける内容だったため、ヒトラーなど多くの人々が主張した、国内外のエリート層が「ドイツを後ろから刺した」のだという非難が人々から支持された。イタリアは、フランス・イギリスと同盟を組んで戦勝国となったがヴェルサイユ条約でフィウメ市などの領土を獲得できなかったため、ムッソリーニは、イタリアの勝利は力のある列強によって「損なわれた」と不満を訴え、それによってヒトラーと同等の影響力を得た[8]。

ムッソリーニは、ガブリエーレ・ダンヌンツィオから、「ドゥーチェ Duce」の称号（語源はラテン語で「軍隊の指揮官」を意味する「ドゥクス Dux」）と黒シャツ、および古代ローマ式敬礼を借用した。詩人で帝国主義者のダンヌンツィオは、抗議のため一九一九～一九二〇年にフィウメを占拠していたときに、これらを初めて使用した。ただしムッソリーニはそれだけにとどまらず、階級闘争という社会主義的な表現を利用して、「プロレタリアート」のイタリアを「金権政治家」の列強諸国による差別から解放するため革命が必要だと主張した。ムッソリーニは、今日の権威主義的政治家が用いている、指導者を国内の敵の犠牲者として、また、国をだましている国際体制の犠牲者として位置づけるレトリックを準備したのである[9]。

―

戦後の深刻な経済危機の最中だった一九一九年にムッソリーニが創設した組織「戦闘ファッシ」は、イタリアの極端な二極化を象徴する存在だった。一九一九年から、イタリア共産党（ＰＣＩ）が創設される一九二一年までのあいだに、二〇〇万人弱の工場労働者と小作農がストライキに参加し、農場や工場を占拠した。こうした労働争議を終わらせるため農工業界の実力者たちが資金を出し、元兵士たちを中心に作られた私兵団が、ファシスト行動隊である。社会主義者や左派の聖職者たちが何人も殺害され、自宅や事務所が破壊・放火された。トリエステなどの国境地帯では、行動隊の活動は人種差別に基づく反スラヴ感情も表出させていた。「前線で実際の戦闘を経験してきた者でさえ、あまりの暴力に驚きを隠せずにいる」と、フィレンツェ出身の若い行動隊員は一九二一年に書き残している[10]。

ムッソリーニが保守派と手を組んだことは、その後の権威主義者たちにとっての雛形となった。ファシストたちだけでは勢力を伸ばすことなどできなかっただろう――実際、一九二一年の選挙では独自に立候補者を立てたが得票率はわずか〇・四パーセントだった。しかし、ジョヴァンニ・

ジョリッティ首相の政党連合「国民ブロック」と提携することで、彼らはPNFとして国会で議席を獲得できた。ジョリッティもその仲間たちも、ファシストの暴力はさほど心配していなかった。左派をおとなしくさせることが、支配者階級が指導者に最も強く求めていた資質であり、彼らはムッソリーニを手放さなかったため結果的にイタリアの民主主義を救うことができなかった。

そのころには、ムッソリーニの神秘的雰囲気についての噂が広まり始めていた。たくましい体つきで、身長は一七〇センチメートル、はげ上がった頭と突き出た顎が特徴的なムッソリーニは、群衆の前では一回り大きくなったように見えた。その姿を見て多くの人は、筋骨隆々たるイタリア映画の英雄キャラクター、マチステを連想した。ムッソリーニの強いまなざしは多くの人の注意を引きつけ、まるで神秘的なエネルギー源から力を得ているような気になった。称賛者のひとりはムッソリーニの「磁気エネルギー」に圧倒され、別の称賛者は「電撃に撃たれたか

ベニート・ムッソリーニ。1920 年代。
PHOTO 12 / ANN RONAN PICTURE LIBRARY / AGEFOTOSTOCK

のように感激」した。青年将校カルロ・チゼーリは政治家を嫌っていたが、一九二〇年にムッソリーニの演説を見て、それが変わった。「私はすぐさま、彼に大きく引きつけられるのを感じた。彼の言葉が好きになり、彼の堂々とした態度と、力強さと、目つきが好きになった。（中略）この男には並はずれたものがあると思った」と、彼は日記に記している[11]。

「イタリア・ファシズムは国家の再建を目指しているのか、それとも国家の転覆を目指しているのか？」とムッソリーニは、自分の率いる運動のイデオロギー的曖昧さを踏まえて支持者たちをからかった。銀行家、地方在住者、主婦など多種多様な支援者にとっては、彼だけがイタリア・ファシズムの唯一の判断基準であり、唯一の解説者であった。帝国主義も、ムッソリーニのイタリア・ファシズムをひとつにまとめていた。当時イタリアはエリトリア、リビア、ソマリア、およびドデカネス諸島を占領していたが、ムッソリーニは、帝国主義国家であるフランスとイギリスはダブル・スタンダードを採用し、イタリアが植民地帝国になる権利を否定していると主張した。「地中海が再び我々の海になるのは我々の運命である」と、彼は一九二一年にイタリア人に向かって告げた[12]。

頻繁に暴力を行使してきたため、権力を掌握するのにムッソリーニはクーデターを企てる必要がなかった。人口約四〇〇〇万のイタリアでファシストは三万人にも満たなかったから、国王でイタリア軍総司令官のヴィットーリオ・エマヌエーレ三世はファシストをやすやすと武装解除できただろう。しかし、臆病な国王は衝突が最も少ない道を選び、一九二二年一〇月にムッソリーニを首相に指名した。アメリカの駐イタリア大使リチャード・ウォッシュバーン・チャイルドは、すでにムッソリーニに、アメリカはファシスト党中心の連立政権に反対しないと確約していた。暴力によって道が用意されていたとはいえ、ファシストたちが大衆蜂起として今日まで一〇月二八日に祝っている「ローマ進軍」は、エリート層が承認した権力委譲だった[13]。

それからの二年間、黒シャツ隊による暴力が続く中、ムッソリーニはイタリアの民主主義を弱める権威主義的な戦略を推し進めた。国会を自己宣伝の場に変え、彼とイタリア・ファシズムに関する否定的な報道記事を「犯罪」だと非難した。国家機関に並ぶ統治機構と国防機構としてファシスト大評議会と国防義勇軍を創設したが、エリート層はこうした危険な兆候にまったく注意を払わなかった。一九二〇年代に複数いたムッソリーニの愛人のうち最も重要な人物である美術批評家のマルゲリータ・サルファッティは、彼のイメージを磨いて金融業界や産業界のエリートたちに勝てるよう後押しをした。それ以上に後押しとなったのは、電力部門・電話部門・保険部門の私物化だった。イタリア国会は、ファシスト党が提案した、得票率が二五パーセントを超えた政党には議席の三分の二を与えるとする選挙制度改革案を可決した。これに加え、有権者への脅迫と不正投票により、一九二四年四月の選挙でファシスト党は六四・九パーセントの票を得た[14]。

ムッソリーニは「ドゥーチェ」と呼ばれて有頂天になっていたが——その前に立ちはだかったのが統一社会党の中心人物ジャコモ・マッテオッティである。マッテオッティは弁護士の訓練を受けており、ムッソリーニとは何もかも正反対の、背が高く、洗練されていて、清廉潔白で知られる人物だった。彼はファシスト党による選挙妨害と法の支配の破壊を非難していたため、すでに何度もファシスト党の暴漢たちから暴行を受けていた。一九二四年五月には、ファシスト党の代議員たちから声高に殺害を脅迫されたがこれを無視し、国会でイタリアが「絶対主義」に転げ落ちていると訴え、味方には「私の葬式のため追悼文を書いてくれ」と冗談を飛ばした[15]。

ストロングマンに命を奪われる最速の方法は、ストロングマンの腐敗行為を公然と非難することである。マッテオッティは、はっきりと反ファシズムを訴えただけでなく、政治倫理を守ることにも熱心で、夜や週末にはPNFの犯罪に関する膨大な書類をまとめていた。この書類には、アメリカのシンクレア石油会社（当時すでにアメリカでの汚職事件「ティーポット・ドーム事件」で評判を落としていた）がイタリアにおける石油調査権独占に対する見返りとしてファシスト党職員に支払った賄賂など、不正な金融取引の証拠が含まれていた。マッテオッティが次の国会で読み上げようとしていた文書では、ムッソリーニの弟アルナルドが兄のフィクサーとして活動していたことが記されていた[16]。

そして六月一〇日の午後、ローマの活気あふれるルンゴテヴェレ通りで衆人環視の中、男二名がマッテオッティを襲って自動車に引きずり込んだ。自動車は後にローマ郊外で発見された。襲撃犯は素人のように振る舞った。そのひとりアメリゴ・ドゥミニは、しばしば殺人の前科八犯であると自己紹介する行動隊の元隊員で、彼は見つかったとき、血痕のついたマッテオッティのズボンを持っていた。自動車は、ムッソリーニの個人的秘密警察と報道局のトップ、チェーザレ・

ロッシのものだとすぐに特定された。自動車は、犯行前夜に内務省に駐まっているのを目撃されていた[17]。

マッテオッティの遺体は八月まで見つからなかったが、ロッシとドゥミニは逮捕されて特別検察官が殺人の捜査を開始し、ムッソリーニは守勢に立たされた。反対派の報道機関は、事件にドゥーチェが関与していると非難した。街角でマッテオッティを追悼する祈りの場がイタリア全土に広がると、ムッソリーニの味方だった保守派は彼に辞任を求めた。昔からの中核的支持者だった元兵士たちは党員証を返却した。トリノから来たタロット占い師ローザ・Bは、前の年ムッソリーニに対して、「じきに苦難があなたの前に立ちはだかります。（中略）ドゥーチェよ、転落に備えなさい。忘恩と不名誉に備えるのです」と警告していた。この占い師の予言が当たったように思われた。就職や頼み事のため会いに来る人の数が減った——これは、彼の地位が低下したことをはっきり示すものだった。一二月には、ムッソリーニ辞任の噂で人々は沸いていた。「実際、死んだ者はふたりいる。マッテオッティとムッソリーニだ」と、オイエッティは述べている[18]。

ムッソリーニの伝記を書き、その支配下で少女時代を過ごしたラウラ・フェルミが記しているように、ドゥーチェはこの時期に直面した拒否反応への準備ができていなかった。「お世辞と称賛に慣れきっていたため、かつては人でいっぱいだった事務所の待合室が今では突然がらんとして寒々しく、広く感じられる現実に向き合うことができなかった」。心配で眠れず、潰瘍に苦しむムッソリーニは、耐えがたい状況から抜け出るために、ストロングマンの黄金律を実践した。

つまり、権力の座にとどまるために必要なことを、すべてやったのである。リベラル派の中心人物ジョヴァンニ・アメンドーラがロンドンの新聞「タイムズ」にムッソリーニは「終わった」と語った翌日の一九二五年一月三日、ムッソリーニは最初のファシスト独裁を宣言し、彼を弾劾しようとする国会に異議を唱え、ムッソリーニその人と彼の党は法律を超越した存在だと表明した。

私が、そして私のみが、あらゆる出来事の政治的・道徳的・歴史的責任を負う。(中略)もしファシズムが犯罪組織だとすれば、私はその犯罪組織のトップである。(中略)紳士諸君、イタリアは平和、静謐、仕事、平穏を欲している。(中略)我々は、可能であればそれを愛によって与え、必要であれば力によって与えるだろう[19]。

この新たな独裁者に対する暗殺未遂が続いたため、国家防衛法(一九二五〜一九二六年)が制定され、同法に基づいて秘密警察(反ファシズム監視抑圧機関。略称OVRA)が設置され、ストライキや政党などが禁止された。反ファシズム運動家たちは外国へ逃げたり身を隠したりしたが、その多くは殺された。チューリヒに亡命していた元首相フランチェスコ・サヴェリオ・ニッティは、国王に「暴力的で無知な男たち」による「屈辱から祖国を解放」してほしいと訴えた。国王からの返事はなかった[20]。ムッソリーニは、マッテオッティ殺害の残りの仕事を処理するため、一九二五年七月に政治犯全員に恩赦を出し、進行中だったマッテオッティ事件の捜査を担当していた判事たちを解任した。後任の判事たちは過失致死の評決を出して、ムッソリーニを殺害に対する直接責任から解放し、そのため彼は自分の権力を制限されることなく行使できるようになった。あとひとつムッソリーニが確実に生き残るために必要なのは、国際社会からの承認と経済援助だった。一九二六年、J・P・モーガンのパートナーでイタリア・ファシズムへの転向者であるトマス・ラモントが、アメリカ政府からムッソリーニ政権への一億ドルの融資を仲介した。この行為はムッソリーニの権力掌握を暗に認めたものであり、アメリカによって以後一〇〇年間続けられる右翼の権威主義的指導者に対する支援の第一号だった[21]。

三年もしないうちにムッソリーニはイタリアの民主主義を破壊し、エリート層を抱き込み、報道機関と労働者階級を手なずけた。ムッソリーニの過激な政党を選挙に参加させたことで彼を躍進させたジョリッティ元首相は一九二八年に死去したが、ムッソリーニも国王も葬儀には出席しなかった。この新たな独裁者を熱烈に賛美した人間のひとりがヒトラーである。彼は当初「ドイツのムッソリーニ」と呼ばれていたが、やがて完全に本領を発揮し始め、今ではドゥーチェではなくヒトラーこそがファシズムの典型だと見なされることが多くなっている[22]。

――

第三帝国は、炎の中で生まれ、炎の中で滅んだ。ヒトラーが新たなドイツを約束したとき、率先して彼に従った者たちの多くは、第一次世界大戦の戦場を経験した者たちだった。さらに、国会議事堂が全焼した一九三三年二月二七日の火災は、とりわけ決定的だった。火災の原因について歴史学者の意見は一致していないが、火災当日の夜にオランダ人共産主義者マリヌス・ファン・デア・ルッベの遺体が国会議事堂内で見つかると、ヒトラーはこれを口実として左派の大量検挙を開始し、全ドイツ人から市民的自由を奪った。「君は今、ドイツ史における偉大な新時代の始まりを目撃しているのだ」とヒトラーは、炎が国会議事堂を焼き尽くすのを見ながらイギリス人ジャーナリストのセフトン・デルマーに語った。「あの火事が始まりなのだ」[23]。

ヒトラーが重要な発見をしたのは、二〇代前半のときだった。彼は、リヒャルト・ワーグナーの楽劇や自分自身の声の響きなど、自分がすばらしいと思うものに没頭しているとき、生きているのだと最も強く実感していた。母が死去するとリンツからウィーンへ移り、画家・建築家として身を立てたいとの願いはかなわなかったものの（美術アカデミーへの入会を二度断られた）、自分には延々と続く演説で人々を魅了したり、おびえさせたりする才能があることに気づいた。ヒトラーは、ムッソリーニと同じ暴力的な気質を持っていたが、服従と注目を手にする手段としては身体への暴行よりも言葉による攻撃の方を好んだ。「私に対するアドルフの要求は際限がなかった。（中略）私は彼の言いなりにならなくてはならなかった」と、友人のアウグスト・クビツェクは回想しており、青年ヒトラーのそうした態度は、後のナチ党党首としての行動を予感させるものだった[24]。

野心あふれるヒトラーはドイツへ行き、第一次世界大戦に従軍して鉄十字勲章を二度受章した。NSDAPの党首となるのに役立った見事な話術は、注目を集めるようになっていた。彼はミュンヘンに拠点を置き、ユダヤ人を「この国にたかる黒い寄生虫」であり「強制収容所」に入れるべき存在だと非難し、マルクス主義者、戦争成金、外国勢力はすべてドイツの未来を奪った者たちだと訴えた。ヒトラーの声の力や感情に訴える力によって、後の宣伝大臣ヨーゼフ・ゲッベルスなど協力者たちが集まってきた。ゲッベルスは、ヒトラーの演説を聞いた後に「何という声だ。何という身振り手振り、何という情熱。私の心臓は止まった。（中略）私は、この男のためすべてを犠牲にする覚悟を決めた」と日記に記した。自分には神の使命が課せられていると確信していたヒトラーは、一晩に複数の集会を頻繁に開き、側近を引き連れて遅刻してくるのが常で、その様子はまるで神になろうとしているかのようだった[25]。

ムッソリーニに行動隊があったように、ヒトラーにはSA（突撃隊）があった。SAはエルンスト・レームとともに設立した準軍事組織で、レームは突撃隊員を第一次世界大戦時の精鋭だった突撃部隊から採用した。集会でヒトラーの護衛を担当していたSAは、拡大して後にNSDAPのテロ組織となった。ドイツの民主主義は政治的過激派からの攻撃を受け、SAと左派準軍事組織との衝突は日常茶飯事となった。インフレは止まらず、ドイツの賠償金支払い不履行にともなってフランスとベルギーが一九二三年にルール地方を占領したことで、一部のドイツ人のあいだで、国を救うには非常手段を採るしかないとの思いが高まっていった[26]。

しかし、ヒトラーは少数の熱狂的な支持者以外、影響力をほとんど持っていなかった。一九二三年一一月のミュンヘン一揆に失敗したことで評判を落とし、NSDAPは公職に就くことを禁じられた。ヒトラーは一揆の責任を問われて投獄されていた一九二四年に『わが闘争』を執筆したが、この非常に長い著作を出してくれる出版社は、NSDAPの出版部以外なかった。また、ヒトラーには生の聴衆もいなかった。そのヘイトスピーチのため、ドイツ国内の多くの州で、公衆の前で演説することを禁じられていたからである。演説禁止への抗議を呼びかける一九二六年のNSDAPのポスターでは、ヒトラーは大衆のため真実を語っているのに、民主国家であるワイマール共和国を支配する「詐欺師と金持ち」に口を封じられた人物として描かれている[27]。

挫折感を味わったヒトラーは、ドイツでもファシズムによる政権奪取を実現させる方法についてムッソリーニの助言を得ようと努力に努力を重ねた。ムッソリーニは、明らかな敗北者がイタリア・ファシズムのブランドと結びつこうとしていることに激怒し、写真がほしいというヒトラーの依頼を無視したが、ヒトラーは諦めなかった。ムッソリーニの胸像を机に置き、「ムッソリーニ中毒」だというNSDAP党員たちの意見を退け、ムッソリーニがベルリンに派遣した連絡将校ジュゼッペ・レンゼッティ陸軍少佐に何度も面会を求めた[28]。ヒトラーはすでにムッソリーニから、政治の主流となるには、より多くの大衆に受け入れられることが大切だと学んでいた。一九二五年には、NSDAPへの禁止命令を解除してもらうためワイマール憲法を守ることを約束し、一九二七年にはヒトラーの演説禁止が解かれた。さらにヒトラーは、後に公式写真家になるハインリヒ・ホフマンを雇った。ここに掲載した一九二九年の肖像写真は、彼の激しさと男性的能力が強調されており、一九三三年以降は象徴的な肖像となった。実業家エルンスト・フォン・ハンフシュテングルは、ムッソリーニにとってのサルファッティのように、この磨き上げられたヒトラーを金持ちの重要な社交サークルに紹介した[29]。

経済危機がドイツを襲った時点でヒトラーの準備はできており、ＮＳＤＡＰは一九三二年の国会選挙で社会民主党と共産党を抑えて第一党となった。ムッソリーニもようやくヒトラーにサイン入りの写真を送った（ヒトラーはすぐに「これは私にとって非常に名誉なことです」と返信した）。ＮＳＤＡＰは、一九三〇年から一九三三年のあいだに『わが闘争』の短縮版を二八万七〇〇〇部売った。ヒトラーの演説を聞く者の数は、彼が評論家の言う「神秘的と言っていいほどの人を引きつける力」を集会で発揮し、ドイツの苦しみと不安を示す激しい生の感情を解放したことで、何倍にも増えた。シュレジエン地方の役人Ｐ・Ｆ・ベックは一九三二年に「私たちは政府の話をもう聞きたくありません。私たちは

アドルフ・ヒトラー。1929年。
HEINRICH HOFFMANN / EVERETT COLLECTION / AGEFOTOSTOCK

アドルフ・ヒトラーを、指導者として、唯一の切り札として、独裁者として、求めているのです」とヒトラーに書き送っている[30]。

イタリアの場合と同じく、ストロングマンを権力の座に就けたのは大衆の称賛ではなく少数の保守派エリートたちの行動だった。一九三〇年ごろから、メディア界の実力者でドイツ国家人民党の党首アルフレート・フーゲンベルクとドイツ大統領パウル・フォン・ヒンデンブルクは、ヒトラーなら再軍備を支持し、選挙で拡大を続ける左派勢力を倒すのに力を貸してくれるだろうと考え、ヒトラーに接近し始めていた。一九三三年一月、選挙でのＮＳＤＡＰの躍進を頼りに、ヒンデンブルクはヒトラーを首相に指名し、それまでの首相と同じく、議会での多数決ではなく政令によって支配することを認めた。ドイツの保守派は、ヒトラーは自分たちの道具になると思ったのである。実業家でＮＳＤＡＰに資金を提供していたフリッツ・ティッセンは、ヒトラーの支配をドイツで君主制を復活させるまでの過渡的なものと見なしていた。後にティッセンは「私も当時の政治状況を見誤っていた」と、一九三九年にドイツから亡命した後に書いている[31]。

権力の座に就くのを一〇年も待っていたヒトラーは、ムッソリーニの前例に従って「慎重に行動して、慌てるな」というレンゼッティの助言に何の興味もなかった。二月の国会議事堂放火事件で、慎重に行動する必要はなくなった。議事堂の煙がまだ収まらないうちに、ヒンデンブルクは報道の自由や集会の自由などの自由権を停止させる緊急命令を出した。数多くの左派活動家が刑務所や倉庫に勾留され、ダッハウでは兵器工場が改築されてドイツ初の強制収容所になった。

三月には全権委任法が成立し、ヒトラーは国会や大統領と協議することなく支配できるようになった。二か月もたたないうちにヒトラーは、何の妨害も受けずに自分の権威を行使することで統治する能力を確保したのである。ヒトラーが実施したファシズムによる権力奪取は、スピードと激しさでムッソリーニを上回っていた。イタリア人亡命者ジュゼッペ・ボルゲーゼが述べたように、ネコがトラを産んだのである[32]。

―

高い声と、身長一六〇センチの体格と、カメラに写る弱々しい姿のせいで、フランコは指導者として長期政権を維持できるような人物には見えなかったかもしれない。しかし彼は、ファシズムによる権力奪取の時代から軍事クーデターの時代への橋渡しをする主要人物となった。フランコは、自らのレトリックと協力関係を目下の政治環境に適合するよう変化させられるというストロングマンにとって重要な才能を持っていた。彼は一九三〇年代にはファシストであり、冷戦期には親米路線を採っていた。いずれの時代でも、左派への暴力という点では一貫していた[33]。

一九三〇年代半ば、スペインは左派と右派が衝突する最新の戦場になっていた。一九二三年から一九三〇年までのあいだ、スペインはミゲル・プリモ・デ・リベラ将軍による権威主義的支配を受けていた。リベラ政権の下、一部のスペイン人は独裁政治を受け入れる覚悟を決めたが、命

フランシスコ・フランコ。1936 年 7 月。
BETTMANN / GETTY IMAGES

を賭して独裁と戦おうという決意を固めた者もいた。一九三一年に左派の主導で成立した第二共和制は、ブルボン王朝を廃し、政教分離を実現させ、労働者の権利を拡充し、女性に選挙権と法律上独立した地位を与え、軍の将校の数を減らしたが、こうした施策を保守派と右派は、社会的無秩序の始まりと見なした。ドイツの場合と同様、世界恐慌が政治の二極化にさらに拍車をかけた。一九三三年、中道右派が政権を獲得し、ファシズムであるファランヘ運動がすぐに形成された[34]。

フランコはスペイン領モロッコで反乱軍と戦った軍事指揮官として名声を立てており、そのモロッコで彼は自分に特別な力があるという考えを持つようになった。一九一六年、二四歳の将校だった彼は、たいていの人間なら命を落とすような腹部の負傷で一命を取り留めた。そのことから配下のモロッコ人兵士たちは、フランコには「バラカ」——イスラーム教文化において、特別な運命を持つ人物にその印として与えられるとされる神の祝福——があると考えた。より高次の力が彼にスペインをマルクス主義から救わせようとしているという考えは、フランコのカリスマ的権威の構成要素となった。一九三四年にフランコは、アストゥリア地方の鉱山労働者が起こした暴動とストライキを鎮圧するため「非常時独裁者」の権限を与えられた。彼は「これは社会主義や共産主義など、文明を攻撃して野蛮に取って代えようとするあらゆる試みに対する最前線での戦争である」と宣言した[35]。

フランコを権力の座に就けた内戦が始まったのは、一九三六年二月の国会選挙の結果、左派諸政党による人民戦線内閣が成立したにもかかわらず、中道右派がこれを受け入れるのを拒否し、暴力の応酬が続いてクーデターの噂が広まったのがきっかけだった。マヌエル・アサーニャ首相は、政権に対する陰謀を防ぐためフランコをカナリア諸島へ左遷したが、慎重なフランコは、ホセ・サンフルホ将軍とエミリオ・モラ将軍が七月に起こした反乱にギリギリまで参加しなかった[36]。

クーデターが始まると、フランコはムッソリーニおよびヒトラーと兵器・補給物資・資金の供与について個人的な合意を即座に結んで同志たちを驚かせた。さらにフランコだけが、ファシストの準軍事組織に相当する部隊として、暴力的で放縦なスペイン外国人部隊をモロッコ時代から指揮下に置いていた。これと、彼の指揮下にあるモロッコ人部隊「レグラーレス」とが、「アフリカ軍」を形成した。イタリアとドイツの航空機がフランコの部隊をモロッコからスペインへ空輸し、スペインではフランコが左派スペイン人を、根絶すべき植民地の敵のように扱った。スペインに自国の将兵を派遣していたヒトラーとムッソリーニは、第二次世界大戦でフランコの戦術を自分たちの敵に適用した[37]。

フランコはナショナリスト軍の総司令官になった後、一九三六年一〇月、反乱軍が建てた国家の元首就任を宣言した。内戦が一九三九年四月にナショナリスト派の勝利で終わったとき、クーデターの参加者で生き残っていた主要人物は彼ひとりだった。フランコにバラカがあったかどうかはともかく、競争者が倒れるというストロングマンにふさわしい幸運に恵まれていたのは間違いない。モラ将軍もサンフルホ将軍も飛行機事故で死に、蜂起に加わった他の将軍たちも共和国軍に処刑されたり事故に遭ったりした[38]。

フランコの権力掌握は、ムッソリーニとヒトラーが死んだ後も長く続いた。その残虐さと狡猾さはチリの指導者ピノチェトにインスピレーションを与えた。そのピノチェトは、一九七五年フランコの葬儀に参列するためマドリードにやってきた。滞在中にピノチェトは、フランコの極右の大義を引き継ぎたいという意図に関連した秘密の仕事も行なっていた。彼は、ネオ・ファシズムのテロリストにしてプロパガンダ活動家であり、イタリアからの亡命者でフランコの保護下スペインで暮らしていたステファノ・デッレ・キアイエを、チリの秘密警察で働いてもらうため雇ったのである。かつてファシストたちが支配のために使った道具は、軍事クーデターの時代に新たな活路を見いだしたのだった[39]。

第二章　軍事クーデター

「ヒョウは斑点を決して変えられない」とは、人間の性格についての格言だが、ヒョウ革の帽子をかぶっていたことから「ザイールのヒョウ」と呼ばれていたモブツは、後援者たちを喜ばせるため臨機応変に対応することで、三二年にわたってフランコのように権力の座に居続けることができた。歴史上ふたつの大きな動きである脱植民地化と冷戦が、ストロングマンの第二時代を後押しした。このふたつを体現していたのがモブツだった。モブツは一九六五年、アメリカの支援を受けた軍事クーデターで権力の座に就くと、帝国主義反対・共産主義反対・資本主義支持の三つの立場を同時に採った。彼は、経済資源を国有化してヨーロッパの資本主義者を追放したが、同時に欧米諸国が中央アフリカで共産主義を封じ込め、欧米の経済的・戦略的利益を守る道具としても働いた。一九七〇年にモブツがホワイトハウスを訪問したとき、リチャード・ニクソン大統領はザイールを「強力で活気にあふれる安定した国」であり「よい投資先」だと称賛した。好都合なことに、ニクソンはモブツの腐敗行為と、彼が四年前に五万人の群衆の前で閣僚たちを公開処刑したことには目をつぶっていた[1]。

第一次世界大戦がファシズムによる権力奪取の時代を招く条件を作り出し、第二次世界大戦が軍事クーデターの時代を準備した。大戦によってイギリス領などヨーロッパの植民地が不安定になったことで、公民権活動家マルコムXが「有色人種の津波」と呼んだ反植民地主義的な反乱が促され、情勢が変化した。一九五六年にフランコがスペイン領モロッコを失ったことからも分かるように、一九四〇年代後半から一九七〇年代にかけてインド、ベトナム、アルジェリア、コンゴなど世界各地で、支配権が非ヨーロッパ諸国へと大々的に移動した。リビアでカダフィが権力を握った一九六九年には、スーダンとソマリアでも軍事クーデターが成功している[2]。こうして新たに生まれた指導者たちは、支持者を集めるため、ヨーロッパ人入植者の横暴に対する国民の怒りを利用した。カダフィ、バレ、モブツなど、権威主義者になった者たちは、かつて植民地主義者が採っていた暴力的な手法を自分の目的のために採用した。

占領された国出身の野心あふれる男にとって、軍隊勤務はいつの時代も出世の糸口であり、クーデターは、そうしたアウトサイダーが権力を手にする方法として魅力的だった。敵である帝国主義者から受けた戦闘・通信訓練を別の目的に利用することは、壮快な復讐であった。アミンはイギリス領ケニアでキングズ・アフリカン・ライフル部隊での軍務に就いていたし、モブツはベルギー領コンゴの公安軍に所属していた。バレはイタリア領ソマリアの憲兵部隊「ザプティエ」の隊員であり、カダフィと彼の陰謀の同志であるリビア人たちは、イギリスとアメリカの軍事訓練を受けていた。武力衝突について国境を越えて広まった一連の知識が、軍隊出身のストロングマンによる権力掌握に影響を与えた。どこかでクーデターが成功すると、それに触発されて別の国でもクーデターが起こったのである。ヒトラーがムッソリーニの行動を注意深く観察したように、カダフィはエジプトでガマール・アブドゥル・ナセル中佐が一九五二年に王制を打倒した事例から多くを学んだ[3]。

軍事クーデターは、今日では減少しているが、権威主義的な支配に通じる最も一般的な道であり、第二次世界大戦以降、世界で民主主義が崩壊した事例のうち七五パーセントが軍事クーデターによるものだ。変化の事例として最もドラマティックであるのは間違いない。クーデターは午前中に起こることが多く、それはつまり、通勤通学で家を出るときは民主主義国で暮らしていたのに、帰宅したときは非常事態になっている――あるいは、二度と家に帰ることはできない――ということだ[4]。クーデターが流血の事態となった場合、名目上は

ホワイトハウスで会談するザイールのモブツ・セセ・セコ大統領とアメリカのリチャード・ニクソン大統領。1970年。
COURTESY OF THE RICHARD NIXON PRESIDENTIAL LIBRARY AND MUSEUM

国外の敵に備えるために展開された兵士たちが自国民に対して暴力を振るったことの衝撃は、国家内での軍の役割が変わることを国民に覚悟させる。軍事クーデターで勝利したストロングマンは、家父長のように振る舞うかもしれないが、この家父長は躊躇することなく自国民を虐殺する。「クーデター」の「クー coup」とは「一撃」「衝撃」という意味であり、クーデターには、国家を危険にさらすとされた不愉快な分子たちの排除を伴うことが多い。

発生した時代や場所に関係なく、クーデターは必ずと言っていいほど「国民」の名において行なわれる。それは、国民に事前に知られないまま巧みに成し遂げられたクーデターの場合も変わらない。クーデターを正当化するため、経済破綻を防ぐ、左派による破滅を避ける、あるいは腐敗した指導者を排除するといった口実が十年一日のように繰り返される。クーデターによって権力の座に就いたストロングマンの多くは、同じくクーデターによって権力の座を追われる。一九五〇年から二〇〇〇年までのあいだに、独裁者のうち三分の二がクーデターによって排除された。クーデターによる権力奪取はカダフィとピノチェトにとって成功に終わり、カダフィは四二年間、ピノチェトは一七年間、権力の座にとどまった。彼らの国は、ふたりの支配の傷跡が残り、ふたりの記憶に取りつかれたままだ[5]。

クーデターは本来予告なしに行なわれるものだが、カダフィによる国王イドリース一世打倒が衝撃的だったのは、その暴力性ではなく（当初はほとんど血が流されなかった）、政権の座にある者の中でカダフィについて聞いたことがある人間がひとりもいなかったからだ。一九六九年九月一日、正体不明の声が国民に向けてこう演説した。

リビアの人民よ！　あなた方自身の自由意志に答え、あなた方の心の奥底からの願いをかなえるべく（中略）あなた方の軍隊は、反動的かつ後進的で腐敗した政権を打倒した。（中略）この時点で、リビアは自由な主権国家となるだろう（中略）我々は、繁栄を築き、遺産を復活させ、傷ついた尊厳の復讐をするのだ。

この演説者が読み書きのできない貧しいベドウィン一家出身の二七歳の大尉であることが判明すると、人々はさらに驚いた。アウトサイダーだったカダフィは、これほど見事な作戦をどのようにして成功させたのだろうか？[6]

クーデターに土壇場で参加したフランコとは異なり、カダフィのクーデターは長年の夢を実現させるものだった。カダフィが目指したのはナセルの権力奪取を再現することであり、カダフィは一九六〇年代にベンガジの王立軍事アカデミーの生徒だったときから、自身の自由将校団運動のため仲間を集め始めていた。身長一八三センチメートルの細身で、情熱的な目と印象的な顔

ムアンマル・カダフィ。1973 年。
MICHEL ARTAULT / GAMM A / GAMM A-RAPHO / GETTY IMAGES

立ちをしていたカダフィは、後に彼の右腕として首相になるアブドゥッサラーム・ジャッルードなど、陰謀の同志たちにカリスマ性を発揮して彼らの心をしっかりとつかんでいた。さらにカダフィは、一九六六年に九か月間イギリスで軍事通信を学ぶうちに、欧米の帝国主義者とその世俗的・物質主義的文化への憎悪を強めていった[7]。

カダフィの反植民地主義には、もっと個人的な起源もあった。イタリアによるリビア占領（一九一一〜一九四三）と、イタリアのファシストたちがカダフィの属するベドウィンに対して行なった大量虐殺によって、自分は植民地支配による犯罪の犠牲者だという意識が培われた。さらに注目すべきは、カダフィが指導者として最初に主要な演説を行なった日が、三八年前の一九三一年に宗教指導者でゲリラ戦の達人だったオマール・アル・ムフタールがイタリア人によって処刑された日だったことだ。ムッソ

オマール・アル・ムフタール。イタリア軍によって処刑される前に撮影されたもの。1931 年。
HISTORICAL VIEWS / AGEFOTOSTOCK

リーニ時代の出来事は、カダフィを生涯にわたって駆り立てた復讐の政治を理解するカギである。

イタリアはイタリア・トルコ戦争（一九一一〜一九一二）以降リビアを占領していたが、軍は内陸部まで勢力を伸ばすことができなかった。一九一八年にトリポリタニア共和国の建国が宣言されると、自由主義的な政府は戦術を変えた。「殺戮者」と呼ばれたロドルフォ・グラツィアーニ将軍は、抵抗運動の指導者モハメド・フィキニをイタリア支配に従わせるため、彼の家に空から手紙と爆弾を落とした。フィキニは、この「爆撃機による文通」を「非文明的」だと非難し、「あなた方の飛行機などまったく怖くないし、私は自分の行動について全責任を負うつもりだ。私たちは誰も永遠に生きることはできないのだから」と返答した。イタリア・ファシズムが権力を握ってすぐにイタリア軍が化学兵器を使用したことで、トリポリタニアの抵抗はようやく鎮圧された。フィキニは砂漠地帯であるフェザン地方へ居を移し、一九三〇年には、グラツィアーニの命令で出撃した飛行機の機銃掃射を受けながら砂漠を越えて安全な場所へ亡命した[8]。

東部地方であるキレナイカでは、この地域にある教団で支配階層でもあるサヌースィー教団に仕えるベドウィンの歩兵たちがゲリラ戦術を展開しており、イタリアは一万人以上の兵士と毒ガスを積んだ爆撃機数十機を投入して攻撃したが作戦は失敗に終わった。抵抗運動を粉砕するため、グラツィアーニは一九三〇～一九三一年にベドウィンと半遊牧民、合わせて一〇万人以上を砂漠に作った強制収容所に移送し、収容所では約四万人が処刑・飢餓・病気のため命を落とした。イタリア軍は、抵抗運動の指導者アル・ムフタールを捕まえ、鎖につないで写真を撮影した後、二万人のベドウィンの前で絞首刑にした。アル・ムフタールを殉教者として称える詩や歌が、カダフィの一族も含め、リビアの家々に広まった[9]。

三〇年に及んだイタリアによる占領は、イタリアが第二次世界大戦でリビアを失って終わりを告げたが、その時点でリビア人の乳幼児死亡率は四〇パーセントで、非識字率は九〇パーセントだった。人口の三分の一が死亡し――これには、早い段階で抵抗運動に参加していたカダフィの祖父も含まれている――一万四〇〇〇のリビア人が亡命を余儀なくされていた[10]。こうした惨状は、イギリスとアメリカの支援を受けて一九五一年に権力を握った国王イドリース一世にさまざまな難題を突きつけた。イドリースには、人権が制限された君主国であるリビアを民主主義国家に導く気はほとんどなかった。一九六三～一九六四年、モハメド・フィキニの息子で、パリで教育を受けたモヘユッディーン・フィキニが首相となり、女性に投票権を与えるなどの改革を進めた。しかし、怒りが頂点に達しようとしていた。リビアは、一九六〇年代後半には世界第四位の石油産出量を誇る国になったが、石油による利益はリビアの国内外にいるイドリースの支援者の手にとどまっていた[11]。

一九六九年夏に国王夫妻はエーゲ海旅行に出発したが、このときスーツケースを四〇〇個持っていったことから長期滞在が予想され、今こそ行動を起こす絶好の機会と思われた。イギリス情報部は、有力一族出身のアブドゥル・アズィズ・エル・シャルヒ大佐がクーデターを起こし、国王を追放する一方でエリート層による支配を継続させるだろうと予測していた。シャルヒのグループは八月三一日の夜にクーデターの準備を開始したが、翌朝、カダフィに先んじられたことを知った。新たな指導者カダフィは、欠席裁判で国王イドリースに死刑を宣告し、王室に近いと見なした者を残らず逮捕した。逮捕者には、シャルヒなどほとんどの軍将校が含まれていた。青年将校だったジャバッラ・マタルは、クーデターが起きたときロンドンにいた。彼は、変化の予感に心を奪われ飛行機で帰国したが、空港から直接刑務所へ護送され、五か月間の「再教育」を受けた[12]。

カダフィはすぐに個人主義的な統治スタイルを採用した。自身をリビア軍最高司令官と革命評議会（ＲＣＣ）議長に任じ、同志たちには名を伏せたままにするよう強制して、自分だけが新政府の顔となるようにした。他国の外交官と報道機関は一部閣僚の名前を知ることはできたが、RCCのメンバーの名前と写真は、クーデターの四か月後までリビアでは公表されなかった。こうした権力を手にしたことでカダフィはますます激しやすくなり、RCCのメンバー二名が、カダフィの怒りやすい気質と主要な政策変更について知らされないことを不服に思い、数年のうちに辞任した。さらに三名が、今後数十年の混乱を予想して、カダフィに対するクーデターを企てた[13]。

豊富に産出される高品質な石油、アラブ人の統一、社会主義を通じての自由、そして反植民地主義が、新政権の柱だった。反植民地主義には反シオニズムが含まれていたが、カダフィはナセルとは違い、反ユダヤ的な宣伝活動に長けた元ナチのプロパガンダ活動家を雇うことはなかった。カダフィは、リビア国内に滞在するヨーロッパ人の数を減らしたいと考えており、やがて外国の石油関連技術者のみを例外として国内のイタリア人を追放した。石油は権威主義者たちの取引の多くで主要な役割を担っており、カダフィは石油を保有することで、教育の無償化や安価な住宅の提供など、国民に与える福利の財源を確保して、権力の座にとどまることができた[14]。

しかし、オイルマネーですべてを買うことはできなかった。軍事クーデターで権力の座に就いたということは、カダフィには彼を支える大衆政党や大衆運動がなかったということだ。クーデターの四か月後、カダフィはリビアの立法機関である全国人民会議の議員を決める国民議会を創設した。さらに、草の根の政治組織としてアラブ社会主義連合を結成させた。ただし、実際の権限はすべてRCCが持ち、カダフィは、リビア人がそういう形を望んでいると主張した。「彼らはRCCに指導してもらいたいと思っているのです」と、彼は一九七一年に活動家で研究者のルース・ファーストに語っている。革命を祝う当初の気持ちはすぐに薄れ、国家による弾圧への恐怖がそれに取って代わった。一九七二年の時点で、アラブ社会主義連合の後援を受けていない政治活動はすべて死刑の対象となった。多くのリビア人は、部族中心の伝統的な生活に逃れ、国政に関与するのをすっかり避けるようになった。「政府の存在しないベドウィン社会では、父親が子供を罰するのを誰も妨げることができない。確かに子供たちは父親を愛しているが、同時に父親を恐れてもいるのだ」と、カダフィは自作の小説「地獄への脱出」で書いている。このタイトルそのものが、何百万ものリビア人がカダフィの反帝国主義的革命の結果をどのように経験していたかを如実に物語っていた[15]。

―

「無条件降伏しろ！　交渉はしない！　無条件降伏だ！」。一九七三年九月一一日の朝、ピノチェトは電話越しに海軍中将パトリシオ・カルバハルに怒鳴りつけていた。チリ社会党出身のサルバドール・アジェンデ大統領は大統領官邸であるモネダ宮殿にバリケードを築いて立てこもり、首都サンティアゴ市内ではクーデターに対する激しい抵抗が続いていた。左派の一部はこうした事態に備えて準軍事的な訓練を積んでいたが、すぐにチリ陸軍が優位に立った。「戦車に拳銃で立ち向かえるわけがありません」と、共産党の工作員で、実際に拳銃で戦車に立ち向かおうとしたアナ・マリアは述べている。「二、三人殺しても、その後ろには何万人も控えています。どんどん増えていきます。どうしようもないのです」[16]。

この日までチリの人々は、自分たちは近隣のラテンアメリカ諸国と違って軍事クーデターで自由を失うという悲惨な末路をまぬかれてきたと思っていた。グアテマラとパラグアイでは一九五四年に政変が起きて軍事暫定政権が権力を握り、ブラジルとボリビアでは一九六四年に権威主義的政権が成立し、一九六六年にはアルゼンチンがこれに続いた。脱植民地化に触発されたクーデターがそうだったように、ある国で政権転覆が起これば、それが他国にも波及する。そうした政権転覆は、アメリカ合衆国など反共産主義を掲げる民主主義諸国が標榜した冷戦下の国家安全保障ドクトリンによって、すべて正当化された。ソ連の影響力拡大を阻止するため、民主主義諸国はラテンアメリカでの政権交代を、左派に対する拷問と集団殺害も含めて是認した。ピノチェトが主宰した、各国の右派軍事暫定政権で構成される共同体「コンドル作戦」は、こうした環境から生まれた。コンドル作戦参加国は、対反乱作戦や弾圧についての情報を共有し、ナチ親衛隊（ＳＳ）の元将校ヴァルター・ラウフとクラウス・バルビーや、デッレ・キアイエらネオ・ファシストのテロリストなど、チリをはじめとするラテンアメリカ諸国に避難していた者たちの専門知識を利用していた[17]。

強いカリスマ性を持つ人物だったアジェンデは、フランコと、キューバのマルクス主義指導者フィデル・カストロのふたりを個人的な友人だと思っていた。彼は、反帝国主義的な経済・社会政策として、チリの銅鉱山を国有化し（チリは世界に供給される銅の二〇パーセントを産出していた）、富の再分配のため農地と企業の五〇パーセントを収用した。反帝国主義的な思想の影響を受けていたアジェンデは、通信会社ＩＴＴなどの多国籍企業がチリに存在することを国家主権に対する攻撃と見なし、そうした企業を標的として、一九七一年に超過利潤を規制する法律を制定した[18]。

こうした反資本主義的な政策は、アメリカの役人たちの警戒感を引き起こした。彼らは、ニクソンが国家安全保障顧問でヘンリー・キッシンジャー（チリ・クーデターの数週間後に国務長官に就任）に語った言葉を借りれば、「アジェンデをクビにする」状況を作り出すため経済戦と心理戦を実行した[19]。ＣＩＡ長官リチャード・ヘルムズは、一九七〇年九月にキッシンジャーとニクソンと会ったとき「経済に悲鳴を上げさせろ」と指示された。この命令により、チリに対して新規貸付が凍結され、国際融資が禁止された（それでもフランコはアジェンデに四〇〇〇万ドルを融資した）。若いころナチ・ドイツから逃げてきたキッシンジャーは、一九七一年、アジェンデはヒトラーのように「一党独裁国家」を樹立しようとしていると主張し、圧力を強めるようニクソンに進言した。ＣＩＡの支援で一九七二年にトラック運転手のストが発生したことで食料の供給が大混乱し、社会不安が発生した[20]。

「チリには墓場のにおいがする。民主主義が腐敗していくにおいだ」と、チリ駐在アメリカ大使エドワード・コリーは、一九七〇年にアジェンデが当選した直後に満足げに書き送っている[21]。実際には、チリ陸軍の憲法擁護の意志は固く、そのためクーデターの参加者を集めるのは難しかった。「活動できる範囲はきわめて狭く、利用可能な選択肢も非常に限られている」と、CIAのサンティアゴ支局長はワシントンの上司たちに不満を伝えている。クーデターの主要な計画者であるホセ・トリビオ・メリーノ海軍大将は、CIA、チリ軍部、チリの保守派、極右組織「祖国と自由」に接触しようと努力していた。これら関係者全員が、アメリカの他の政府機関およびブラジル軍部とともに、クーデターにつながる情勢を作り出した。キリスト教民主党とアジェンデ率いる政党「人民連合」との二極化も、チリの民主主義をむしばんだ。議会で過半数を持たず、野党からは政策を断固阻止する構えを見せられたため、アジェンデは法の抜け穴と行政命令を頼るようになり、弾劾を求める声が上がった。一九七三年八月に議会下院は、アジェンデ政権は憲法違反であると宣言した[22]。

「伯母が亡くなった」はクーデターを示すCIAの暗号であり、一九七三年の夏は伯母がたびたび危篤になった。六月二九日、アジェンデ支持派の軍最高司令官カルロス・プラッツ将軍に仕えるサンティアゴ地区司令官ピノチェトは、軍当局者がアジェンデ政権に対して起こした暴動を鎮圧した。七月と八月に、政治的・経済的情勢はさらに悪化した。社会主義者の上院議員マリア・エレーナ・カレーラは、家族が亡命しなくてはならなくなった場合に備えて「クーデター用バッグ」を用意した。八月下旬の組織的中傷工作でプラッツが辞任を余儀なくされると、ピノチェトが後任となり、彼がチリ軍部で最上位の人間になった。しかし、プラッツに仕えていたため、彼がクーデターについて知らされたのは決行のわずか三日前だった。すぐにピノチェトは、その権力欲と残忍さで全員を驚かせることになった[23]。

アジェンデは、九月一一日の朝、暫定政権の名簿にピノチェトの名前があるのを見て衝撃を受けた。名簿にはピノチェトのほか、メリーノ、空軍トップのグスタボ・リー、国家憲兵トップのセサール・メンドーサの名もあった。アジェンデはモネダ宮殿にとどまっていたが、宮殿がジェット戦闘機「ホーカーハンター」の攻撃を受けると、投降せずに自殺した。夕方に暫定政権は戒厳令を発し、夜にはアジェンデの遺体が空軍機に乗せられて、首都から遠く離れたビニャ・デル・マールの埋葬地へ送られた。移送中の遺体警護を命じられていた空軍整備士マリオ・ゴンサレスが、安価な松材の棺を持ち上げると、プラスチック製の取っ手の一部が取れて彼の手に残った。それをゴンサレスは自宅に持ち帰り、ピノチェトによる軍部粛清のひとつで逮捕されると、取っ手を妻に渡して保管させ、後にそれを持って国外へ亡命した。この取っ手は彼にとって、復活するまで一七年を要することになる民主的なチリを忘れないための形見であった[24]。

ピノチェトは、ほかのストロングマンたちと同じく、より高次の力によって自分は祖国を救うことのできる立場に導かれたのだと信じていた。しかし、ムッソリーニ、ヒトラー、フランコ、カダフィとは異なり、権力の座に就く以前の彼に会ったことのある人間は、誰も彼が特別な存在だとは思わなかった。制服がよく似合っていたものの、ピノチェトは平均的な人物という印象で、チリ陸軍士官学校へは三度挑戦してようやく入学できていた。妻のルシア・イリアルトは、上院議員の娘として有力者たちに囲まれて育ち、夫の出世はせいぜい大佐止まりだろうと思っていた。だがクーデターによって、彼が心の奥底に秘めていた権力欲を満たすチャンスがめぐってきた[25]。

数万のチリ人が亡命する中（最終的に亡命者の数は二〇万人に達した）、暫定政権は緊急事態を宣言して、公民権を一時停止し、左派の一斉検挙を実施した。北部のピサグアなど各地にある刑務所や留置所は、定員の限度まで人が詰め込まれた。サンティアゴの国立スタジアムは、ロッカールームが拷問室に転用され、赤十字によると七〇〇〇人が収容されていたという。救急救命士のパトリシオは、軍がサンティアゴのバロス・ルコ病院を接収したとき同病院におり、兵士たちが病院の貯蔵血液を盗み出し、女性職員を強姦するのを目撃した。その後パトリシオはサンティアゴ郊外のコンチャ・イ・トロぶどう園へ行き、四〇名の労働者が死んでいるのを確認した[26]。

ブラジル人労働者ジュランディール・アントニオ・シャヴィエルは、冷戦時代に軍事クーデターを何度も経験した人物で、祖国から亡命してボリビアへ行き、そのボリビアから「少しばかりの平穏と少しばかりの休息」が得られると思ってチリに移り住んでいた。彼は、兵士たちに殴られるあいだ「ひたすら沈黙を守り、あらゆる暴行を受け入れていた」。彼は生き延び、後に三度目となる亡命をした。サンティアゴ郊外では、マヌエル・コントレラス将軍ら軍関係者がヘリコプターで移動しながらアジェンデ政権の重要人物を捜索して、一〇〇名弱を殺害し、犠牲者の遺体を鉱山の立坑に隠したり海へ投棄したりした。後に「死のキャラバン」と呼ばれることになるこの行動は、暫定政権の秘密警察「国家情報局」（ＤＩＮＡ）の手法の先鞭となった。死のキャラバンによって、ラテンアメリカで最初の「行方不明者」が生み出された[27]。

政治的二極化と左派への恐怖により、チリのエリート層と中道派は、ピノチェトのクーデター後に暫定政権に反対する行動を取ることができなかった。エドゥアルド・フレイ・モンタルバ元大統領など野党キリスト教民主主党の重要人物たちは、数十年前にイタリアやドイツの保守派がムッソリーニやヒトラーを誤解していたのと同じように、ピノチェトを誤解していた。フレイはチリ国民に、暫定政権は秩序を回復した後で「権力を民主主義体制に返す」だろうと断言した。後にフレイが暫定政権に反対すると、ピノチェトは彼を毒殺させた[28]。

アウグスト・ピノチェト。1973年９月。
CHAS GERRETSEN / NEDERLANDS FOTOMUSEUM

リビアのカダフィと同じように、ピノチェトもすぐに自分が同志たちより優位に立っていることを示した。一九七三年九月一八日の記者会見で、彼は玉座のような椅子に座って腕組みをし、後ろに警護役の将校をひとり立たせていた。オランダ人カメラマンのハス・ヘレッツェンからサングラスを外してほしいと言われると、将軍は「私はピノチェトだ」と言って断った。彼は、暫定政権の監督は交代で行なうと主張して、自らは政権のトップとして働くと断言し、「私は野心的な人間ではない。権力の強奪者のように思われたくない」と宣言した。一九七四年一二月、彼は自ら大統領に就任した。一九七六年には、行政権を独占し、一九七八年には、暫定政権のメンバーで唯一彼に立ち向かったグスタボ・リーを、不服従を理由に解任した。ほとんどの反共産主義的な暫定政権では集団統治が普通だったが、チリは一七年間、個人主義的な支配を受けた。ピノチェトが国民投票に敗れて一九九〇年に辞任したときには、すでに冷戦は終わっていた[29]。

一九九四年一月二六日、テレビでニュースを見ていたイタリア人は、予想していなかったものを目にした。派手好きの億万長者で、ビジネス帝国・メディア帝国を所有し、サッカーチームACミランのオーナーでもあるベルルスコーニが、真面目な顔をして机の後ろに座り、次期首相を目指して国会議員に立候補すると宣言して、こう言ったのである。

イタリアは私が愛する国だ。ここに私のルーツが、私の希望が、私の地平線がある。（中略）ここで私は自由への情熱を手に入れた。（中略）私は、政界というフィールドに出て、この身を国民のために捧げると決めた。なぜなら、私は自由でない国には住みたくないからだ。（中略）そして私は、みなさん全員にもフィールドに出ることをお願いしたい――それも今すぐ、手遅れにならないうちに（後略）。

彼が結成した政党「フォルツァ・イタリア」(「頑張れイタリア」の意。由来はサッカーの応援でよく使われる掛け声)は、保守的な綱領を掲げていた。党は、自由市場、家族、秩序、効率を重視した。共産主義は五年前に終焉を迎えていたが、ベルルスコーニは左派による圧制の脅威をことさらに強調した。さらに彼は先例を破って、ジャーナリストの質問に直接答える生放送ではなく、ビデオテープを使って選挙活動を開始した。その大胆な動きによってイタリア国民は、ベルルスコーニがフィールドに出るのは競技のルールを完全に破壊してしまうためだということに気づいた。ベルルスコーニの結成した政治勢力はイタリア全土を魅了し、わずか二か月後に実施された選挙で彼は勝利を収めた。彼が築いた中道右派の連立政権により、ネオ・ファシスト勢力が一九四五年以降で初めてヨーロッパで政権に参加し、民主主義に対する新たな脅威が現実となる道を開いた[1]。

一九九〇年にピノチェトが辞職したころには軍事クーデターは少なくなり、それに代わって、新世代のストロングマンが権力の座に就く方法となったのが選挙だった。昔から選挙は開かれた社会の印であり、選挙制度の欠落は専制政治の特徴とされてきたが、新たな権威主義者たちは、権力の座にとどまり続けるために選挙を利用し、必要な結果を手にするため詐欺や投票妨害など反民主主義的な戦術を展開する。選挙を不正に操作するため投じられる資金は、しばしば多額になる。クーデターではなく選挙で権力の座に就く指導者は、その座からの追放を避けられる可能性が高くなり、罰を受ける可能性が低くなる。新たな権威主義者は、支配体制をいったん確立すると、昔の独裁者と同じほど長期にわたって在職することも可能となる。例えばロシアでは、二〇二〇年の憲法改正によって、すでに合計一六年間大統領を務めているプーチンが、さらに二〇三六年までその座にとどまることが可能となった[2]。

それでも、選挙に立候補する新たな権威主義者たちには、調査報道ジャーナリストや汚職監視団体によって悪事や秘密を暴露されるリスクがある。自身について法的問題が進行中の場合は、自分が適任であることを国民に納得させるのは難しいだろう。ベルルスコーニは選挙期間中に脱税と汚職の嫌疑が掛けられていたし、トランプが政治活動を始めたときは、性的暴行の告発をいくつも受けていた上に、トランプ大学に関係する詐欺で訴訟が進行中だった。そのためこうした者たちは、法律・プロパガンダ・警備の専門家を大勢雇って、情報を偽造したり、現れるかもしれない不利な情報を隠したりする。権力を握った後は、家族や、忠誠を誓う旧友や仕事仲間から成る側近グループを作る。そうした側近の多くは犯罪者と紙一重だ。ストロングマンも犯罪者と紙一重だが、ストロングマンが起訴される可能性は仲間たちよりはるかに低い。ほとんど必ず仲間の方がストロングマンに代わって逮捕されるからだ。ムッソリーニ以降、自分のために汚い仕事をしてくれた者は刑務所に行くが自分は確実に訴追を免除されるようにすることが、ストロングマンに不可欠なスキルとなっている。

ベルルスコーニが政治家の道を歩むことができた背景には、ふたつの重大な出来事があった。

ひとつは、一九八九〜一九九一年にヨーロッパ全土で共産主義が崩壊し、新たな右派と新たな権威主義者の時代が出現する条件が生み出された。東ヨーロッパでは、長年ソヴィエト体制によって抑え込まれていた超民族主義的な感情や同族意識、民族対立が拡大したことだ。国家の決めた敵がなくなったことで、ポール・ホケノスいわく自分の好きなように他人を「自由に嫌ってかまわない」と思う者が勝手に振る舞うようになった。当初から新たに手っ取り早い標的とされたのは、移民たちだった。西ヨーロッパでも、各国で共産党の勢力が後退したため左派は力を失い、右派が台頭する余地が生まれた。イタリアでは、パダーニア連邦共和国の建国を宣言したポピュリズム政党の北部同盟（現在名「同盟」）が一九九一年に北イタリアで結成された[3]。過激主義者の新たな波とともに、オーストリアのイェルク・ハイダーやイタリアのジャンフランコ・フィーニなど、権力を手にするためなら喜んで譲歩するビジネススーツ姿の極右政治家が登場した。ハイダーの自由党は一九九五年のオーストリア国会選挙で二〇パーセント以上の票を得た。フィーニのネオ・ファシズム政党イタリア社会運動（ＭＳＩ）は、結党以来数十年間、イタリア政界で周縁的な存在だったが、一九九三年にフィーニがローマ市長選に出馬すると、四六・九パーセントの票を獲得した[4]。

ヨーロッパで右派政治の新たなモデルを求めていた者たちは、アメリカにも目を向けた。アメリカでは、ロナルド・レーガン政権時代に大きな政府に反対して白人キリスト教文明を是とする考えが支持されたため、より急進的な形の保守主義が一九八〇年代に根を下ろしていた。

共和党の政治家ニュート・ギングリッチとディック・アーミーが一九九四年に共同執筆した文書「アメリカとの契約」は、信頼に基づく政治と財政責任を約束していた。この文書は、一部から「イタリアのギングリッチ」と呼ばれたフィーニや、フランス国民戦線の「フランスのためのフランス人との契約」、ベルルスコーニが二〇〇一年に発表した「イタリア人との契約」に影響を与えた[5]。

ベルルスコーニに有利に働いたもうひとつの出来事は、イタリアで政党の収賄行為と違法な資金調達を暴いた一九九二〜一九九三年の「マーニ・プリーテ」（きれいな手）スキャンダルだ。これにより、第二次世界大戦後に生まれた第一共和政とその政治秩序は終わりを告げた。第一党のキリスト教民主党と社会党は崩壊した。主要政党で唯一残ったのは、かつて西ヨーロッパで最大の共産党だったイタリア共産党の解党後に生まれた後継政党で、社会民主主義を掲げる左翼民主党だけだった。ベルルスコーニは、自分が破綻した政治家たちに代わる選択肢であり、自分の事業よりも左派の支配から国を守ることを優先させる愛国者だというふりをした。その数か月前には、イタリアは「強い治療薬と強い男たち《ストロング・マン》を必要としている」と、ムッソリーニを彷彿とさせる発言をしていた[6]。

ベルルスコーニは、自分の自由をさらに奪われることも恐れていた。一九九四年に当選したときは検察官から告発される寸前だったからだ。彼が後に回想しているように、「マーニ・プリーテ」の数年は「恐怖」の時代だった。彼の持ち株会社フィニンヴェストは負債が危険なほど膨れ上がっており、彼と親しい重要人物は次々と収監されていた。弟でフィニンヴェストの幹部パオロが取り調べを受けると、ベルルスコーニは、次は自分かもしれないと思った。一九九三年一二月、ベルルスコーニが立候補するとのニュースが流れ始めると、検察官フランチェスコ・ボッレッリは、次のような不穏な声明を出した。

政治家の候補者になりたいと思う者は、自分の心の中に目を向けるべきである。もしも清廉であれば、穏やかに前進するべきだ。しかし、人に知られてはならない秘密があるのなら（中略）我々がその秘密に到達する前に、秘密をすぐ公開して政治からは距離を置くべきだ[7]。

ストロングマンにとって、政治は常に個人的なものである。一か月後にベルルスコーニがイタリア国民に向かって「今すぐ、手遅れにならないうちに」行動を起こすよう呼びかけたのは、もしかすると裏の意味があったのかもしれない。首相になれば、イタリア人を共産主義の圧制から救うことができるかもしれないが、同時に起訴からの免責特権を得られるのでベルルスコーニを救うことにもなるだろう。

政治と同様ビジネスでも、ベルルスコーニはリスクを冒したり伝統を破ったりするのを恐れなかった。彼はまず、一九七〇年代から一九八〇年代に建設業界とメディア業界で活動を始めた。彼の広告会社プブリタリアを経営するマルチェッロ・デッルトリなど、一部のパートナーとの強固な関係は、この時期からのものだ。デッルトリは、ベルルスコーニをカトリック教会の強力なセクト「オプス・デイ」や犯罪組織を含む南部の利益団体と結ぶ存在だった（その後デッルトリはマフィアと関係していたとして二〇〇四年に有罪となる）[8]。ベルルスコーニが一九八〇年代にイタリアのテレビ界を民営化しようと奮闘したことが、政府のコントロールからの解放を「自由」と見なす新自由主義的な概念を形成した。もともとイタリアのテレビ放送は国営放送Ｒａｉが持つ三つの全国ネットワークに限定されていたが、一九八〇年代、ベルルスコーニの複合企業「メディアセット」が三大民間放送（カナーレ5、レーテ4、イタリア1）を所有した。ベルルスコーニの親友だったベッティーノ・クラクシ首相が民間放送による全国放送の禁止を政令を使って解除すると、この行為は個人的便宜を図るものだと多くの人に思われた[9]。

ベルルスコーニの放送ネットワークは、イタリアのテレビの放送内容とスタイルを変えた。彼のチャンネルは、肌もあらわな女性たちが登場するバラエティーや、「ダラス」などのアメリカの番組や、広告をたくさん放送した。ニュース番組は、ベルルスコーニの「事実の真理との異常な関係」（ジャーナリストのアレグザンダー・スティルの言葉）を反映し、彼についての否定的な報道はすべて否定されるか無視された。一九八〇年代後半にベルルスコーニは、放送メディアの視聴率で八五パーセントを占め、テレビ広告収入の九五パーセントを獲得し、新聞「イル・ジョルナーレ」と巨大出版企業モンダドーリを所有していた。一九九〇年のマンミ法により、複数のマスメディアがこのような形で一企業または一個人に集中することは、今後は難しくなったが、ベルルスコーニの状況に影響を与えることはなく、すべての放送網が生放送を続けることができた。彼が一九九四年に政界入りするまで、世論の形成にこれほど大きな力を振るえた人物はムッソリーニ以降ひとりもいなかった[10]。

ベルルスコーニの選挙活動は、政党が初めて企業によって創設され動き始めたことが特徴だった。活動の基盤としてフォルツァ・イタリアの「クラブ」がすべての町に作られ、各クラブにはベルルスコーニがバーチャルで姿を現せるよう衛星テレビが設置された。プブリタリアの従業員が、国会議員の立候補予定者のスクリーンテストを行ない、マーケティングリサーチとメッセージングを担当した。ベルルスコーニが所有するメディア企業が「イタリアの新たな奇跡」を約束する看板などの広告でイタリア全土を覆い尽くし、至る所に掲げられたベルルスコーニの顔に一部のイタリア人はムッソリーニの個人崇拝を連想した[11]。

ファシズムの発祥地であるイタリアは、再び右派の新たな政治運動のるつぼになった。ベルルスコーニは、選挙に勝利したフォルツァ・イタリア、北部同盟、国民同盟（AN。フィーニが旧MSIを中心に結成した政党）から成る中道右派連立内閣の接着剤役を務めた。一〇〇万人分の雇用創出といった選挙公約はニュースで取り上げられたが、ベルルスコーニは、それまでのストロングマンたちと同様、喪失と変化の時代を生きる不安につけ込んだ。彼が大声で叫ぶ共産主義反対の主張を聞いてイタリア人は、昔からの敵まで消えたわけではないことを知って安堵した。最終的にベルルスコーニは、過去の権威主義者たちを権力の座に押し上げる原動力となったのと

「イタリアの新たな奇跡のために」と書かれたベルルスコーニの選挙看板。1994年。
FOTOGRAMMA

同じ種々雑多な支持者たち——聖職者、ギャング、主婦（彼女たちはベルルスコーニの巨大ファン層だった）、そして特権を守ってもらうために支持したエリート層——を獲得した。「彼が勝てば、それは我々全員の勝ちとなる。彼が負ければ、それは彼だけの負けとなる」と、自動車会社フィアットの会長ジャンニ・アニェッリは、時代を超えた皮肉な発言をしている[12]。

ベルルスコーニは賭けに勝った。フォルツァ・イタリアは、一九九四年三月の選挙では下院比例区で二一パーセントの票を獲得し、結党からわずか二か月でイタリア最大の政治勢力となった。不安定な連立政権は六か月後に倒れたが、ネオ・ファシズム勢力を政権に参加させたことで、イタリア・ファシズム復活への道を開いた。ANの指導者フィーニは、選挙期間中にムッソリーニを「二〇世紀で最も偉大な政治家」だと明言して、そうした流れを作っていた。ムッソリーニへの好感をようやく表に出すことができて安心したイタリア人は少なくなかった。例えばローマに住むドライクリーニング店の店主は、独裁者ムッソリーニは「イタリアにとってすばらしいことをやった。彼が傷つけたのは破壊活動分子とユダヤ人だけだ」と言って、古なじみの客を驚かせた[13]。

ベルルスコーニが一九九四年五月から一二月まで率いた政府は、新たな権威主義者の時代における個人主義的支配の先例となり、自分の金銭的・法的問題の解決を政府の最優先事項にした。七月、フィニンヴェストが贈賄の捜査を受けていたとき、彼は贈収賄と汚職を、勾留を必要とする犯罪行為から除外する政令を出した。ただし、国民からの抗議を受けて彼はこの政令を撤回せざるをえなかった。さらにベルルスコーニとフォルツァ・イタリアの仲間たちは、世論が司法に反対するように仕向けようともした。仲間たちは、一九九四年一一月にベルルスコーニを収賄で告発した検察官たちを「制度的クーデター」によって「民主主義的な秩序を覆すことを目指す」犯罪者と呼んだ。司法をめぐる問題が高まった結果、北部同盟は連立政権から離脱した。当局が一二月にベルルスコーニを尋問したことで、彼の中道右派の実験は終わり、それとともに彼の政治生命も終わったと多くの人は考えた[14]。

フランコがファシズムの時代と軍事クーデターの時代の橋渡し的存在だったとすれば、ベルルスコーニは、過激な政治勢力を主流に組み込みつつ、個人的利益のため民主主義的諸制度の信用を傷つける二一世紀型の権威主義者への橋渡し役であった。彼の権力掌握は、冷戦の終結と戦後イタリアの政治秩序の崩壊が生み出した空白を埋めるものであり、短命に終わった第一次政権は、新たなものを生む基礎を築いた。「私は新たなものを作り出す方法を知っているし、人々を導く方法を知っているし、人々が私を愛するように仕向ける方法を知っている」と彼は一九九六年に語ったが、これらはまさにストロングマンの主要な才能であった[15]。

―

プーチンにも同様の資質があるとは、彼が権力の座に就く以前だったら誰も考えなかっただろう。ウラジーミル・レーニンのような光り輝く知性も、スターリンのような厳粛さも持っていなかったプーチンは、ファシズムのイタリアとともに権威主義的指導者への崇拝を開始した国では考えられない政治的偶像だった。情報機関で訓練を受けた結果、彼は自身の存在感を押しつけるのでなく、カリスマ的指導者ならそうするように、話し相手の意図を正確に理解して信頼関係を築こうとした。「崇拝は常にあるが（中略）個人はない」というのが、プーチンの最初の任期で語られたジョークだった[16]。

あらゆるストロングマンは、自分の個人的権力を不安定にさせる可能性を限りなく小さくするための統治システムを築くが、東ドイツで始まり、やがてロシアにも及んだ共産主義の崩壊を生き抜いたことで、プーチンの生存本能はことのほか鋭くなった。プーチンは、国家保安委員会（K

GB）のケースオフィサー（工作担当将校）として一九八五年から一九八九年までドレスデンで働いていたが、このドレスデン時代に彼の性格を左右する出来事が起きた。ベルリンの壁崩壊後の一九八九年一二月、プーチンらKGBの同僚たちの勤務場所でもあった東ドイツ秘密警察シュタージの本部前に怒れるデモ隊が集まり、これまで受けてきた弾圧に対する処罰を求めたのである。プーチンは、それまで不愉快な事態に遭遇したことがないわけではなかった。若いころは何度もケンカをしていて、それは格闘技を習うことで攻撃性をコントロールできるようになるまで続いた。ドレスデンでは、同僚たちが長年積み重ねてきた諜報活動の成果を必死になって燃やしているあいだ、プーチンは外に出てデモ隊に話しかけた。後にプーチンは当時モスクワからの支援派遣が遅れたことを回想して「誰も私たちを守る気などないようだった」と語っている[17]。

崩壊していくソヴィエト連邦に戻ったプーチンは、民主化はリーダーシップを弱め、社会不安をもたらすという考えを強めた。まず、一九九一年八月に保守強硬派がソヴィエト連邦大統領ミハイル・ゴルバチョフに対して軍事クーデターを起こしたが、当時ロシア連邦大統領だったボリス・エリツィンの介入で失敗に終わった。エリツィンは、数百の副官たちと数千の支持者たちに囲まれながら、よじ登った戦車の上で政府への支持を訴えたことで、一二月に実施された初の自由選挙でロシア大統領に選出された[18]。

エリツィン政権は経済改革と新自由主義的な緊縮財政を進め、その結果、ソ連時代の社会的セーフティーネットは廃止され、非常に厳しい経済的苦境がもたらされた。一九九〇年代前半には、二五歳から三五歳の男性を中心に、何百万ものロシア人がアルコール関連の病気、心臓発作、自殺、殺人が原因で死亡した。違法に経済的な利益を得たエリート層の行動も、価値観の崩壊を示していた。民営化によって、「オリガルヒ」と呼ばれる新興財閥どうしで資産の管理をめぐる争いが起こり、KGBの職員たちは国有の金塊と資金を大量にロシア国外へ持ち出して海外口座に移した。エリートたちは膨大な富を生み出しているのに大衆は貧困にあえいでいるという現状を見て、民主化という考えに反感を抱く者も出てきた。「共産主義で最悪な点は共産主義後の有様だ」という悲痛な発言さえあった[19]。

このような時代背景の中、プーチンは大統領に就任したが、政界入りした当初の実績はお世辞にも成功とは言えなかった。一九九四年にサンクトペテルブルクの副市長に任命されたが、賭博規制に関して犯罪組織に協力したとして市議会から批判された。後に内務省は、彼がサンクトペテルブルク市の予算から資金を建設会社「第二〇トラスト」に横流ししたかどうかを調査することになる。この会社は、市から受けた二八〇〇万ドル相当の融資をまったく返済せず、資金を定期的に海外へ移転させていた[20]。

プーチンの政界での行動は説明責任がまったくと言っていいほど欠けていたかもしれないが、オリガルヒを服従させたいと思っていたボリス・ベレゾフスキーなどエリツィンの周囲にいた有力者たちには、彼こそ可能性を持つ人物だと思われた。そこでプーチンは、アメリカの駐ロシア大使トマス・ピカリングなど大半の人々には「期待の星のようには見えなかった」が、一九九六年モスクワでエリツィンの側近グループに加えられ、一九九八年には連邦保安庁（FSB。KGBの後継組織）で文民初のトップになった。一九九九年八月にエリツィンが民主化への移行措置をめぐって議会の弾劾に直面したとき、エリツィンと側近グループは、首相・大統領後継者として、事態を安定させて彼の遺産を継承してくれると思った人物を選んだ。それがプーチンだった[21]。

一九九九年八月九日にニュースを聞いたとき、モスクワでホットドッグを売る女性ジェーナ・モルチャノヴァは「プーチンは何者だって言ったの？」と質問したが、これが大半のロシア人に共通する反応だった。「狂気を説明するのは難しい」と、政治家ボリス・ネムツォフはエリツィンの選択についてコメントした。軍強硬派は、体制の移行について民主的な解決法よりも権威主義的な解決策を支持していたので、この選択に冷笑的な態度を取った。「我々は常にピノチェトのような人物を望んでいるが、プーチンはピノチェトではない」と、ある退役将校は語っている。新聞「モスクワ・タイムズ」の見出しには「大統領、全政治勢力から批判を受ける」と書かれた[22]。

それから一か月もたたないうちに、プーチンにとってすべてを変える爆破事件が始まった。一九九九年八月三一日から九月一六日までのあいだに、四件のアパート爆破を含む複数の爆破事件がモスクワなどの都市で起こり、パニックに陥った何世帯もの家族が路上で夜を明かし、最終的に三〇〇名が死亡して一〇〇〇人以上が負傷した。プーチンがテレビに出てチェチェン人を非難したとき、彼はまだ顔を知られていなかった。ロシアがチェチェンの分離独立を阻止するために始めた一九九四〜一九九六年の戦争は停戦により終わっていたが、緊張は解けないままだった。プーチンは、普通なら犠牲者の家族への見舞いの言葉を語るべきところを、それを飛ばしてストロングマンらしい口調で暗殺者たちを「始末する」と宣言し、「我々は彼らを見つけ出す。どこにいようとも必ず抹殺する」と言った[23]。

　この危機の最中にプーチンは、有能で的確な指導者として姿を現し、その健康な肉体は年老いて病気がちなエリツィンの人物像と好対照を成した。二〇〇〇年一月までに、ロシアはチェチェンとの戦争を再開し、エリツィンは辞任し、三月に選挙が実施されることが決まって、大統領代行を務めていたプーチンが戦時の大統領候補者となった。彼は突然、尊大な態度を示し、政敵と議論したり草の根運動に携わったりするのを拒否した。爆破事件の真相について疑惑が持ち上がっていた（使われた爆発物には入手困難な軍の爆薬が使用されており、FSBが関与していた可能性が浮上していた）ことを考えると、事前に知らされていない質問を受けるのは賢明ではないと思われた。三か月前は国民にとって未知数だったプーチンは、二〇〇〇年三月の選挙で五三パーセント弱の票を得て勝利したが、有権者への脅迫、不正投票、票の書き換えなどがあったと非難された。こうした手法を彼はその後も選挙で使った[24]。

　このころには一部のコメンテーターが、ピノチェトが人道に対する罪でロンドンに自宅監禁されている事実に触れないようにしながら、軍事暫定政権による大規模な暴力の記憶を無視して、ロシアには「ピノチェト方式」が必要だと繰り返し訴えるようになった。キッシンジャーは、プーチン政権下のロシアは「基本的に権威主義的」になるだろうと予測した際、用心してピノチェトではなくポルトガルの指導者アントニオ・サラザールをモデルとして引き合いに出した。プーチン自身の考えは、ロシア政府のウェブサイトに掲載され、彼の支配の方向性を示した一九九九年一二月の評論「ミレニアム転換期のロシア」で明らかにされている。それによれば「ロシア人にとって、強い国家は戦うべき異常事態ではなく（中略）秩序の源泉にして保証者であり、あらゆる変化の創始者であり主要な推進力である」という。ストロングマンは個人的利益と国益を区別せず、プーチンにとって強い国家は自衛手段でもあった。彼の支配下で民主主義は後退しながらも、ロシアは、研究家カレン・ダウィシャの言葉を借りれば、「成功の過程にある権威主義的プロジェクト」となっていった[25]。

―

「あれはおかしなたわ言だ」とジョージ・W・ブッシュ元大統領は、二〇一七年一月二〇日にトランプが行なった大統領就任演説を評してそう言った。演説では、アメリカは「錆びついた工場が墓標のように我々の国の風景のあちこちにある」荒涼とした場所だと言われた。アメリカ国民は諸外国によって「富と力と自信」を盗まれて失ったが、そこへ「アメリカ・ファースト」を訴えるトランプが登場した。この演説は極右のプロパガンダ活動家でトランプの選挙対策本部長スティーヴ・バノンが書いたもので、そこに含まれるポピュリズム的表現の一部は、ティーパーティー運動に由来している。しかし、危機をあおるレトリックと、男性指導者を救世主と位置づける手法は、ムッソリーニ以降のストロングマン全員が使ってきた方式にも従っていた。ブッシュがアメリカの民主主義という文脈の中で「おかしい」と感じたものは、権威主義的支配の伝統では当たり前なものだった。聴衆を不安にさせ、次に何をするのか分からなくさせる戦術も同様だった。「内容のない話をする時間は終わりだ。今や行動の時間がやってきたのだ」と、トランプは言った[26]。

それまでの権威主義的支配者がそうだったように、トランプも自分は型破りな人間で、力のない人物が従わなくてはならない法律を免除される存在だと思っていた。二〇一五年まではビジネスの世界が、こうした態度を表現する場であり、それを彼は父フレッド・トランプから学んだ。フレッドは、脱税と不正取引によってアメリカ財務省に納めるべき数億ドルを手元に残し、一家は一〇億ドル規模の不動産帝国を築き上げた。ベルルスコーニと同様、トランプは違法と合法の境界線を行くビジネス慣行で得た教訓を政治に適用した。大統領選に立候補した時点で、ロシア・マフィアとの複雑な関係が数年前から新聞などで取り上げられていた[27]。「犯罪者たちには行ける場所があった」と、あるニューヨーク市の不動産ブローカーは、トランプの住居でトランプ・オーガナイゼーションの本部があるトランプ・タワーについて語っている。ジョーゼフ・ワイクセルバウムのような麻薬の売人や、アドナン・カショギのような武器商人、ハイチのジャン＝クロード・デュヴァリエなどの独裁者たちは、全員トランプ・タワーに住んでいた。ロシア・マフィアとつながりがある不動産デベロッパーで、一九九〇年代に証券詐欺で有罪判決を受けたフェリックス・セイターも住人のひとりだ。彼は二〇〇六年にトランプの娘イヴァンカと長男ドナルド・ジュニアを連れてモスクワへビジネス視察ツアーに出かけ（イヴァンカはクレムリンで短時間ながらプーチンの椅子に座った）、トランプ・タワー・モスクワの建設について二〇一五年に行なわれた交渉に関与していた。トランプ・タワーと、セイターら住人は、下院議員アダム・シフ（民主党、カリフォルニア州選出）いわく「トランプ・オーガナイゼーションによるマネーロンダリングについての説得力ある申し立て」に対する調査対象だった。「独裁者だって？　問題ない。入ってくれ。アメリカにとっていいものなら何でも歓迎だ」と二〇一九年に、大統領として悪魔（たち）との契約を国家規模で結べるようになったトランプは語っている[28]。

トランプは大統領選への出馬を長年考えていたが、選挙がめぐってくる二〇一六年には、世界的な移民の増加と八年間続いたオバマ政権への不満から非白人への敵意が一定程度生まれており、条件が整った。「私はあなた方の声だ」と、トランプはアメリカ人のうち、経済的に弱い立場にあり、アメリカ社会がますます多人種的になっていくことに不安を感じている者たちに告げたが、その「保護者」の仮面は、国家の重荷を背負うと誓った過去の支配者たちとそっくりだった[29]。民主主義体制最後の数年間のドイツ、イタリア、チリと同じように、アメリカ政治の二極化も新たなレベルに達し、分断をあおるトランプのレトリックを受け入れる素地ができた。政治学者ノーマン・J・オーンスティーンとトマス・E・マンによる二〇一二年の共和党に対する評価には、トランプの立候補を共和党員に受け入れさせた、権威主義への転換の主な要素が次のように捉えられている。

共和党は、アメリカ政界で反乱を起こす極端な存在になった。イデオロギー的に過激で、妥協を軽蔑し、事実・証拠・科学に対する伝統的な理解によって動かされることがなく、政治的反対派の正当性を認めない[30]。

トランプが二〇一五年に選挙活動を始めた時点で、すでに共和党は相互への寛容についての民主主義的考えをほとんど放棄しており、民主党とともに統治を担うという取り組みは弱まっていた。聴取者参加型ラジオ番組やFOXニュースなどの強固な右派メディア界が、こうした動きを支持した。チリでクーデターが起こる以前、保守派と右派はアジェンデを「悪魔の生まれ変わり」と呼んでいた。同様の怒りは人種差別にあおられてオバマにも向けられ、彼の立法議案は、議事妨害などの戦術を乱用する国会議員たちによって機会あるごとに邪魔をされた。トランプは、オバマへの敵意を生み出すのに大きな役割を果たした。二〇一一年、彼は人種差別を公言する大統領候補として、当時のオバマ大統領はケニア生まれで大統領となれる資格はないという陰謀論を広めて、世論の動向をうかがった。そして反オバマ感情の波に乗った[31]。

ミッチ・マコネル上院院内総務ら共和党の有力者たちと、保守派や右派のエリートたちは、トランプをオバマ政権時代に妨害されていた自分たちの目標を達成するための道具と見なした。その目標とは、白人キリスト教徒の優位を守ることであったり、ピノチェトの経済政策を模範として社会保障費を削減するなど新自由主義に基づく社会保障制度の改革を実施することであったりした。それまでのストロングマンたちと同様、トランプもこうした支配層の重要人物に頼りながら信頼を獲得していった。早い段階で彼への支持を誓った人物のひとりに、長年共和党の上院議員を務めていた熱狂的な移民反対論者ジェフ・セッションズ(共和党、アラバマ州選出)がいる。「こう言うのは嫌なのだが、私は主流派になりつつある」とトランプは二〇一六年二月のイベントでセッションズの隣に立って語った。ただし、そのころすでに共和党は政策綱領の点で過激派の政党になっていた。その立ち位置は、ドイツのキリスト教民主同盟やイギリスの保守党のような主流派の政党よりも、「ドイツのための選択肢」などのヨーロッパの極右政党に近かった。トランプの右派ポピュリズム的な考えは、当時の共和党によく合っていた[32]。

トランプ自身の選挙対策本部と顧問団には、ストロングマン的な右派の指導者たちを支援したり彼らのために働いたりしたことのある人物が大勢加わっていた。バノンは、極右の政治を世界中に広めることをライフワークにしていた。彼はムッソリーニを「二〇世紀の最重要人物のひとり」と思っていた。右派のプロパガンダ会社ブライトバートの元CEOで、データ会社ケンブリッジ・アナリティカの元副社長だったバノンは、ブレグジットや、イタリアの政党「同盟」の党首マッテオ・サリヴィーニ、ドゥテルテなど、極右の候補者や主張を数多く支持していた[33]。長年プーチンの顧問を務め、権威主義者の歴史を支持するキッシンジャーも、選挙運動の非公式な相談役を務め、中国の習近平主席などトランプが敬愛する指導者たちに紹介した[34]。

キッシンジャーと同様、トランプの顧問ロジャー・ストーンと、トランプの選挙対策本部長ポール・マナフォートは、軍事クーデターの時代にまでさかのぼるストロングマンたちを支持してきた経歴の持ち主だった。ロビー活動企業ブラック・マナフォート・ストーン・アンド・ケリーの業務の一環として、彼らはモブツとバレのために働き、フィリピンのフェルディナンド・マルコス大統領が不正行為の非難を受けた一九八五年の選挙期間中にはマルコスのためにも働いた。マナフォートは、二〇〇六〜二〇〇九年にプーチンの代理人を務めることで新たな権威主義の時代に移行し、親ロシア派のウクライナ大統領ヴィクトル・ヤヌコーヴィチのために一〇年間働いた後、トランプの大統領選対策本部長になった。連邦当局の捜査によってマナフォートがウクライナの親ロシア派政党から一二〇〇万ドル以上の金銭を受け取っていたことが二〇一六年八月に発覚すると、彼は本部長を辞任した。彼は副本部長リック・ゲイツとともに、ロシアがトランプに有利になるよう選挙運動に介入した事件に対するロバート・モラーの特別捜査で有罪判決を受けた最初の人物となった[35]。

トランプの世界では、これらはどれも取引であり、蓄財であれ大統領就任であれ、彼の目標実現を後押しするのであれば、どんなパートナーでも正当とされる。経済的に自立していて、プーチンが歓心を得ようとした相手であるベルルスコーニとは違い、トランプは例えばトランプ・タワー・モスクワ建設のため、以前からプーチンの資金と好意を求めていた。トランプと彼の家族は、自分たちがお願いする立場にあることを隠したりはしなかった。トランプは二〇一三年のツイートで、トランプの保有事業であるミス・ユニバースのモスクワ大会にプーチンが出席して「親友」になってくれないだろうかとつぶやいた。息子のドナルド・トランプ・ジュニアとエリック・トランプは、二〇〇八年と二〇一四年に、トランプ・オーガナイゼーションはロシアから十分な額の資金提供を受けていると公言した。こうした経緯からトランプは政治の舞台でもロシアの支援を快く受け入れた。彼の選挙活動は二〇一五年と二〇一六年にロシア政府の関係者と一〇〇以上の契約を結んでいた[36]。

民主党の対立候補だったヒラリー・クリントン元国務長官に対するトランプの態度は、彼がストロングマンの戦術を忠実に守っていることを示していた。彼女の投獄を声高に求め、射殺すべきだと暗にほのめかしたのは、ファシズム国家や軍事暫定政権を比較的やすやすと連想させる行動だった。二〇一七年七月の世論調査で、共和党員の四七パーセントがトランプは得票数で上回っていたと思っているとの結果が出た（実際にはクリントンの方が三〇〇万票上回っていた）が、その時点でトランプの選挙対策本部長ケリーアン・コンウェーが「オルタナティヴ・ファクト（もうひとつの事実）」――トランプの現状認識を支える嘘――と呼んだものの時代が始まっていた。また米ロ関係の新たな時代も始まっており、そのことはエクソンモービルの元CEOで、二〇一三年にプーチンから友好勲章を授与されたレックス・ティラソンを国務長官に任命したことからも明らかだった[37]。

この一〇〇年間、ストロングマンたちは、新たな秩序を根づかせるには社会を混乱させなくてはならないと信じてきた。バノンは以前から、右派によるポピュリズム的な反乱を始動させるため「体制に衝撃を与え」たいと思ってきた。今や彼は自分の理論を試す権力を得た。彼はホワイトハウスの上級顧問スティーヴン・ミラーに、トランプ政権最初の一〇〇日間に実施すべき二〇〇の大統領令――その実態は、混乱と恐怖を引き起こすことを目的とした電撃作戦である――をリストアップするよう依頼した。この野心的な計画は実現されないままとなったが、イスラーム教徒が多数を占める特定の国々の人間がアメリカに入国するのを禁じる命令は出された。狙いどおり、この命令によってアメリカは混乱状態に陥り、旅行者は足止めされ、連邦政府職員は仕事を妨害され、通関手続き地では大規模な抗議行動が起こった。この一件は、国民に権威主義的なプロパガンダ活動家たちが何年も利用してきた心理戦を直感的に理解させ、これは通常の政権移行ではないことをアメリカ人に知らしめた。コンウェーは選挙の一週間後に、こうツイートしている。「慣れなさい。アメリカ大統領は行動と衝撃の人です。約束をしたら、その約束を守ります。体制にショックを与えます。しかも、大統領は仕事を始めたばかりです」[38]。

第二部①

支配の道具

第四章　より偉大な国家

ヒトラー支配下のドイツに住む工場主のS氏は、ある晩、恐ろしい夢を見た。ナチの宣伝大臣ゲッベルスが彼の工場を視察に訪れ、S氏は従業員を整列させてゲッベルスを迎えたのだが――S氏だけは、ナチ式の敬礼をしようとしても腕が上がらないのだ。ゲッベルスの冷たい視線を受けながら、彼は三〇分ほど奮闘した。ようやく腕を上げることができたものの、ゲッベルスから「君の敬礼を受けたくない」と言われ、従業員の前で恥ずかしい思いをした。この夢は何度も繰り返し現れてはS氏を苦しめ、ときには夢の最後で背骨を折られて目が覚めることもあった[1]。

ストロングマンが自国を偉大にするという発想は、権威主義の歴史の基盤である。「ハイル・ヒトラー」式敬礼などの儀礼は、国全体を改造する取り組みの中核を成すものだ。そうした儀礼は、指導者が国民の心身を鍛えるのに役立つ。ヒトラーは、腕をまっすぐ伸ばす身振りをムッソリーニから借用し、人々の「ムッソリーニの真似だ」という不平を無視して、一九二六年にNSDAP内部で義務化した。一九三三年七月以降、ドイツの公務員は全員がこの身振りをしなくてはならなくなり、その後すぐに社会規範・市民の義務となった。この身振りにヒトラーの名をはっきりと告げる挨拶言葉（ドイツ語の「ハイル」は、「万歳」という挨拶のほか、「健康」または「救済」を意味する）を加えることで、ヒトラーへの個人崇拝が高まった。さらに、これによって日々の一瞬一瞬は政治的忠誠心を試す場に変わった。この敬礼ではヒトラーへの身体的服従――S氏が夢の中ではっきり拒絶していたもの――を目に見える形で示す身振りを取らなくてはならないからだ[2]。

人間味あふれる握手の代わりに採用された「ハイル・ヒトラー」式敬礼には、ナチズムによるドイツ人への感情教育を加速させる狙いもあった。この敬礼は、指導者であるヒトラーとの絆を深め、それ以外の全員との距離を広げた――疎遠感は、同僚であるユダヤ人が虐待されたり、隣に住む障害者が行方不明になったりしたとき、見て見ぬ振りをするのに役立つ感情である。腕をまっすぐ伸ばす敬礼は家族の仲さえ破ることがあった。インゲボルク・シェーファーは、少女時代、SSの高官だった父と散歩に行っても、父は同僚たちに敬礼するため、自分と手をしっかりつないでもらえなかったことを覚えている。敬礼しているかを見張るため密告者たちは常に大忙しだった。ある女性は、パン屋に入るとき敬礼しなかったためゲシュタポに尋問された。教室に入るとき両手に本を抱えていたため敬礼できなかった教師を、学生たちは通報した。エホバの証人の信者たちは、ヒトラーに対する敬意の念を示すのを拒否して「ハイル」とのみ言ったため、路上でヒトラーユーゲントに平手打ちされ、強制収容所へ送られた。芸人トラウベルト・ペッターは、ボードビル・ショーでチンパンジーのモーリッツに「ハイル・ヒトラー」式敬礼をさせていたが、このショーは長続きしなかった。一九三七年にはユダヤ人が「ハイル・ヒトラー」式敬礼を行なうことは禁じられたため、この敬礼は誰が敵かを明らかにした。しかし、S氏の夢で示されたように、その真の目的は国民全員の尊厳を弱め、市民社会の絆を傷つけることであり、実はそれこそ、あらゆる権威主義体制の重要な目標であった[3]。

―

偉大な国にしようというストロングマンのプロジェクトは、彼の政府のいわば接着剤である。これによって、絶対権力を求める彼の主張と、国内の危機と外国勢力による屈辱から国を守るためなら何もかも危険にさらすという彼の話は、正当化される。その国家プロジェクトは、例えばフランコやピノチェトの場合のように、左派の破壊活動分子に対する反革命的撲滅作戦を中心に組織されることがある。また、カダフィやモブツなど反帝国主義的な指導者が関与する場合は、外国による占領の残滓を一掃する活動を中心に展開されることもある。

指導者が女性および他の男性に対して優位に立つという形で示される男らしさは、国家改造計画で最上位を占めている。国民から敬愛されている他の男性の評判を落として、指導者の評判に対する脅威を取り除くことが、しばしば最優先される。ピノチェトがアジェンデの残した業績を抹消しようとしたり、トランプがオバマを否定しようと動いたりしたことは、その一例だ。人口増加を名目に女性の肉体を支配することや、ＬＧＢＴＱ＋の人々を倒錯していて生産性のない性衝動を持つ人間として迫害することも、常に行なわれる。白人の出生率が減少し、非白人が国内へ侵入してきたことが原因で人口の緊急事態が起きていると認識され、それが過去にはファシズムの政策を引き起こし、現在ではヨーロッパ、ブラジル、アメリカで新たな権威主義的対策を後押ししている。

ストロングマンの国家プロジェクトは、一般に「ユートピア」「ノスタルジア」「危機」という三つの時代枠および精神状態に影響を与える。ユートピアとは、純朴で完璧なコミュニティーを求める気持ちであり、それは国民が自国に欠けていると感じるもの、あるいは奪われたと感じるものを手に入れるという指導者の約束とつながっている。約束されたものが近代性と国際的な威信であれ、国土拡大の権利であれ、それは常に荒涼とした現在を補う輝かしい未来と関連している。ムッソリーニは、権力の座に就いた最初の年である一九二二年を「ファシズム時代元年」と宣言して時代の流れを一からやり直した点で特異な人物だった。しかし、「一〇年以内にイタリアを変容させて、イタリア自身にも外国人にも認識できないようにする」という約束は、珍しいものではなかった[4]。

過去のよりよい時代へのノスタルジアも、この方程式の一部である。なぜなら支配者はこの国を再び偉大にすると誓うからだ。これには、男性の権威が確固としたものであり、女性・有色人種・労働者が分をわきまえていた時代に戻るという幻想が伴っている。こうした指導者たちは、例えばフランコはスペイン帝国、ムッソリーニはローマ帝国、プーチンは帝政ロシアとソヴィエト帝国、エルドアンはオスマン帝国というように、失われた帝国の偉大さを人々に思い起こさせることがある。またストロングマンは民主主義を弱体化させるのを正当化するため、例えばボルソナーロがブラジルの軍事独裁政権に言及したように、自国の歴史から法と秩序が守られていた過去の政治体制を引き合いに出すこともある。ヒトラーの「アーリア文明」と同様、こうした帝国への幻想は人種差別的な側面を持つことが多い。現在、イタリア、ハンガリー、ブラジルの右派は、移民や先住民から攻撃を受けている白人ヨーロッパ文明の遺産を守るためと称して、まるで中世に戻ったかのように「キリスト教世界」への忠誠を訴えている[5]。

第三の時代枠である危機は、権威主義的支配に最も特有なものである。危機の時代は、非常事態を正当化し、国を内外から危険にさらす敵をスケープゴートにする根拠となる。そうした事態は、例えば九・一一同時多発テロ後のアメリカのように、緊急時に民主主義国によって引き起こされることもあるが、権威主義国家の内部では、政治的、人口動態的、または国際的脅威への対応として進行する。さらにこれは、国家とは脅威から身を守って安全にする権利と、必要な資源を確保するため外国の領土に勢力を広げる権利とを有する有機体だと考える国家観ともリンクしている。こうした形の思考および戦略は一般に地政学と呼ばれ、そのさまざまなバージョンが、ナチの法学者で統治や戦争における例外状態についての理論家でもあるカール・シュミットの影響を受けながら、ストロングマンの歴史に広まっている。ピノチェトの教科書『地政学Geopolitica』は、ドイツの影響を受けたチリ陸軍士官学校のカリキュラムでは必読書であったし、現在では、ロシアの地政学者アレクサンドル・ドゥーギンの考えがロシア国外にも広く影響を及ぼしている[6]。

ストロングマンが理想とする国家は、現在の国境を越えた領域を持ち、国民は具体的な地理的範囲ではなく血統で規定される場合が多い。この論理に従い、帝国主義的策略は「同胞」を共同体に取り戻すことだと表現される。ヒトラーが一九三八年にチェコのズデーテン地方をドイツに併合したときや、プーチンが二〇一四年にウクライナ領だったクリミアを併合したときが、その好例だ。このような「より偉大な国家」にとって、出移民は貴重な資源だ。ムッソリーニは出移民を「在外イタリア人」と呼び、ブルックリンからブエノスアイレスに至る世界各地のイタリア人街を、ファシズムへの忠誠を誓って積極的に行動する海外拠点にした。エルドアンは、特に選挙期間になると、トルコ国外に住むトルコ人に祖国のため「大使」となるよう訴えている。ドゥテルテは、大統領になるのを後押しさせるため、国外に移住した数百万のフィリピン人をソーシャルメディアで動員した。インドのモディ首相は、国外のインド人向けに「モディ・マジック」を、いくつかの大陸での大集会で披露するほか、インスタグラムで日常的に行なっている[7]。

ストロングマンが忠実な支持者を引き寄せる一方で、外国ではもうひとつの国家が形成される——生き延びるために国を出ざるをえなかった人々の国だ。カダフィに反対したジャバッラ・マタルの息子として、外国から祖国の運命を見守る数多の亡命者のひとりとなったヒシャーム・マタルは、「罪悪感は、亡命者と常にともにある道連れだ」と書いている。亡命者であっても、支配者を批判すると重大な結果を招く可能性がある。例えば、トルコ人のバスケットボールのスター選手で、二〇一一年からアメリカのチームでプレーしているエネス・カンターは、エルドアンを批判したため、エルドアンからテロリストの烙印を押され、二〇一七年にパスポートを無効にされて無国籍者になった。また、亡命者が新たな国で身の安全を確保できるとは限らない。所有欲の強いストロングマンは、秘密警察を使って射殺したり（ムッソリーニ、カダフィ、ピノチェトの場合）、誘拐したり（エルドアンの場合）、毒を盛ったり（プーチンの場合）して、外国にいても「自分のもの」である亡命者の体を容赦なく求める[8]。

　この、好ましからぬ敵と認定された人々の国は、悲しみに満ちた場所になることがある。ヒシャーム・マタルは、亡命中に「私の愛する人々と場所から遠く離れて生きていく方法」というスキルを磨き上げたと述懐している。一九七六年にチリを離れてアメリカへ向かったイヴァン・ヤクシチは、自分が思い焦がれているものについて、次のように語っている。

> ある種の空気感、それと光、それから声の調子と、海と山と食べ物の香り。しかし、それらは奪い去られて、おそらく永遠に戻ってこない。それから、ありえたかもしれない人生への憧れもある。（中略）悲惨な破壊のない生活、本来いるべき場所での暮らしを送りたいとい

う願いがあるのだ[9]。

亡命は、回復と癒しの場でもある。ルイス・カーロ牧師は、拷問を受けたり友人や家族を失ったりして苦しむチリからの亡命者たちに支援を提供するためヨーロッパ各地を訪れていた。また、国外に住んでいると抵抗作戦を計画するのが容易になる。実際、パリやカイロを拠点にムッソリーニやカダフィへの抵抗作戦が計画された。亡命者や出移民が大勢住む外国の都市は、指導者の味方と敵が代理戦争を繰り広げる場となりやすい。ファシズムの時代、そうした都市のひとつロサンゼルスでは、親ナチ派のドイツ人コミュニティーが反ナチ派の亡命者たちと対立していた[10]。

さらに、権威主義的支配とともに訪れる広範囲な変化に根拠を与える究極の原理がひとつある。それは、指導者は民主主義国の国家元首のように国家と国民を代表するだけでなく、国家と国民を体現し、その悲しみと夢を負っているという主張だ。モブツもカダフィも、自分だけが国家の潜在力を認識していて偉大な国へと導くことのできる人物だと宣言するため、「指導者」の称号を自ら名乗った。指導者の支配はより高次の力によって認められており、その中で指導者は国民の意思を実現させる。リビアでは二〇〇〇年代初頭にプロパガンダ用として、カダフィが国に称えられながら天を見上げている看板(「あなたとともに私たちは栄光を手にする」との一文がある)が設置されたが、この看板は、先に記した二重の付託を暗に示している。支配者の行動に与えられた神の恩寵は、個人崇拝の一貫したテーマだ。ピノチェトにインスピレーションを与えたのは聖母マリアだが、ほとんどの支配者は創造主である神と結びつけられた。ホワイトハウスの元報道官サラ・ハッカビー・サンダースの「神が、ドナルド・トランプが大統領になることを望んだ」という発言も、この流れによるものだった[11]。

―

「紳士諸君、もし我々が数を減らせば、我々は帝国にはなれず、植民地になるだろう！」とムッソリーニは一九二七年にファシスト党の国会議員に語り、人口面での義務を一瞬で彼らに気づかせた。ヒトラーが権力を握る何年も前にムッソリーニは、出生率の高いアフリカとアジアの有色人種と、絶滅の危機にあるヨーロッパ人とを対比させて、人種的非常事態が来ると警告していた。「揺りかごは空《から》であり、墓地は広がり続けている。（中略）白人種全体、つまり西洋人種は、我々の知らないリズムで増加を続ける他の有色人種によって覆い隠されてしまうかもしれない」と彼は断言した。一九二七年に行なった歴史的な「昇天日の演説」で、彼はイタリアを白人種救済の先兵とし、自らのことを、マフィア、アルコール依存症患者、スラヴ人、政治的反体制派、その他、退廃した者たちからイタリア人を守るため「必要な衛生措置」を講ずる「臨床医」と位置づけた。「我々は、医師が感染者を排除するように、こうした者たちを世の中から排除する」と、ムッソリーニは演説の最後で冷淡に言い放った[12]。

「あなたとともに私たちは栄光を手にする」と書かれたカダフィのプロパガンダ用看板。
M. PENSCHOW / F1ONLINE / AGEFOTOSTOCK

不健全な者を閉じ込めたり死ぬよう仕向けたりすることで、健全な者の成長を促して国家を守る。これこそ、その後一〇〇年にわたってストロングマンの国家にインスピレーションを与えることになる浄化（イタリア語で「bonifica」）に関するファシズムの論理であった。国家の敵を監禁して殺すことで生殖集団から排除し、「赤ん坊戦争」と全国母子事業団によって正しい種類のイタリア人が増えることを奨励した。さらにムッソリーニは、一九三三年ローマに数千人を集めて集団結婚式を挙行し、二五歳以上の独身男性には追加の税を課し、子だくさんの母親を表彰し、妊娠中絶と避妊を禁止した[13]。

　ストロングマンは国家の弱点を探り、屈辱感と不安感を刺激して、それを和らげるものとして自分の指導力を提示する。ムッソリーニは、古代ローマの栄光を復活させると同時に、イタリアを近代化し、後進的で尚武の気質に欠けるというイタリアへの偏見を正すと約束した。イタリア・ファシズムを、自由主義の無秩序状態と共産主義の抑圧のあいだに位置する、近代化への「第三の道」とする彼の考えは、イタリアをはるかに超えて支持を広げた。一九三五年一〇月からイタリアは、国際連盟の加盟国だったエチオピアに対して大規模な侵略を開始し、イタリア・ファシズムがイタリアとイタリア人を改造した成果を示そうとした。イタリアが民主主義国だった一八九六年、イタリア軍はアドワの戦いでエチオピア軍に敗れた。この敗戦は屈辱と見なされ、当時の首相フランチェスコ・クリスピは辞任に追い込まれた。ムッソリーニはエチオピア占領を、報復であり、ストロングマンによる支配の優位性を誇示するものだと考えた。一九三六年五月の勝利宣言と、イタリア領東アフリカ帝国の建設は、彼の人気の絶頂を示していた[14]。

海外への勢力拡大と国内での弾圧強化は、ムッソリーニがイタリアを偉大な国家にしようとして採った方策だった。一九三六年からヒトラーと同盟を組んだ彼は、イタリアを次から次へと紛争に駆り立てた。スペイン内戦でフランコを支援するため軍隊を送り、一九三九年にはアドリア海におけるイタリアの制海権を拡大するためアルバニアを占領した。恒常的な動員は新たな浄化政策を正当化した。イタリアの植民地を対象にアパルトヘイト式の法律が、「人種的威信」を守るためとして、一九三七年から一九四一年のあいだに出された。イタリア国内では、同性愛者や少数民族など、民族再生の障害となると見なされた集団に対する迫害が増加した[15]。

ムッソリーニが一九三八年に定めた反ユダヤ主義的な法律は、この文脈で見るのがいいだろう。法律自体はナチ党が定めた一九三五年のニュルンベルク法を踏まえているのかもしれないが、ムッソリーニは以前から反ユダヤ主義者だった。彼は、現実的な理由からイタリア系ユダヤ人の存在を許容しており、中には愛人で後援者だったマルゲリータ・サルファッティのような、貴重な協力者もいた。しかし今ではファシスト党のプロパガンダによって、このすっかり適応している少数民族（人口の一パーセントを占めていた）に対する迫害は、肉体全体の健康を守るため病に冒された部分を「外科手術のように」除去する行為として正当化された。イタリア系ユダヤ人は、非ユダヤ人と結婚することや、従業員数一〇〇名を超える企業を所有することを禁じられ、教育・文化機関と公職から追放された。またユダヤ人は財産を最大七〇パーセントも没収された。こうした法律により、一九二〇年代に反ファシスト派の人々が出国した後で最大となるイタリア人の国外脱出が始まり、合計で四万五〇〇〇人いたイタリア系ユダヤ人のうち六〇〇〇人弱が国を離れた。そうした出国者の中には、サルファッティのほか、物理学者エンリコ・フェルミとその妻でユダヤ人のラウラ・カポン・フェルミもいた。フェルミは、新たな生活を求めてアメリカへ向かう途中に一九三八年度のノーベル賞を受賞し、渡米後は第二次世界大戦中にマンハッタン計画で核兵器の開発に携わった[16]。

ナチ・ドイツでは、国が必要とする土地と資源を手に入れるため国土を拡張させるという地政学的な要請とともに、国家の偉大さと人種的純潔のファシズム的なつながりが実現した。ナチ党は、アメリカとヨーロッパで進行中の優生学的実践を極限にまで押し進め、人類学者ハンス・ヴァイナートいわく「国民の福祉と国家の要求として」生命を奪う権利を主張した。一部のドイツ人は別のカテゴリーに区分され、生きるのを認められたが子孫を残すことは禁じられた。ナチ党は、アルコール依存症患者や労働を嫌う者など「非社会的人間」から、安楽死の対象とならない精神障害者や身体障害者まで、「国民の敵」二〇万人以上に不妊手術を強制的に施した[17]。

これらの巨大グループのうち、一九一八年から一九三〇年までラインラントを占領していた外国軍兵士とドイツ人女性が出会って生まれた異人種間の子供の運命については、今もあまり分かっていない。セネガルなどフランス領植民地出身の兵士が数万人いることは、以前からヒトラーを悩ませており、彼は自著『わが闘争』で、フランス人は「黒人化を非常に大きく進めており、事実ヨーロッパの大地にアフリカ人国家が生まれようとしていると言ってもいいほどである」と訴えている。彼は権力を握ると、この人種的脅威と見なしたものに対する対策を講じた。数百人のアフリカ系ドイツ人が、親や保護者を脅して許可を得たゲシュタポによって学校や自宅から連れ去られ、医療専門家から成る委員会によって黒人の親を持った罪で裁かれ、強制的に不妊手術を施された。フランクフルト出身のマリアンヌ・ブラウンは、ゲシュタポがやってきた一九三七年には、わずか一二歳だった。マインツ出身のヨーゼフ・フェックは一七歳だった。ハンス・ハウクは、祖母とともにゲシュタポの車に乗せられて診療所へ連れていかれ、麻酔もされずに精管切除手術を施された。診療所を出るとき、ハウクは白人女性との性交を避けるという同意書と、手術は自分の意志によるものだとする陳述書に署名させられた[18]。

ストロングマンの国家は、支配者の妄想を政策へと変える。例えばヒトラーは、ユダヤ人はドイツにとって脅威だと考えており、その妄念は、国民のあいだに広まっていた反ユダヤ感情を利用して、ユダヤ民族の撲滅をナチ党の中心的な政策にした。一九三五年の末までに、ニュルンベルク法などの法律により、ユダヤ人（ユダヤ人であるかどうかは、ユダヤ教という信仰によってではなく、先祖にユダヤ人がいるかどうかで決められた）は公職・数多くの職業・教育機関から排除され、市民権を奪われた。そのころまでに六万人以上のドイツ系ユダヤ人（もともとドイツ国内には五〇万人以上いた）は祖国を離れ、近いところではオーストリアに、遠くはパレスチナやアメリカ合衆国に向かった。カリフォルニア南部に移った作曲家アルノルト・シェーンベルクは、「家を失うだけでなく、言葉や言語を失うことになるとは思ってもいなかった」と書いている。彼が移り住んだカリフォルニア南部には、一九三〇年代に一万〜一万五〇〇〇人のユダヤ人がやってきた[19]。

「男性も女性も、熟れた実が木から落ちるように新たなドイツ国の腕の中に落ちた」と、亡命者だった歴史学者ジョージ・モッセは回想している。減税策や、前任者の解雇または逮捕による数多くの雇用創出など、ナチズムが実施した景気刺激策がヒトラー人気を後押しした。ヒトラー政権下で子供時代を過ごしたフリードリヒ・C・トゥーバッハは、ナチ党は「全員のことを気にかけている」というフィクションを広めたと回想し、その例として、人種的に純粋だが恵まれない人々のために設けられた献金箱を挙げている。国民の純血と生存を脅かす者たちを社会の周縁に追いやることは、配慮の一種でもあった。なぜならナチズムの道徳観では、敵を迫害することは正当で愛国的な行為と見なされていたからである。メリータ・マシュマンは回想録の中で、ドイツ女子同盟（ヒトラーユーゲントの女性版）を通して「民族共同体」に夢中になることで「強烈な幸福感」を味わったと記している。一方、イルセ・マッキーは政治も政治家も嫌いだったが、ヒトラーは別で、彼女はヒトラーを「ドイツが必要としている救世主」だと思っていた[20]。

一九三〇年代後半には、ヒトラーは多くの人から奇跡を起こす指導者と思われていた。彼は、軍事紛争を引き起こすことなく、より偉大な国家を作り出した。一九三六年にはラインラントの返還を要求して軍隊を進駐させ、一九三八年のミュンヘン協定によりチェコスロヴァキアからズデーテン地方を獲得し、一九三八年の進駐後に実施された国民投票によりオーストリアを併合した。ウィーンの医師エーリヒ・オーバードルファーは、ヒトラーに贈った詩の中で「オーストリアは自由だ！　圧政は終わった／無駄な犠牲も、無駄に流された涙もない」と喜びを表現し、ヒトラーを、「実現不可能な夢」を実現させるため「星のように現れた」人物だと称賛した。しかし、この善良な医師に、今後たくさんの涙と犠牲が第三帝国を待ち受けていることなど知る由もなかった。ヒトラーはまだ動き出したばかりだった[21]。

「我々の目的は、この国を正常化して癒やすことにある」。チリで一九七三年九月一一日に軍事クーデターが起きてから一〇日後、軍事暫定政権が初めて開いた記者会見でピノチェトはジャーナリストたちにそう告げ、さらに、非常事態がいつ終わるかは断言できないと付け加えた。「病人の腕を切除した場合、回復までにどれくらい時間がかかるか予測するのが難しいのと同じことだ」。ピノチェトは、自分が起こした反革命は政治上だけでなく道徳的にも必要なことだったと正当化した。左派を滅ぼすことは、チリから「最終的に我が国の制度を破壊することになる悪徳や悪行を取り除いて浄化する」ことであるという理屈だ。二か月後、アメリカのジャック・クービッシュ国務次官補は、チリには「ピューリタン的・十字軍的精神、すなわち浄化して復活させようという決意」があると述べた[22]。

軍事暫定政権の国家プロジェクトには、新自由主義、社会的保守主義、ピノチェトの権威など、イデオロギー的な柱が何本かあったが、プロジェクトを推し進めて実現可能としたのは暴力だった。暫定政権はクーデター後の弾圧を、「外国の扇動者たち」から国家を守る行為として正当化した。一九七三年一〇月、外務大臣イスマエル・ウエルタは国連総会で、九月に「過激派を中心に、分かっているだけで一万三〇〇〇人以上の外国人が違法に国内に滞在していたことが判明し

郵便はがき

料金受取人払郵便

新宿局承認

779

差出有効期限
2024年9月
30日まで

切手をはら
ずにお出し
下さい

160-8791

343

東京都新宿区
新宿一ー二五ー一三
(受取人)

株式会社 原書房
読者係 行

1608791343 7

図書注文書 (当社刊行物のご注文にご利用下さい)

書 名	本体価格	申込数
		部
		部
		部

お名前　　注文日　年　月　日

ご連絡先電話番号 □自　宅　(　　)
(必ずご記入ください) □勤務先　(　　)

ご指定書店(地区　　)(お買つけの書店名をご記入下さい)　帳

書店名　書店(　　店)　合

7267
新しい権威主義の時代 上

愛読者カード　ルース・ベン＝ギアット 著

＊より良い出版の参考のために、以下のアンケートにご協力をお願いします。＊但し、今後あなたの個人情報(住所・氏名・電話・メールなど)を使って、原書房のご案内などを送って欲しくないという方は、右の□に×印を付けてください。 □

お名前《フリガナ》　男・女(　歳)

ご住所 〒　-

市郡　町村

TEL　(　)

e-mail　@

ご職業　1会社員　2自営業　3公務員　4教育関係
5学生　6主婦　7その他(　)

お買い求めのポイント
1テーマに興味があった　2内容がおもしろそうだった
3タイトル　4表紙デザイン　5著者　6帯の文句
7広告を見て(新聞名・雑誌名　)
8書評を読んで(新聞名・雑誌名　)
9その他(　)

お好きな本のジャンル
1ミステリー・エンターテインメント
2その他の小説・エッセイ　3ノンフィクション
4人文・歴史　その他(5天声人語　6軍事　7　)

ご購読新聞雑誌

本書への感想、また読んでみたい作家、テーマなどございましたらお聞かせください。

た」と語ったが、弾圧の対象となった者の大多数はチリ人だったという事実は伏せた[23]。

暴力は、自衛手段などではなく、ある政府高官の言葉を借りれば、「この国の精神状態に大きな変化」を強いる手段であった。暫定政権の「オペラシオン・リンピエサ operación limpieza（掃討作戦）」は、アジェンデの業績を否定して公共空間から左派文化の痕跡を消し去るのが目的であり、暫定政権の救世主のような意気込みを示していた。兵士と民間からの志願兵部隊とが、いくつもの像を破壊し、チリの芸術家ロベルト・マッタの作品も含む数々の壁画を塗りつぶし、図書館と書店や、投獄されたり殺されたりした人の家から書籍を集めて、ファシスト式の焚書を行なった[24]。

ピノチェトは、掃討作戦の初期から大学を標的にしていた。武装兵士に警護された軍出身の新学長たちは、哲学部と社会学部を数多く閉鎖した（哲学と社会学は左派の温床とみられていた）。教職員内の「告発者」が、「過激な」同僚の告発を担当した。一九七五年の末までに、政権は教職員と学生、合わせて二万四〇〇〇人を追放し、数千人を投獄した。アジェンデの通訳だったアメリカ人マーク・クーパーは、同年に偽造パスポートで入国したとき、チリの大学が独裁政権の意図したとおり「自己規制による慎重な沈黙」に覆われていることに気がついた[25]。

そうしてできた隙間を、ナショナリズム教育と、アメリカの影響を受けた消費者文化と、極右政治が埋めた。通りの名や学校名は、チリの愛国的英雄にちなんだ名前に改称され――名前の変更は、権威主義政権が自分たちの存在を風景に刻み込むのに好んで用いる手法だ――軍の歴史に関するテレビ番組が数多く放送された。ピノチェトの妻ルシア・イリアルトが運営する母親センター財団（ＣＥＭＡ）が、母親たちを「本当のチリらしさ」の象徴として称賛した。ピノチェトがチリをマルクス主義から救ったことを祝う儀式や祝日が新たに作られ、例えばクーデター記念日には数多くの人が「祖国への名誉の誓い」を口にした[26]。元ＳＳ将校で一九五八年にチリに移住したヴァルター・ラウフなどの過激主義者たちが、チリのドイツ人コミュニティーにいるナチズムへの賛同者や学生グループと接触し、権威主義のプロパガンダや弾圧に関する知恵を、新たな世代の民主主義の敵たちに伝えた[27]。

暴力と並んで、チリの軍事暫定政権による国家プロジェクトで最も知られていたのが、新自由主義的な経済政策だった。シカゴ大学のミルトン・フリードマンが一九七五年にピノチェトを訪ねて緊縮政策の計画を説明し、それらの政策はセルヒオ・デ・カストロ経済大臣などシカゴ大学で学んだ経済学者たちによって実施された。確かに、チリはピノチェト退陣後の一九九〇年代に繁栄を遂げた。しかし、一九七〇年代後半から一九八〇年代前半は、この「ショック療法」が原因で経済危機が起こり、膨大な社会的コストを強いられた。労働者への抑圧は、報道機関の口を封じたことで実施は容易だったが、もしこの抑圧がなければ、その後に起こった経済成長は達成が難しかっただろう。ピノチェトはすべての労働者が家と自家用車とテレビを持てるようにすると約束したかもしれないが、肝心の労働者たちは最も貴重な宝物、つまり、政権によって投獄されたり行方不明にされたりした家族を取り戻すことは決してできなかった。労働者より裕福なチリ人は、そうした事態など気にすることなく、祖国をマルクス主義から救ったピノチェトを称賛し、ピノチェトによる人権侵害への批判を、左派が大げさに言っているだけだとして退けていた。「ピノチェトは偉大でした。彼はこの国に秩序をもたらし、政治的要素を取り除いてくれました」と、裕福な実業家の娘は語り、さらにこう付け加えた。「私は、誰かが殺されるのを見たことがありませんでした」[28]。

――

一万一〇〇〇キロメートル以上離れたリビアでは、偉大な国家を目指すカダフィの道がねじれた経路であることが判明しようとしていた。一九六九年のクーデター後のリビアに住む者全員が、すでに革命評議会のメンバーに知られていたことをすぐに知った。カダフィは残酷で予測がつかない人間だったのだ。ラジオかテレビのスイッチを入れたら、既存の法律がすべて廃止されたと告げられたり（一九七三年）、二か月以内に所有物をすべて売って出国しなくてはならないと知らされたりする。この後半部分は、リビアに住んでいた四万人のイタリア人に実際に起こった出来事であり、彼らは一九七〇年七月にカダフィが「「リビアが」専制的なイタリア統治時代に強奪された息子たちとその祖先の富を取り返す時が来た」と――イタリア統治時代は三〇年近く前に終わっていたにもかかわらず――宣言するのを耳にした[29]。

「ナショナリズムを破壊された国家は破滅するしかない」と、カダフィは彼の政治的聖書となった『緑の書』に記している。カダフィの国家プロジェクトは、反帝国主義と、彼の考える社会主義とイスラーム教の推進を核としていた。反植民地主義を掲げる支配者の大半は、自国をかつて占領していたヨーロッパ諸国が消し去ろうとしていた現地固有の文化と歴史を奨励する。バレは、イタリア語と英語の使用に代えてソマリ語の表記体系を強制した。モブツは、フランス語ではなくリンガラ語、スワヒリ語、チルバ語を奨励した。一九七〇年代には真正主義（authenticité）政策によって西洋風の個人名が禁止され、都市名が改められ（ベルギー王レオポルド二世にちなんで名づけられていた首都レオポルドヴィルは、キンシャサに改称された）、コンゴという国名はザイールに変更された。さらに洋服が禁じられ、男性はアバコストの着用を義務づけられた。アバコストとは、中国の人民服をヒントにしたチュニック風の服で、その名はフランス語で「スーツを捨てろ」を意味する「ア・バ・ル・コステュム à bas le costume」を縮めたものである[30]。

カダフィにとって、自国から外国の文化的・経済的影響を排除することは帝国主義の不正をただす一環だった。時がたつにつれ、アラビア語以外の言語は商店のウィンドーやレストランのメニューから消え、彼が嫌った右派指導者の行動を思わせるように、書籍と西洋楽器が燃やされた。「リビア優先」の方針から、政府の契約はすべてリビア人に与えられ、企業はリビア人をトップとし、株主と従業員の五一パーセントをリビア人とすることが義務づけられた。国内にあった外国の空軍基地のうち、イギリスのエル・アデム空軍基地は一九七〇年三月に、アメリカのウィーラス空軍基地（当時世界最大のアメリカ空軍基地で、六〇〇〇人が働いていた）は同年六月に、それぞれ閉鎖された。最後のアメリカ軍機が飛び立ったとき、トリポリのアメリカ大使館は「車輪《ウィーラス》を上げよ」という電報を送った[31]。

一九七〇年七月、イタリア支配が一九四三年に終わった後もリビアに残っていたイタリア人に対するカダフィの精算が始まった。イタリア人は、商業・農業・観光業で活躍しており、リビア経済の原動力を自負していた。しかし、カダフィにとって彼らは、リビアの土地を奪いリビアの人々を破滅させた「専制的なファシスト」政府の置き土産だった。カダフィから、イタリア人は六〇日以内にリビアを出国しなければならず、六〇日後に国は銀行口座を凍結して財産を没収すると宣言されて、イタリア人コミュニティーは衝撃を受けた。プリニオ・マッジは、子供だった一九三八年にイタリア・シチリア島のカターニアからトリポリに移り住んだ男性で、財産没収命令が近々出されることを一家はリビア人の友人から聞いた。マッジ一家は所有する印刷所をよい値で売ることができたが、不動産を売る時間はなかった。イタリア人が残していった何千軒もの住宅と、何千台もの自動車と、何百軒ものレストランと、三万六〇〇〇ヘクタール以上の土地は、リビア人が無利子融資を受けて補助金付きの価格で購入した。カダフィは「ファシスト政権下のイタリアによる憎むべき植民地化の終わり」を喜び、「聖なる復讐という感覚が我々の血管を流れている」と叫んだ[32]。

カダフィは、リビア系ユダヤ人コミュニティーも追放し、没収財産については国債という形で補償すると約束したが、これは何十年も前にファシスト政権がイタリア系ユダヤ人に対して採ったのと同じ方策だった。ひとつだけ、追放を免除された集団がいた。それは、リビアの石油業界で働く二〇〇〇人のイタリア人専門家である。カダフィには、イデオロギー的純正さのため利益を危険にさらす気などなかった。血よりも濃く、彼にとっては人命よりもはるかに貴重だった石油は、まさしく彼の国家プロジェクトを動かす燃料だった[33]。

カダフィは、私はリビアから悪を一掃するためアラーによって送り込まれたのだと主張した。ウラマー（イスラーム法学者）たちは、カダフィによるアルコールの禁止とキリスト教会およびナイトクラブの閉鎖を称えたが、その称賛の声は、カダフィがワクフ（宗教・教育・慈善事業のために使われる寄進財産）を国有化し、クルアーン（コーラン）のみをイスラーム法の根拠とすると宣言すると消えた。トリポリのイマーム（宗教指導者）モハメド・アブドゥッサラーム・アル・ビシュティら、反対した宗教者たちは投獄されたり殺されたりした。さらにカダフィは、国家統一を口実に、外国と手を組んだリビア王家と結びついていた諸部族を社会の周縁に押しやった。母語であるアマジグ語を禁じられたベルベル人などの少数民族は差別を受けるようになり、その一方で国家プロパガンダは、カダフィが所属するベドウィンを国民の典型として描いた[34]。

有能な扇動者であるカダフィは、色黒で出生率の高い勢力が白人キリスト教文明を危険にさらしているという西洋人の恐怖を、特にアメリカで九・一一同時多発テロが起こってイスラーム教徒が敵を象徴するようになってからは、躊躇することなく利用した。「ヨーロッパには五〇〇〇万のイスラーム教徒がいる。アラーは、イスラーム教がヨーロッパで――剣や銃を使うこともなければ、征服することもなく――勝利するようにし、数十年以内にヨーロッパをイスラーム教徒の大陸に変えるだろう」と彼は二〇〇六年に断言した[35]。ヨーロッパとアメリカで新たな権威主義者が採る人口政策は、ファシストの政策と同様、非白人と非キリスト教徒に人口面で「圧倒」されるという懸念を反映している。例えば、ハンガリーの家族政策担当大臣カタリン・ノヴァークは二〇一九年に「ヨーロッパはベビーベッドが空《から》な大陸になった」と、ムッソリーニの言葉と同じ趣旨の発言をした[36]。

――

「カトリック信仰、民族、祖国、家族、秩序」――二〇〇二年にベルルスコーニの右腕デッルトリは、これらの言葉でフォルツァ・イタリアとベルルスコーニの国家プロジェクトの核心的価値をまとめて表現した。ベルルスコーニは、極右のANおよび北部同盟と再び手を組んで、フォルツァ・イタリアの党首として二〇〇一年に権力の座に返り咲いたとき、国を左派や、民業を圧迫する国家官僚から救う人物として登場した。選挙運動で二一〇〇万世帯以上に郵送した雑誌形式の自叙伝『イタリアの物語 Una storia italiana』で、彼は「自由の擁護」をフォルツァ・イタリアの「世俗での信条」だと宣言した。また、自らの成功を誇るのに「帝国建設」という言葉を用いたが、このフレーズは七〇年前にムッソリーニがイタリア人のために成し遂げたと主張したことを想起させるものだった[37]。

これは、一九九四年に彼に投票した保守派だけでなく、「忘れられた人々」つまり以前は政治に無関心だった有権者の心もつかむメッセージとなり、職業政治家に不信感を抱いていた彼らは、ベルルスコーニと絆で結ばれた。新たに首相となった彼が二〇〇一年に署名した「イタリア人との契約」は、レーガン時代のアメリカやサッチャー時代のイギリスの保守派が掲げていた自由市場と財政責任という精神を模倣していた。彼は、政府の規制を撤廃することと、民営化によって景気を押し上げることを約束した（これには、国営放送Ｒａｉが持つ三つのテレビチャンネルのうちふたつを民営化するという、論争となった末に実施されなかった計画も含まれていた）。彼が国民と思いやりある指導者との愛情の絆を強調したことは、彼の独創だった。「私たちは、愛する術を知っているイタリアを求めている」とベルルスコーニは主張した[38]。

「私はこれまでイタリアの首相になった者の中で最も民主的な男だ」とベルルスコーニは力説したが、そのかたわらで彼は個人的な理由でイタリア民主主義の諸制度をねじ曲げた。二〇〇一年に首相職に復帰した時点で、彼は粉飾決算や贈収賄などの罪を問われて一〇の裁判が進行中だった。在任していた二期（二〇〇一～二〇〇六年と二〇〇八～二〇一一年）のあいだに、彼は起訴から身を守るため個人向けの法律を幾十も成立させた。我こそは「イタリア政界のイエス・キリスト」だという彼の主張は、彼が国家の救世主という役割を演じていることに加えて彼が左派の報道機関と司法による殉教者であることも意味していた。上院議長レナート・スキファーニは、二〇〇二年のベルルスコーニ裁判に関与した裁判官たちを「クーデターの試み」を扇動したとして非難した[39]。さらにベルルスコーニとその政党は、有権者の恐怖をかき立てるため共産主義の脅威をことさらに宣伝し、イタリア・ファシズムの暴力を隠蔽しながら、ファシズムによる法と秩序へのノスタルジアを利用した。ポンツァ島などの島にあり拷問が行なわれていたイタリア・ファシズムのジメジメとした刑務所について、二〇〇三年にベルルスコーニは「ムッソリーニは誰ひとり殺さなかった。彼は人々に休暇を取らせるため監禁施設へ送ったのだ」と、ボリス・ジョンソンとニコラス・ファレリに語っている[40]。

二〇〇二年にベルルスコーニは、移民と非白人をイタリアの安定に対する脅威と位置づけ、「外国人嫌いは、なぜ否定的な意味を持たなくてはならないのだ?」と語った。同年に彼の政権が成立させたボッシ・フィーニ法により、船に乗って移動してきたところを国際水域で発見された移民を自動的に国外退去処分とし、イタリアにやってきた移民を収容施設に最長二か月間強制的に勾留し、保護施設の入所者に長期の労働契約・住居契約を結ばせることが可能となった。三度目の首相就任を目指した選挙期間中の二〇〇八年には、ベルルスコーニはさらに右寄りとなり、不法移民が彼の主要なターゲットとなった。選挙の数日前、彼はイタリアにいるこの「悪の軍団」の存在を「国家的緊急事態」だと宣言した。同年、密入国した移民は推計で人口の六・七パーセントを占めており、政府の統計局ＩＳＴＡＴが実施した世論調査では、イタリア人の四〇パーセント以上が移民をイタリアにおける犯罪の主な犯人だと見なしているとの結果が出た[41]。

ベルルスコーニ政権は、移民は子だくさんだがイタリア人は出生率が低いため白人が居場所を失うかもしれないという恐怖心も利用した。中道左派も、人口の国家的緊急事態という感覚を共有した。しかし、フォルツァ・イタリア政権の保健省次官カルロ・ジョヴァナルディが二〇〇八年に国会で行なった、世の終わりを思わせるような演説は、次に示すように、ムッソリーニが一九二〇年代に使っていたレトリックそのものであった。

> この国は、低出生率と人口の高齢化と移民の流入で死にかけている国です。特に移民の流入はあまりにも大規模であり、ＥＵ域外からの移民を統合できるイタリア社会はもはや存在しないため、統合は困難となっています。（中略）もしこれが続くなら、二世代か三世代後にはイタリア人は消滅してしまうでしょう。

イタリア・ファシストによるリビアでのベドウィン弾圧にまでさかのぼる人種差別的恐怖と行動は、ベルルスコーニが二〇〇八年に出した「流浪民緊急事態令」にも現れていた。この政令により、数千人のロマ人が住むイタリア国内の野営地が、一部はイタリア国籍を持っていたにもかかわらず、「公共の秩序と安全」を脅かしているという理由で、破壊された[42]。

二〇〇九年にイタリアとリビアのあいだで結ばれたベンガジ条約は、ベルルスコーニとカダ

ローマでカダフィを迎えるベルルスコーニ。2009年。
STEFANO CAROFEI / AGF EDITORIAL / AGEFOTOSTOCK

フィの友情の産物だったが、これもこうした事情を背景に生まれたものだった。この条約により、イタリアを目指す移民船は、合法的な亡命希望者が乗船しているかどうかに関係なく途中で阻止され、リビアへ戻されることになった。イタリアに入国する移民のうち海路で来る者はわずか一〇パーセントしかいなかったので、この措置に移民の数を減らす効果はほとんどなかったが、イタリアに供給されるリビアの石油と天然ガスは確保された。この条約でイタリアは植民地時代に与えた損害の補償として今後二〇年間に五〇億ドル支払うことで合意したが、それにもかかわらずベルルスコーニは、これを自らの「外交的傑作」と呼び、保守派と極右から高く評価された。カダフィは、敵国の地を初めて踏んだとき、捕らえられたゲリラ戦士アル・ムフタールの写真を目立つよう胸元にピンで留めていた。イタリア占領時代の悪行と彼の出身であるベドウィンの大量虐殺を世界中に知らしめることで、カダフィは彼の支配にとって非常に重要な被害者意識を改めて鮮明にし、現代の移民や自国の収容所と刑務所にいるリビア人が直面している恐ろしい運命から世間の目をそらした[43]。

しばしばベルルスコーニは、二一世紀のムッソリーニと呼ばれていた。ムッソリーニのように、彼は自分の図像を公共空間にあふれさせ、イタリアの外交方針を、彼が強く敬愛する独裁者との個人的関係を中心としたものに変更させた。全国メディアを支配していることを利用して、ベルルスコーニはイタリアの政治文化を作り変えた。彼は、ANとフォルツァ・イタリアを合併させることで極右を政治の主流に組み込み、合併の結果できた新党「自由の人民」(自由国民党)は、二〇〇九年から二〇一一年までイタリアの与党となった。移民を勾留して悪しき存在として描き、プーチンのような専制政治家の計画を推進し、表向きは開かれた社会で権威主義的・個人主義的指導力を発揮した。このベルルスコーニ方式は、すぐにアメリカへ輸出されることになる。

―

「ロシアはプロジェクトではない――運命だ」。外交政策を話し合うヴァルダイ・フォーラムの二〇一三年度の会合で、プーチンはロシアと諸外国のエリートたちに向かって、そう告げた。自分の指導の下、ロシアは「欧州大西洋」諸国の没落から脱するだろうと彼は語り、そうした国々の特徴を、次のように説明した。

［欧州大西州洋諸国は］西洋文明の基盤を成すキリスト教的価値観を含め、自分たちのルーツを拒絶している。道徳的原則と伝統的なアイデンティティーを、民族的なものも、文化的なものも、宗教的なものも、さらには性的なものまでも、すべて否定しているのだ。（中略）私は、これは退廃と未開状態へとまっすぐに進む道を開くものであり、その結果、深刻な人口的・道徳的危機が訪れるであろうと確信している。

プーチンは、この道をロシアは一九九〇年代に進んだと思っていた。彼は大統領になる直前の一九九九年、一九九〇年代のロシアは民主化による実験のせいで「二流国どころか三流国になる」リスクにさらされていたと感じていたのである[44]。

逆に、ロシアが偉大な国になる道を進むには、「伝統的価値観の擁護」と「ロシア国家を守るための内省」が必要だった。プーチンの反西側感情と自由民主主義への攻撃的態度は、二〇一二年に再び大統領になってから強くなった。彼は、二〇一三年の国民向け年次演説で権威主義的な脅し戦術を使って、自分の指導に従うようロシア国民に告げ、従わなければ「退化、蛮行、大量の流血、（中略）後退して混沌とした暗闇に落ち、未開状態へ戻る」という運命に遭うだろうと言った[45]。

ロシア正教会は、ロシアの文化と社会をナショナリズムのイメージに合うよう作り変えるプーチンのプロジェクトにおける忠実なパートナーだ。正教会はプーチンによる大規模な援助の恩恵を受けており、古い教会が数多く修復され、新たな教会が建てられている。プーチン政権下で好まれている正教会の攻撃的な教義が、ＬＧＢＴＱ＋の人々を社会的身体にとって危険なものだとする彼の見方を支持している。同性愛は、共産主義崩壊後は犯罪でなくなったが、プーチンは同性カップルによる養子縁組を二〇一四年に違法とした。同性カップルの多くが、冷たい視線を向けられるため国を離れた[46]。

プーチン政権は、出産奨励と、いわゆる「非伝統的な性的関係」に対する国家の取り締まりを、共産主義が終わった後にロシア人の出生率激減を修正する手段として正当化している。二〇〇〇年代前半の経済成長に加え、中絶する権利を制限する法律（二〇〇三年）と、一部有給である一八か月の出産・育児休暇を認める法律（二〇〇七年）のおかげで、二〇一三年には出生数が死亡数を上回った。その前年には、平均寿命がロシアの歴史で初めて七〇歳を超えた。それでも国は、性行為目的の人身売買を阻止する策をまったく講じていない。この人身売買が原因で数百万人の女性が行方不明となっており、ロシア犯罪の専門家ルイーズ・シェリーが主張しているように、この傾向は「ロシア国民の生存そのものを脅かしている」[47]。

富と領土を貪欲に求め、旧ソヴィエト連邦の崩壊がトラウマになっているプーチンは、現在の国境より領土を広げることでロシアを偉大な国家にしようとした。彼はユーラシア大陸での覇権を目指して、チェチェン（一九九九～二〇〇九年に戦争と対ゲリラ作戦を実施）やウクライナ領クリミア（二〇一四年に併合）などで通常の軍事作戦を遂行した。また外国でも、西側民主主義諸国の弱体化を狙った政治戦を行なっている。プーチン政権は、アメリカ・カリフォルニア州とスペイン・カタルーニャ地方の分離独立運動を後押ししているほか、偽情報作戦を展開してロシアに利益をもたらす外国の候補者や運動を支援している（トランプとブレグジットは、その例である）。国内でも、国民の信念を操作することはプーチンが権力の座にとどまり続けるためのカギだ。ストロングマンの伝統に従い、彼には国民に彼の支配以外の選択肢はないと思わせる必要があるからである[48]。

「送り返せ！　送り返せ！」。白人が大多数を占める群衆の声が、二〇一九年七月、ノースカロライナ州グリーンズヴィルにあるイーストカロライナ大学のバスケットボール・アリーナに響き渡った。この声が向けられた相手は下院議員イルハン・オマル（民主党、ミネソタ州選出）で、彼女は元難民のイスラーム教徒である。トランプは、群衆の叫び声を聞き流しながら黙ったまま立ち、攻撃的な態度を示すように顎を前に突き出していた。「彼は、私たちが考えていることや、私たちが言いたいことを言ってくれるのです」と、あるトランプ支持者は二〇一八年にモンタナ

州で開催された集会で熱心に語っていたが、その言葉は、マルゲリータ・サルファッティがムッソリーニについて語った「ほかの人々が小声でしか話さないことをはっきりと口にする」勇気を持った指導者を一〇〇年にわたって熱烈に求めてきた気持ちを反映していた[49]。

トランプのターゲットとなったオマルは、権威主義の歴史に現れた個々の時代をつなぐストロングマンの支配を経験していた。ソマリア生まれの彼女は、一九六九年の軍事クーデターで権力を握ると独裁政権を打ち立てたバレの支配下で幼少期を過ごした。バレが一九九一年に亡命を余儀なくされた後に始まった内戦を避けるため、彼女は家族とともに四年間をケニアの難民キャンプで過ごし、その後一九九五年にアメリカへやってきた。二〇一八年中間選挙で革新派が勝利した波に乗って当選したオマルは、しばしばトランプを批判したため、間違った信仰と間違った肌の色を持つ人間を排除することで国を浄化したいと願う人々の格好の標的となった。

人種差別は、以前からトランプの国家プロジェクトの中軸であり、大統領自身が長く信じてきた人種差別思想が異端的な支持者グループの人種差別思想と混じり合う場であった。そのような支持者グループには、人種隔離が終わったことをどうしても受け入れられず、南北戦争当時の南軍の旗を振る南部人や、移民が「アメリカの褐色化」を引き起こすことを恐れる共和党の政治家が含まれている。そうした政治家の中には、元下院議員スティーヴ・キング（共和党、アイオワ州選出）のように、ヨーロッパの極右思想を展開している者もいる。キングは二〇一七年に、人種差別主義者であるオランダの政治家ヘールト・ウィルデルスへのリツイートで「他人の赤ん坊で我々の文明を復興させることはできない」と書き込み、「我々がとても同じに見えるほど均質的な」アメリカを望むと記している[50]。

イスラーム教徒、ラティーノ、アフリカ系アメリカ人などの有色人種は、トランプ政権が進めるアメリカ社会を白人ナショナリズムに合うよう作り変える計画のターゲットとなってきた。アメリカの二〇四五年の人口予測によると、複数の人種の血を引く人の人口とアジア系の人口はヒスパニック系よりも急速に増加する（それぞれ順に一八五パーセント、九三パーセント、八六パーセント）が、トランプの怒りの矢面に立たされたのはラティーノだった。トランプは二〇一九年二月に「ドラッグや人身売買人など、あらゆる種類の犯罪人とギャングたちによる我が国への侵略」に対する「国家非常事態」を宣言したが、これはピノチェト、ベルルスコーニ、ドゥテルテらの口ぶりとまったく同じだった[51]。

女性、有色人種、およびＬＧＢＴＱ＋のコミュニティーが数十年かけて積み上げてきた成果を取り消そうとするトランプ政権の取り組みの強さは、それ以前の権威主義者による反革命を連想させる。保守派の多くは白人男性の権力が疑問視されなかった時代のアメリカにノスタルジアを感じているかもしれないが、オバマの業績を無にしようとするトランプの活動は、他の個人主義的支配者たちの執念を思わせる。従来、公民権はアフリカ系アメリカ人の法的平等を求める戦いと結びつけられてきたが、それをトランプ政権は、キリスト教徒の「宗教および表現の自由」の保護と定義し直した。トランプ政権は保健福祉省内に公民権局を創設し、その局長に、妊娠中絶権反対とＬＧＢＴＱ＋反対を唱えるカトリックの活動家・弁護士のロジャー・セヴェリーノを据えた。フランコ政権やピノチェト政権と同じく、ウィリアム・バー司法長官やラリー・クドロー国家経済会議委員長など、「オプス・デイ」とつながりのあるカトリック信者が影響力のある地位を占めている。また福音派キリスト教徒も、政権内ではマイク・ペンス副大統領を筆頭に、主要ポストに就いている。移民政策を白人国家アメリカを守るものに変更するという重大な仕事を任されたスティーヴン・ミラーは、以前から極右組織との関係を持っている。彼は、トランプは「西洋文明の諸原理」の守護者だと頻繁に述べている[52]。

バーは、アメリカに全面的な変革をもたらして行政権を強化するという野心的なプロジェクトの要となる人物だ。一部にはバー司法長官をナチの法学者シュミットに比する者もいて、実際ときどきバーは過去の右派のイデオローグのような発言をしている。二〇一九年一一月、彼は「左派」を「組織的に規範を破り、法の支配を弱めている」として非難した。その数か月前には、バーは警察組織に、トランプ政権は「我々の社会に潜む犯罪的略奪者との終わることのない容赦ない戦い」を遂行中で、「最終的な勝利はまだまったく見えない」と語り、ファシズムのストロングマンや軍事政権のストロングマンが常に持つ戦争のエートスを呼び起こした。二〇二〇年、新型コロナウイルスがアメリカを襲い、選挙が近づいてくる中、バーは自身の権威主義的計画を前進させようとした。三月、連邦議会に対して、非常事態を口実にして、裁判抜きで人を無期限に勾留するよう裁判官に依頼する権限を司法省に与えるよう要求した。六月には、ニューヨーク州南部地区連邦検事ジェフリー・バーマンを解任した。それ以前、バーマンの検事局はトランプの元個人弁護士マイケル・コーエンらトランプ・オーガナイゼーションの関係者を起訴しており、解任当時は、トランプの当時の個人弁護士ルドルフ・ジュリアーニを捜査中だった。指導者の不法行為を暴く可能性のある人物を無力化するのは、ムッソリーニ以降、ストロングマンの政府にとっては最優先事項なのである[53]。

ストロングマン式支配者たちは、イスラーム教徒を民族の純血に対する脅威と見なすが、その中にあってエルドアンは異例の存在だ。カダフィと同じくエルドアンも、自分は生まれながらにイスラーム教徒を率いる指導者だと宣言し、「門を開いて」何百万ものイスラーム教徒難民をヨーロッパに解き放つと脅している。彼は、オスマン帝国を——その特徴だった宗教的寛容を抜きにして——復活させる計画の一環として、世界各地でモスクの建設やイスラーム教徒向けの宗教教育に資金を提供している。シリアとリビアへの軍事介入も、同様に拡張主義的目的によるものだ。二〇一六年のクーデター未遂事件鎮圧後に登場したトルコの新しい地図も、ギリシアとイラクに対する領土権の主張をはっきりと示している[54]。

「今回の反乱は、神から我々への贈り物だ」と、二〇一六年七月の夜に起こった騒動の数日後にエルドアンは言い切った。彼は、このクーデター未遂事件を、問題を抱えた政権をリセットして自身の権力を強化する機会として利用した。二〇一三年の反政府運動では七〇〇万人以上のトルコ人がエルドアンによる民主主義の浸食と公共空間の破壊に抗議したが、この一件が影のようにエルドアンにのしかかっていた。彼の閣僚数名が関与していた同年の汚職捜査も、彼を悩ませていた。二〇一六年には、好景気を続けていたトルコ経済も、政府の汚職がひどくなったせいもあって、減速していた。二月にエコノミスト誌は、「エルドアノミクス」は近いうちに問題が発生するかもしれないと警告した[55]。軍事クーデターの失敗により、国家を作り変えたいというエルドアンの野心が明白になった。この一件は、彼が敵と見なした者、とりわけ彼がクーデターの黒幕と名指しした亡命中の聖職者ムハンマド・フェトフッラー・ギュレンに対して行動を起こす口実を与えた[56]。

七月一五日の夜から一六日にかけてエルドアンを権力の座から排除しようとした将校たちは、彼がトルコを「専制政治によって支配される国」にしようとしていると非難した。軍部内に統一された反エルドアン感情がなかったことに加え、時代遅れになった戦術を使ったことで、クーデターは失敗した。クーデター参加者らは、テレビ局とラジオ局を占拠し、WhatsApp のグループチャットを使って連絡を取った。しかし、インターネットを遮断しなかったため、兵士が民間人を銃撃する映像が出回り、世論はクーデターを支持しなかった。クーデター参加者のひとりは、権力奪取に失敗したことを悟り、七月一六日の朝、「生き延びるのに必要なことをせよ」とチャットを送った。「このグループは閉鎖する。望むならメッセージは削除せよ」。歴史家にとっては幸いなことに、一部のメッセージは削除されずに残った[57]。

クーデター未遂後にエルドアンが宣言した非常事態の特徴となった弾圧については、よく知られている。大規模な追放がトルコ陸軍で始まり、次いでクルド人反政府勢力、ギュレンのヒズメット運動の関係者、司法・報道機関・大学のメンバーが追放された。クーデターの首謀者で生き残った者は終身刑になった。さらにエルドアンは、権威主義者がよく用いる方法で国庫を満たした。二〇一六年後半に六〇〇以上の企業を没収したのであり、その資産評価額は合計で一〇〇億ドルを超えた。二〇二〇年七月までに一七万人以上が官職を追われ、九万四〇〇〇人以上が投獄され、その多くはテロリズムの容疑をかけられた。大学を含め三〇〇〇の学校が閉鎖され、企業家やジャーナリストなど何人ものトルコ人が亡命した[58]。

エルドアンが権力を強化するため被害者意識を礼賛し、それにまつわる儀式を利用したことは、あまり注目されていない。ストロングマンによくあることだが、重大な瞬間に国民と直接コミュニケーションを取ったことが決定打となった。クーデターの夜、エルドアンが死亡または亡命したという噂が広がると、エルドアンはただちにCNNトルコに出演した。軍に追われ、利用可能な地上通信網を一切信用できなかった彼は、iPhone に入れていたアプリ「FaceTime」を使ってCNNトルコに電話し、国民に演説できるようにしろと要求した。CNNトルコの女性アンカー、ハンデ・フィラトは自分の iPhone とピンマイクをカメラの前に掲げた。爪にフレンチネイルのデザインを施したフィラトの手がエルドアンの小さな姿を支えている映像は、彼が脆弱であるという感覚を強めた。

権威主義的指導者の例に漏れず、エルドアンもチャンスを捕らえるコツを知っていた。「我々はこれを克服する」とテレビでトルコ人に語った彼は、主語に一人称複数を使うことでトルコ国民との絆を結んだ。「街へ出て彼らに返事を与えよう。（中略）国民の力よりも上位の力は存在しないのだ」。FaceTimeを使った彼の電話で視聴者は、政党政治を超越して展開される壮大な物語へと引き込まれた。後にエルドアンは、助けを求める彼の声に対する国民の断固たる反応を、自分の支持に対する国民投票と位置づけた。実際、もしも大半のトルコ人がエルドアンの呼びかけを無視していたら、現在の彼はおそらく権力の座にはいないだろう。五〇パーセントだった彼の支持率は、クーデターの一か月後には七〇パーセントに上昇していた[59]。

クーデターの起きた記念日は、エルドアンが危機を切り抜け、国家の敵を打ち破ることができた事実を祝う機会となっている。二〇一七年、携帯電話から通話しようとしたトルコ人は、大統領からのボイスメッセージを耳にした。メッセージでエルドアンは、クーデター失敗を記念して制定された新たな祝日「民主主義と国民統合の日である七月一五日」を祝った。この行為の真の目的は、彼が電気通信を支配していることを国民に思い出させることだった。味方と敵を地理的に示す新たな手法も登場した。ボスポラス大橋は、クーデターの夜にエルドアンを守って命を落とした者たちに敬意を表して「殉教者の橋」と改称された。犬保護施設の敷地内に意図的に作られた「裏切り者の墓地」には、クーデター首謀者のうち最低ひとりの死体が埋められている[60]。

ストロングマン流のナショナリズムは、恐怖と被害者意識というふたつの感情を基盤としている。過去と現在の不満をかき立てることは、国家の将来像に対する楽観的な見方と同じくらい重要だ。それゆえ、クーデター未遂の記憶が時間とともに薄れていく中で、そこに刻まれた脅威を強化する必要がある。二〇一九年、エルドアンはそれを「我が国を屈服させて奴隷状態に置こう」とする西側の試みと結びつけた。そのころまでに彼は再選を果たし、二〇一八年以降は大統領と首相を兼務して権力を拡大させていた。これにより、大規模な勾留と、家族と協力者への権力委譲のふたつを通して国家を改造するのが容易になった。「それは社会・政治工学である」と、世論調査会社コンダの本部長ベキル・アイルディルは語っている。エルドアンの見方は違う。彼が夢見ているのは、「ウィーンからアドリア海沿岸まで、および東トルキスタンから黒海まで」拡大することでオスマン帝国の栄光を復活させるトルコだ。このような、より偉大な国家を実現させられるのなら、国内での弾圧は支払うべきわずかな代償にすぎない[61]。

第五章　プロパガンダ

一九七九年、カダフィはイタリア人ジャーナリスト、オリアーナ・ファラーチのインタビューを受けることに同意した。ファラーチは、ムッソリーニ時代に反ファシズムの立場を取る父親の元で少女時代を過ごした女性だ。ファラーチは、無遠慮なことと、権力を持った狡猾な人物に後で後悔するようなことを言わせることで有名だった。例えばキッシンジャーは彼女に、自分はニクソンの国務長官として、一件落着させるため馬に乗って登場する「カウボーイ」さながらに、いつも単独行動していたと自慢した。その後、彼はファラーチとの一九七二年のインタビューを思い出して「報道機関のメンバーと私が交わした中でまさに最大の失敗だった会話」だと言った。ピノチェトは怖じ気づいて最後の最後で彼女に会うのをキャンセルした[1]。

ファラーチは、独裁者にインタビューするとき、全能の仮面の裏側を探ろうとする。気分の変わりやすいカダフィに対して、彼女は「自滅を期待して好き勝手に話をさせる」ことで偽善者であることを暴露させるという戦略を採った。権威主義者たちにインタビューした外国人ジャーナリストで、彼女ほど対決姿勢で挑み、成果を上げた人物はほとんどいない。

カダフィ：今日のリビアでは国民のみが重要だ。

ファラーチ：本当ですか？　それなら、私が行く先々であなたの肖像やあなたの写真しか目にしないのは、どうしてなんですか？（略）

カダフィ：それが私と何の関係がある？　国民がそうしたがっていたのだ。私が彼らを止めるべきだとでも？　私に禁止できると？

ファラーチ：ええ、もちろん、あなたならできますよ。あなたは、ずいぶんたくさんのことを禁止していますし、あなたがしているのは禁止することだけです。（中略）私は子供のころ、ムッソリーニが同じことをするのを見ていました。

カダフィ：君は同じことをホメイニにも言ったね。

ファラーチ：おっしゃるとおりです。私は、ムッソリーニを連想させる人物とインタビューするときは、いつもそう比較するのです。

当時カダフィは犠牲者という仮面に引きこもっており、テロリズムを支援してはいないと主張して、ファラーチに、西側全体および具体的にはイタリア人を指して「君たちは常に私たちを虐殺してきた者たちだった」と言った。権力の座に就いて一〇年、カダフィは異議を唱えられることに慣れておらず、ファラーチは、リビアで目にすることができる肖像は唯一カダフィのものだけなのに「国民が支配している」と主張するのは無意味だと指摘して、痛いところを突いたのだった[2]。

「プロパガンダでは、恋愛と同じく、成功するなら何もかもが許される」と、ナチの宣伝大臣で、ヒトラーとともに史上屈指の包括的な大衆説得作戦を監督したゲッベルスは語った[3]。この一〇〇年間、権威主義的指導者たちは、忠誠心と恐怖心を教え込むためプロパガンダに力を注ぎ、人々が国民統合・迫害・財産没収などの行動計画を実行する気にさせてきた。ゲッベルスのような人材に恵まれたストロングマンはほとんどいないが、全員がゲッベルスと同じ「目的が手段を正当化する」というメンタリティーを持っていた。さらに、その多くはマスコミュニケーション術と偽装術という分野で経験を積んでから政界に進出していた。ムッソリーニとモブツは本職のジャーナリストであり、ヒトラーやカダフィと同じく、自分の声と肉体を使って最大限の衝撃を与える方法を知っていた。ベルルスコーニとトランプは、マーケティングとテレビ業界の経験があった。プーチンはソ連のプロパガンダとともに成長し、諜報活動に従事しながら欺瞞のスキルを磨いた。ピノチェトとフランコは軍に所属していた経験から、権力と虚飾について大衆がどう見るかを学んでいた。

近代のフランスおよびイギリスの君主たちは、自分たちには手で触れただけで病を治す特別な力があるという考えを広めていた。カダフィのような個人崇拝は、それとは違うものだ。それらは現代のマスコミュニケーション技術と監視技術を利用しており、そのため指導者は自分があらゆるところに存在し、魔法のような力を持っていると思わせることができる。ハリウッドのスターシステムと同じ時期に発達した個人崇拝は、有名芸能人の重要な特徴と同じものを持っている。それは、欲望の対象は手が届くと思われなくてはならないが、現実には遠くて手に入らないものでなくてはならないという特徴だ。ストロングマンのプロパガンダ戦略の核となる個人崇拝は、ほかの道具も利用可能にする。指導者を国家の保護者として描くことで、男らしさへの崇拝に影響を与える。また、「国家の敵」――つまり、指導者が奇跡を起こす力をあえて疑う者――に実力行使することも正当化する[4]。

突き詰めて言えば、プロパガンダとは、混乱と疑念の種をまき、批判的に考えるのをやめさせ、人々に現実は指導者の言うとおりなのだと思わせることを目的とした、一連のコミュニケーション戦略のことである。ストロングマンはこの目的を何度も達成しているが、その際に利用するプロパガンダ戦術は、情報メディアが変わっても同じままである場合が多い。ムッソリーニが使ったニュース映画から、トランプが使ったツイッターまで、権威主義者は国民と直接コミュニケーションを取れる手段を持っており、それによって国民の意思を正しく理解している人間のふりができる。昔から好まれてきた接触手段は集会だが、支配者はカリスマ的な権威を維持する助けとして、ラジオ、ニュース映画、テレビ、ソーシャルメディアも使っている。ヒトラーの名前がクリーグ灯で綴られたニュルンベルクでのナチ党大会以降、ストロングマンは政治を、自らをスターとする美的体験の場に変えた。映画、テレビ、そして今ではデジタル動画のコミュニケーション規範とセレブ文化によって、指導者の自画像と、指導者が示す支持者と敵のイメージが形作られる。広告戦略とマーケティング戦略にも、同じ役割がある。一〇〇年にわたり、ストロングマンの国家は自国のイメージを、近代的で観光客と外国の資本を引きつける魅力のある国というものに作り変えようとしてきた[5]。

プロパガンダは、反復によって機能する注意管理のシステムでもある。国家は、指導者の人格やイデオロギー的優先事項を中心に社会を同時に動かすために、同じメッセージを複数のチャンネルや機関を通じて広める。音声・映像・印刷の各メディア、建築物、儀式などを活用してスローガンや思考方法を少しずつ浸透させようとし、社会学者ジャック・エリュールが一九六五年に書いているように、個々人を「方向は同じでも別々に」導いていく[6]。

モディは、かなりの資金を投じ、デジタル技術やインスタグラムなどのソーシャルメディアを通じて自分を売り込み、自分の活動を伝えている。一九九〇年代にベルルスコーニは衛星テレビを使ってイタリア各地で開かれている集会に同時に姿を現したが、モディはホログラムを利用している。彼のアプリ「ナモアプ NaMo App」は、英語とインドで使われている十数の言語で利用可能で、彼の率いるインド人民党への寄付ページを含む「独占コンテンツ」を特徴としている[7]。どのようなメディアであれ、そこにはひとつの逆説的な真理がある。それは、このようなメディア化された政治でのスキルを指導者が上げれば上げるほど、賛美者たちは彼を本物と見なし、指導者との個人的なつながりを感じるようになるということだ。

ストロングマン国家は、常に互いに学び合ったり模倣し合ったりしており、プロパガンダは人の目に触れるものなので、他国に伝わるのも容易だ。各国のファシスト政権は、相互に影響を与え合いながら発展した。ゲッベルスは、帝国文化院を計画中だった一九三三年五月、イタリアを訪れてムッソリーニのプロパガンダ機関を研究した。ムッソリーニの報道局長ガエターノ・ポルヴェレッリはムッソリーニに、彼が築いたイタリア・ファシズムのブランドをナチ党が横取りするかもしれないと警告した。しかし、一九三三年にゲッベルスを大臣として設置されたドイツの国民啓蒙・宣伝省に触発されて、一九三七年にイタリアの大衆文化省が設立され、その大衆文化省はフランコの報道政策と文化官僚に影響を与えた[8]。ファシズムと共産主義のプロパガンダも、影響を与え合いながら発達した。イタリア人は、レーニンとスターリンの個人崇拝に細心の注意を払っていたし、イタリアの国立映画学校の生徒たちは、ソ連のモンタージュ理論を研究し、ジガ・ヴェルトフやセルゲイ・エイゼンシュテインが監督した映画の無修正版を見ていた[9]。

ラジオは、ムッソリーニ以降の独裁者にとってプロパガンダの強力な手段だった。価格面でテレビや映画、インターネットよりも消費者が入手しやすいラジオは、文字が読めない者も利用でき、仕事など他のことをしている最中にも聞くことができる。その後、テレビがラジオに代わって権威主義者が国民とつながるのに理想的なメディアとなり、子供番組、ドキュメンタリー、ニュースを通じて権威主義者の考えを広めた。パメラ・コンスタブルとアルトゥーロ・バレンスエラは、ピノチェト政権下のチリにおけるテレビの役割について、「人々を自宅に釘付けにし、個人と国家を直接結ぶつながりを作った」と述べているが、それはすべての専制国家に当てはまる。今日ではノートパソコンとスマートフォンが、デジタルコンテンツを広め、ほとんどの先進国で携帯可能なプロパガンダ供給装置としてテレビとラジオを圧倒する存在になっている[10]。

指導者は、支配を安定させる中で自らの権威を正当化させるためプロパガンダを利用する報道機関の信用を落とすのは、一種の保険だ。信用を落としておけば、たとえジャーナリストが政府の暴力や腐敗の証拠を公表したとしても、その時点で国民はジャーナリストを敵の一味だと当然のように考えるだろう。忠誠心を示す者であっても、指導者からどう評価されているか、確かなことは決して分からない。批判は、どれほどしっかり隠していても、それが原因で逮捕されたり、治安部隊や検閲官の尋問を受けたり、指導者とその協力者によってテレビやラジオやツイッターで公然と非難されることがありえる。こうした事情から自己検閲が進み、そのため、もうひとつの現実を作り上げるのが容易になる。

権威主義国家は、情報の操作・偽造・隠蔽に多大な労力を投じる。ファシズム反対を唱えて亡命したガエターノ・サルヴェーミニは、一九三一年にイタリア・ファシズムの発表する統計は「独裁政権を賛美するため組織的に歪曲されている」と警告したが、この言葉は一〇〇年後の現在にも当てはまる[11]。ときには見え透いた嘘が有効なことはナチ党も知っていたが、最も大きな成果を残すプロパガンダは、少しばかりの真実を核にして嘘を作り上げている。ストロングマンが繰り返し発する「外国人が犯罪行為のため国境を越えて違法に入国している」というメッセージは、その一例だ。大勢の外国人が実際に国境を越えているという事実を中心に複雑な嘘が織り上げられているが、その外国人たちがいつ、どのような動機でやってきたのかといった重要な情報は省かれている。このテーマに関する情報操作には、入移民を犯罪率の上昇やテロリズムと結びつけようとする意図が含まれていることが多い。二〇一九年、トランプ政権の司法省は、この件に関するデータが虚偽であることをやむなく認めたが、公式記録を変更することは拒否した――その嘘まみれの文書足跡は、その後の弾圧的措置を正当化するのに必要だったからである[12]。

海外向けプロパガンダは、広告会社と共同で作られることが多く、ストロングマンの統治を正当と認めさせるのに重要な役割を果たしている。指導者は、休暇旅行や映画制作、国際的なスポーツ競技会などで外国人を自国に呼び込むために「ソフト・パワー」戦略を用い、そうした機会には通りから路上生活者を一掃したり反体制派を監禁したりする。一九七四年にキンシャサで「ジャングルの決闘」ことボクシング世界ヘビー級タイトルマッチ、モハメド・アリ対ジョージ・フォアマン戦が開催されたことで、独裁者モブツは多くの注目を集めた。一方、こうしたイベントが裏目に出ることもあり、例えば一九三六年のベルリン・オリンピックでアフリカ系アメリカ人の陸上選手ジェシー・オーエンズが金メダルを獲得したことは、アーリア人の優越というヒトラーの主張を否定するものだった。それでも、外国人やジャーナリストをブランド大使にすれば、政治亡命者からの悪評は否定され、ストロングマンに名声がもたらされ、外国からの融資を受けられるようになる。この種の罠に落ちた一例が、一九六〇年代にフランコ統治下のスペインで休暇を過ごした外国人観光客で、彼らが手にしていたガイドブックには、フランコが作らせた追悼施設「戦没者の谷」は掲載されていても、フランコの犠牲者たちの集団墓地は載っていなかった。

プロパガンダは大音量で主張するのが重要と思われるかもしれないが、沈黙と不在も、その遂行には同じくらいに重要だ。ストロングマンは人々を物理的に消し去るのみならず、自分のイデオロギーや目的と対立する知識も消してしまう。ピノチェトは哲学部を閉鎖し、オルバーンはジェンダー研究を禁止した。二一世紀の権威主義者は、自分とその支持者に利益をもたらす天然資源の略奪が妨害されないよう、全員が気候変動研究を抑圧している[13]。イタリア・ファシズム時代にキャリアをスタートさせた映画監督フェデリコ・フェリーニは、検閲を「埋葬して未来永劫現実とならないようにしたいテーマ」に対する「暴力の制度」と呼んだ。ストロングマンの国家では、反対の声を上げると自分や家族が仕事を潰されたり身体的危害を加えられたりする可能性があるため、自己検閲を行うことが生存戦略となりうる[14]。

プロパガンダの歴史は、その失敗の歴史でもある。プロパガンダの効果を生むのと同じメカニズムが、その衝撃を減らす場合もある。メッセージを何度も繰り返されると、人は耳を傾けなくなる。チリのグラフィック・アーティストで、ピノチェト政権時代を生きたギージョ（本名ギジェルモ・バスティアス）は、プロパガンダ活動が持つ反響室のような特質を捉えた。また、ひとつ

ピノチェトのプロパガンダ装置。
GUILLO / COURTESY OF GUILLO

の真理だけを何年も吹き込まれ続けると、「この世に真理などなく、何らかの意味を持つものも存在しない」というシニカルな結論に達してしまうこともある。さらに、ストロングマン国家は国民に異なる政治制度の知識を得る機会も与える。カダフィは、リビア人青年数千人に学費を出して、アメリカなど民主主義諸国の大学に通わせた。そのうちの何人かは留学中に亡命している反体制派と接触し、反政府主義者となって帰国した。政権が収入を求めて、体制側とは異なるメッセージを伝えかねないアメリカの娯楽を、検閲した上で輸入することも多かった。一九三八年にアメリカの映画制作会社は興行収入の七三パーセント以上をファシスト政権下のイタリアで得ていたし、ピノチェト時代のチリではテレビ放送のうち六四〜八〇パーセントをアメリカの番組が占めていた。[15]

どの時代にも新しいメディアが登場するものであり、ムッソリーニがノンフィクション映画を活用し、ヒトラーがラジオを使ったのは、戦間期の特徴だった。イタリアで独裁政治が始まった時点でイタリア語を読めるのは人口の約三〇パーセントにすぎなかった（大半のイタリア人は方言を使っていた）ため、視覚に訴えるプロパガンダは重要だった。一九二四年創設の国立ノンフィクション映画会社「イスティトゥート・ルーチェ」が、ニュース映画とドキュメンタリー映画でイタリア・ファシズムの歴史を説明した。映画館は、上映作品の前にこれらの映画を見せることを義務づけられ、ＰＮＦの集会や、地域の教会、学校でも上映され、トラックを改装した移動映画館がイタリアや植民地の遠隔地で上映会を開いた[16]。

ハリウッドとヨーロッパでスターシステムが始まったことが、ムッソリーニのイメージとマーケティングに影響を与えた。映画は、一九三〇年代初頭までサイレント（無声）だったが、ムッソリーニはカメラの前で誇張したジェスチャーを取りながら体を使う方法を熟知しており、そのため花形役者《ディーヴォ》になった。ジャーナリストのセルデスにとって、ムッソリーニは「魅力的でダイナミックで（中略）ヴェスヴィオ山のように噴火し、群衆に催眠術をかける目的で手と目と肩と呼吸を使っている」役者に似ていた[17]。

一九三五年のイスティトゥート・ルーチェのニュース映画「ドゥーチェ、自らの手で脱穀に挑戦」は、ムッソリーニのたくましい男らしさを彼の個人崇拝の中心に据えている。この映画でムッソリーニは、現代的な感じを出すため近未来的なパイロット用ゴーグルをかけ、上半身裸で小麦の脱穀をしている。彼が撮影のためシャツを脱いだのは、これが初めてではない。一九三三年以降、ムッソリーニは毎年休暇をアドリア海沿岸のビーチリゾート、リッチョーネで過ごす様子を水着姿で撮影させている。しかし、国家元首が半裸で肉体労働に従事する様子を撮影させたのは、この映画が初めてであり、ムッソリーニのパフォーマンスはセンセーションを巻き起こしたため、一九三七年と一九三八年にも同様のシーンを撮影させている。プーチンが二一世紀に胸板を露わにするまで、ムッソリーニはこのような形で繰り返し肉体を披露する唯一の指導者だった。上品ぶったヒトラーは常に服をきっちりと着込み、それはアウトバーン建設の起工式で鍬入れをするときも変わらなかった[18]。

映画のおかげでムッソリーニはアメリカで反共産主義のアイコンにもなった。音声入りのニュース映画で初めてアメリカ人に直接（英語で）語りかけた外国の指導者となった彼は、一九三三年には伝記映画「ムッソリーニは語る Mussolini Speaks」にも出演しており、この映画は彼を、まるでアメリカ合衆国で選挙に立候補しているかのように「アメリカのニーズに対する答え」と呼んでいる。一九二七年から一九三五年のあいだに、ムッソリーニはアメリカのニュース映画一〇〇本以上に登場し、彼を称賛する新聞王ウィリアム・ランドルフ・ハーストの好意で全国紙に自分のコラムを持っていた。「イタリア国外では、彼は頭を叩き割ることはできなかった。心を勝ち取らなくてはならなかった」と亡命中のサルヴェーミニはムッソリーニについて語って

シャツを脱いで小麦を脱穀するムッソリーニ。1935 年。
MARKA / TOURING CLUB ITALIANO / AGEFOTOSTOCK

いるが、ムッソリーニには、心を勝ち取るのを支援してくれる強力なアメリカ人の一団がいたのである[19]。

早い段階でムッソリーニは、自身への個人崇拝を確立させるための難題に直面していた。それは、競合する不可謬の権威としてローマ教皇が自国に存在していたことである。彼とピウス一一世は一九二九年のラテラノ条約で、カトリックをイタリアの国教とし、主権を有する教皇国家を創設することで合意に達した。ピウス一一世は、一九三〇年の回勅「カスティ・コンヌビー（結婚の倫理）」で、国家は家族に対する権限を持つべきでないと警告した。しかし、ムッソリーニ政権がイタリア・ファシズムを、特別な力を持つとされた独裁者への献身を基盤とする政治的宗教としても、ヴァチカンは公の場で反対しなかった。ムッソリーニは、不妊に悩んでいた女性が妊娠できるようにしたり、シチリア島エトナ山から流れ出た溶岩が村を飲み込む前に食い止めたりできた。神格化されたムッソリーニが人前に姿を現すと、みんなこぞって彼に触れようとした。何千人ものイタリア人が彼に毎日手紙を書いて彼の奇跡を称賛したが、ほとんどは便宜や金銭を求める内容で、中には少数ながら「あなたの赤ちゃんがほしい」という手紙もあった。フィレンツェ出身のマルゲリータ・Vは、一九三六年、ムッソリーニといっしょに文字どおり聖体拝領を受け、彼の肉体が彼女の想像の中でホスチア（聖餅）にあるキリストの肉体と融合したという幻視について説明した。彼女は手紙でドゥーチェ様と呼びかけ、あなた様が「私の口に入り、胸を滑り降りて、私の哀れな心臓まで来てとどまって」くださったらいいのにと書き送った[20]。

そのころには、エチオピアに対する勝利宣言でムッソリーニはイタリア国内で以前よりはるかに高い支持を得ていた。イタリアを本来あるべき帝国とするため自国より豊かな国々と争うという、これまで民主主義的政治家が誰ひとりあえてやろうとしてこなかったことを、彼は成し遂げたのである。「彼以外、誰があなたを助けられるだろうか？」と、新聞コリエーレ・デッラ・セーラは読者に問いかける。「彼は至る所にいる。（中略）彼があなたの言葉に耳を傾けていると感じたことはないだろうか？」。実際に耳を傾けていたのはおそらく密告者たちだろうが、ムッソリーニは至る所にいるように感じられた。彼のスローガンは、書籍、映画、ポスター、広告、碑文などの形で広められた。彼の名前がラジオから流れ、ベニートという名の少年たちが集まる教室や、サルデーニャ島の町ムッソリニアで鳴り響いた。彼の顔が、オフィス、路面電車の停留所、女性の水着、ミラノ大聖堂に掲げられた。彼は、鍛治屋のしがない息子であると同時に帝国の創設者であり、近代的で純朴で古典的な男——つまり二〇世紀のカエサルだった[21]。

反対派の報道機関や出版社を暴力で破壊し、生き残ったメディアを検閲することで、この全能という仮面は可能となった。早い時期に犠牲になった人物のひとりに、若い自由主義者の出版人でジャーナリストのピエロ・ゴベッティがいる。「ゴベッティを苦しめろ」とムッソリーニは長官らに命じ、その結果、何度も逮捕され、路上で激しい暴行を受けた。衰弱したゴベッティは一九二六年、亡命直後に死亡した。イタリアを離れたジャーナリストたちの家族は、しばしば暴行を受け、財産を国家に没収された。忠誠を示さない出版社の一部は破産に追い込まれた（この戦術は、今もオルバーンなどが使っている）。一九〇〇年からコリエーレ・デッラ・セーラの主筆を務めていた上院議員ルイージ・アルベルティーニは、ムッソリーニが新首相になったときには、「イタリアを社会主義の危険から救った」男として彼を称賛した。しかし、イタリアで最大部数を誇る日刊紙だったコリエーレ・デッラ・セーラは、ファシズムの感覚からすると常に自立的すぎた。ムッソリーニは、独裁者になるとただちにアルベルティーニを辞職させた[22]。

ムッソリーニは、ジャーナリストであることを決してやめず、イタリアの編集長として行動した。批判的な人物や彼を十分に称賛しない者たちを罰しようと、毎日数時間かけて新聞を読み、第一面のレイアウトを、使うフォントの種類に至るまで指示した。一九二八年に彼はイタリアのジャーナリズムを「全世界で最も自由」だと宣言したが、そのときには貧困、鉄道事故、自殺、反ファシズム派の殺害、銀行の倒産、および汚職は、すべて報道禁止になっていた。一九三一年の時点でジャーナリストたちは、毎日の指令により、何を書いてよく、何と誰を無視しなくてはならないかを指示されていた。一九三九年の命令には「見出しに疑問符を用いてはならない」とある。ストロングマン国家では、疑問の余地は決して残してはならないのだ。シカゴ・トリビューン紙のセルデスは、ムッソリーニ政権による弾圧と情報捏造を報道したためイタリアから追放された後に、外国からの特派員は「買収・脅迫されるか、お世辞を言われるか、検閲されている」と書いている[23]。

プロパガンダは、それを実行するプロパガンダ活動家が必要であり、ムッソリーニ政権は、貧しいが有能な者たちを国費で雇ってプロパガンダ活動家にした。大学の研究者は、大半が国家に雇われていたため、官僚的な方法で圧力を受けることがあった。まず一九三一年に、国王とファシズムへの忠誠の誓いが求められた（ちなみにこれは、よく似たナチの誓いの大まかなモデルとなった）。次いで一九三二年には、PNFへの入党が求職や昇進の条件となった。儀式で黒シャツを着ることと、政権のメッセージを広めることが奨励された。「教授、ボローニャかブエノスアイレスで、フランス領チュニジアに対するイタリアの主張について話していただけますか？ご協力にあらかじめ感謝いたします！」という具合だ。権威主義的政権に協力するとはどういうことか、多くの人は気づくのが遅すぎた。組織犯罪の世界に似て、ひとつのことをやるのに同意した瞬間、次のことをやらせる罠が仕掛けられるのである。

――

ヒトラーには、ゲッベルスのいう「ひとつの世論」を作り出そうとする上で、ムッソリーニよりも利点があった。ドイツには、独自のコミュニケーション手段を持った教皇もいなければ在位中の君主もなく、国民の識字率は高く、新聞の数も一九三三年の時点ではイタリア、イギリス、フランスの三か国を合わせたよりも多かった。その新聞の多くを、ナチ党は支配・追放または閉鎖し（五〇〇〇あった新聞は一九三八年には二〇〇〇紙になっていた）、一九三三年だけでも数千人のジャーナリストを人種的理由などで解雇・投獄した。同年に成立した法律で、編集者と出版社はジャーナリストの違法行為に連帯責任を負うこととなり、そのためメディアが自己規制するようになった[24]。

それに何より、ヒトラーにはゲッベルスという、群集心理と、反復などの広告技術と、三連対句のスローガン（「ひとつの国民、ひとつの国家、一人の総統」）を活用することで「ユダヤ人問題」などの諸課題を緊急かつ切迫したものとすることのできる人物がいた。ゲッベルスは、ヒトラーをドイツの国家的運命の体現者として示すことで、ヒトラーへの個人崇拝を作り上げた。ナチ党の芸術は、しばしば彼を超人または神の祝福を受けた人物として描いたが、ヒトラーは国民

鏡の前で身振りの練習をするヒトラー。1927年。
HEINRICH HOFFMANN / WORLD HISTORY ARCHIVE / AGEFOTOSTOCK

にとっては親しみやすい存在で、子供の名づけ親になってほしいと頼まれたり、声がかすれているとハーブティーや蜂蜜を送られたりすることもあった。チェコ国境近くにあるザイフェン村出身の美容師クルト・ルドルフ・ケンペは、ヒトラーの髪をカットさせてほしいのでベルリンまで徒歩で巡礼するのを認めてほしいと許可を求めた[25]。

ナチ党は、ヒトラー崇拝を作り上げ、階級意識と地域意識を弱め、国家の敵を迫害するという考えにドイツ人を順応させるのに、ラジオを活用した。六〇〇〇〇台以上のラジオが工場や市場などに設置され、「国民の時間」が来るとサイレンが鳴り、ラジオ管理官の手配で全員がヒトラーやその代理人による最新の演説に耳を傾けた。国が補助金を出して手頃な価格の「国民の受信機」（フォルクスワーゲンのラジオ版）が出回ると、聴取者の数は一九三三年の四五〇万人から、ドイツ人の七〇パーセント以上が受信機を所有するようになった一九四二年には一六〇〇〇万人に急増した。そのころには、ラジオによってヒトラーは、ほぼ一〇年にわたってドイツ人の生活に日常的に現れる親密な存在となっていた[26]。

ヒトラーは、思考を静めるほど感情にあふれた声をしており、その声こそが、ヒトラーが使うプロパガンダの主要な武器だった。イタリア人作家イタロ・カルヴィーノやアメリカ人ジャーナリストのジャネット・フラナーなど、ヒトラーが語るのを聞いたことのある者は、彼の演説は比較的落ち着いた状態から「熱狂的でヒステリックなエネルギー」の状態へ高まっていくと評している。彼は、語るにつれて「催眠術にかけられ、同じ言葉を繰り返しながら熱狂していく男のよう」になる。ストロングマンの例に漏れず、ヒトラーも自らのカリスマ性を高めるため熱心に取り組んだ。一九二七年に公式写真家ホフマンが撮影した写真では、ヒトラーはワイマール時代の表現主義映画を踏まえたジェスチャーの練習をしている。エリック・ヤン・ハヌッセンから受けた催眠術の授業と、俳優エミール・ヤニングスによるボイス・レッスンも役に立った。ボディーランゲージと口頭言語を通してヒトラーは、ドイツ人が受けた屈辱の痛みと、災いをもたらすユダヤ人への恐怖と、よりよい未来を求める必死な気持ちを表現した。ＮＳＤＡＰの元有力者オットー・シュトラッサーは、亡命先からこう警告している。

ヒトラーは、人間の心臓の鼓動に地震計のような感度で反応して（中略）最も隠された欲望、最も許されざる本能を公言している。（中略）彼の言葉は矢のようにターゲットへ向かい、彼は人々が隠し持つあらゆる弱点に触れ、大衆の無意識を解放し（中略）大衆が最も聞きたがっている事柄を語る[27]。

集会は、ファシズムのストロングマンが最も好む政治劇場であり、ムッソリーニとヒトラーは集会を、国のためになることなら何でもやる気の「暴力的かつ尊大で、恐れを知らず、残忍な若者」を生み出すための感情訓練の場として利用した。「女性とユダヤ人は破滅の元」と書かれた横断幕が一九三五年のベルリン集会で掲げられた。人々の前でヒトラーに歓呼の声を送る群衆は、政権にとって道路建設に劣らず重要な仕事をしていた。映画監督レニ・リーフェンシュタールによる一九三四年のドキュメンタリー映画「意志の勝利」では、ヒトラーが飛行機に乗って空から降りてきて熱狂的支持者たちに挨拶する様子が描かれている。ちなみにモブツはこのイメージを採用し、ザイールのテレビニュースは彼の顔が雲の中に浮かんでいる映像から始まっていた[28]。

プロパガンダの材料となってくれる群衆のいないストロングマンなど、今も昔も存在しない。彼の秘密は、群衆がストロングマンを必要としている以上にストロングマンの方が群衆を必要としていることだ。ゲッベルスが、ヒトラーはスタジオだと固くなり、その雄弁ぶりを引き出すには群衆のエネルギーと賛辞が必要なことに気づいてからは、ヒトラーの演説は集会など公の場で録音された。ムッソリーニは群衆からの賛美を媚薬のように思っていたようで、愛人クラーラ・ペタッチに、セックスする前にヴェネツィア広場のバルコニーから彼の姿を見てほしいとよく頼んでいた。ペタッチはそうした出来事について「彼らは熱狂しているらしく、興奮状態で（中略）説明できない喜びの感覚、愛の感覚」と一九三七年一〇月の日記に書いている。そのころには、長年にわたるファシズム支配の結果、イタリア人はこうしたイベントで恍惚となるのを期待するようになった。「ムッソリーニの言葉が群衆に魔法のような効果を与えるのは、彼も群衆も彼の言葉にそうした魔法の効果があると期待しているからだ」と、若いころムッソリーニのパフォーマンスを数多く目にし、後に彼の伝記を書いたラウラ・フェルミは記している[29]。

ファシズム国家が集会について制作した映像は、こうした指導者たちが引き出した心からの感情と愛情を示している。広い集会会場を埋めるため、学校と職場は休業となり、出席を求めるハガキが送られ、ベルリンまでの交通費無料に引かれた代表団が地方からバスで輸送されるが、そうした硬軟合わせた動員策が描かれることはない。また、指導者に対して歓迎一色ではないことを示すような細部がズームされることもない。例えば、エチオピア侵攻を宣言するため一九三五年一〇月二日にローマのヴェネツィア広場で開かれた集会のニュース映画からは、参加者は全員が歓喜しているような印象を受ける。しかし、フィルムを一時停止すると、政権側のカメラを向けられている若い男女の何人かは、冷静な顔や無表情のまま黙って演説を聞いているのが分かる。それはまるで「私は集会の場にいるが、あなたの戦争を支持しているわけではない。私をあなたのプロパガンダの一部にすることはできない」と言っているかのようだ。こうした映像は、一大ショーの真っ最中にストロングマンを一言も言わずに非難している[30]。

ムッソリーニによる対エチオピア宣戦布告に耳を傾けるイタリア人たち。一九三五年、ローマ。
ISTITUTO LUCE

ファシズムのプロパガンダが持つ反復性と攻撃性は、時間の経過とともにプロパガンダの効果を薄めていった。例えば、ナチ党の労働組織に所属する女性メンバーを対象に一九三七年に実施した調査によると、興味関心があることのうち政治教育は第一〇位だった。イタリア人密告者たちの一九三七〜一九三八年の報告書は、ムッソリーニ政権下で育った学生たちのあいだに「ファシズムへの信念の顕著な弱化」が見られると嘆いている。イタリア人やドイツ人の多くは、異なる情報を求めて外国のラジオ放送に耳を傾けた。それでも、ファシズムのプロパガンダに効果があったと判断できるほど多くの人が、政権が反対派を投獄したり殺害したりするのを支持していた[31]。

第二次世界大戦後の、軍事クーデターの時

代が始まった数十年間に、個人崇拝や情報偽造などファシズムのプロパガンダの諸要素は、すべて新たに応用された。中東、アフリカ、ラテンアメリカでは新たに抑圧的な政権が次々と生まれ、そのいくつかはカリスマ性を持つ個人主義的支配者が君臨したが、そうした政権は、哲学者ハンナ・アーレントが一九五一年に述べた次の言葉が正しかったことを示すことになった。

全体主義的支配の理想的な対象は、信念を持ったナチ党員でもなければ、信念のある共産主義者でもなく、事実と虚構の違い（すなわち、経験の実在性）および真実と虚偽の違い（すなわち、思考の基準）がもはや存在しなくなった人々である。[32]

―

戦後のストロングマンは、プロパガンダの手段として新たに非常に強力な武器を持っていた。テレビだ。ナチ党は一九三〇年代半ばからわずかながらテレビ番組の放送を開始していたが、このコミュニケーション手段が世界的に広がって説得と脅迫の新たな方法が完全に開花するのは一九五〇年代に入ってからだ。哲学者テオドール・アドルノは、テレビは「知的受動性と騙されやすさ」を助長することでファシズムによる専制を継続させることができると主張していたが、それは戦後の専制政治家たちにとって吉報だった。彼らは、批判的思考をやめさせることが自分たちを権力の座にとどめるカギだと知っていたからである。各指導者は、テレビを使って自分を常に身近な存在とすることで自分への個人崇拝を作り上げた。例えばスペインのテレビ放送では、夜間の放送終了中はフランコの顔が流されていた[33]。

ムッソリーニとヒトラーが死んだため、権威主義的戦略をコミュニケーション新時代に持ち込むのはフランコの仕事となった。しかし、慎重で文化面では保守的だったフランコは、三人のうち、この仕事を任せるのに最も適していない人物だった。彼は一九五五年のクリスマス・メッセージで「メディア、すなわち、ラジオ放送・映画・テレビの力は、我々の要塞に窓を開け（中略）我々の環境の純粋さを汚染している」と、陰鬱な口調で述べている[34]。フランコが態度を変えたのは、テレビがスペインのプロパガンダを活性化させるのを目撃してからだった。情報省は農村地域の住民向けに、共同でテレビを視聴する「テレビクラブ」事業を開始し、クラブの数は一九七二年の時点で八〇万以上に上っていた。フランコが死んだ翌年の一九七六年には、国民の九〇パーセント以上が毎日テレビを視聴していた。テレビのニュースは、政府が管理するラジオや新聞と同じ偽情報を含んでいたが、テレビというメディアの現代性により、客観性と信頼性がより高く見えた。スペイン人の中には情報を比較できる者もいて、例えば国境を越えたフランス側の町ペリピニャンは、週末になるとスペイン人が自国で検閲されている映画を見たり新聞を読んだりするためやってくるので、人口が二倍になった[35]。

一九六〇年代に入って国内での対立が増えてくると、フランコはイメージ回復作戦を開始した。経済の一部自由化に同意して、オプス・デイとつながりを持つテクノクラートに実施させ、一九六九年にはスペイン人プロテスタントとユダヤ教徒に信仰の自由を認めた。チャールズ・パトリック・クラークなどのアメリカ人ロビイストや、マッキャンエリクソンなどの広告会社と契約して、ファシズムによる暴力の痕跡を消させた。スペインで映画を撮影する契約を好条件で結んだハリウッドのプロデューサーたちは、フランコがナチ党の告発された戦争犯罪人をかくまっていたにもかかわらず、「パットン大戦車軍団」など枢軸国を敵として描いた戦争映画で美化されたスペインのイメージを発信した。旅行業界の大物コンラッド・ヒルトンやユージーン・フォーダーは、弾圧に目をつぶってスペインを観光客に売り込んだ。こうしたイメージアップの取り組みは効果を上げた。外国からの投資は、一九六〇年の四〇〇億ドルから一九七〇年の六九七〇億ドルに急増し、その裏でフランコのプロパガンダ機関は、貧困や弾圧が続いていることに言及するのを禁止した[36]。

ピノチェトは、二面性というフランコの伝統を引き継ぎ、国民を拷問・処刑する一方、チリを安定した法と秩序の国として外国人資本家に売り込むため、精巧なコミュニケーション作戦を採用した。もっとも、イタリア人ネオ・ファシストでＤＩＮＡの工作員だったデッレ・キアイエは、よりソフトなイメージを外国に発信するためピノチェトにサングラスの着用をやめるよう進言したが、聞き入れられなかった。「私は私のやりたいことをやる」とピノチェトは返答した。彼は、資金の一部を出している組織アメリカ・チリ評議会が作り出す偽情報に頼ることができた。マーヴィン・リープマンとウィリアム・F・バックリーをトップとする同評議会の報告書は、軍事暫定政権の暴力を軽視し、その新自由主義的経済政策と安定を強調していた[37]。

報道の自由を粉砕することは、軍事暫定政権の最優先事項だった。カトリック系組織「連帯の代理人」のラジオ放送と報道、およびキリスト教民主党系のラジオ・コオペラティーバは、異なる情報源として生き残った。しかし、一一あった日刊新聞は四紙に減り、チリ人ジャーナリストの五〇パーセントがクーデターから数か月以内に職を失い、その多くは殺されるか投獄され、一九八〇年代にはさらに数十人が起訴された。一九七五年、新自由主義的な経済実験が始まると、チリのテレビ局は国からの予算を失い、アメリカのテレビ局と広告会社を招き入れた。アメリカのテレビ番組がどっと押し寄せた。一九八〇年代は、チリの家庭の七八パーセント以上がテレビを所有しており、「ゆかいなブレディー家」や「ハワイ5－0」などの軽い娯楽番組が市場シェアの六〇～八〇パーセントを占めた[38]。

プロパガンダは、存在と非存在の策略を通じて機能する。そこに存在するものと、切り捨てられたり隠されたりしたものは、常に関係がある。チリ人亡命者は、一時帰国すると、通称「サンハッタン」ことサンティアゴのビジネス地区に林立する新築の輝く超高層ビルと、行方不明者が残した空白とから、脅迫のオーラを感じた。ピノチェト政権下で軽犯罪は減ったかもしれないが、人々を未来永劫恐怖させ、DINAの係官たちに自宅のドアを破られて始まる犯罪は増えた。亡命した映画監督ミゲル・リッティンが実態を暴露する映画を撮るためウルグアイのビジネスマンを装って一九八五年チリに入国したとき、汚れのない通りと「物質的豪華さ」を目にしても、「殺されたり行方不明になったりした数万人と、その一〇倍いる亡命を余儀なくされた者たちの血」を思い出すだけだった[39]。

—

カダフィは、一九六九年に権力の座に就いた時点でムッソリーニと同様の状況に直面していた。リビア国民の七五パーセント以上が文字を読めない非識字者だったのである。プロパガンダの視点から言えば、これは教育と洗脳を融合させるチャンスであり、リビアの石油収入を資金として男女の無償教育が開始された。カダフィが書いた一九七五年の『緑の書』は、一九六四年の『毛主席語録』と同じく、革命の目的に合致した政治的国民を作ることを意図したものだが、国民の多くが非識字者であったため、ラジオとテレビが国家プロパガンダの主役となった[40]。

イタリアのファシスト政権は、リビアでアラビア語のラジオ番組を放送し、大都市の主要な広場にはスピーカーを設置していた。しかしカダフィは、エジプトの指導者ナセルが一九五〇年代から一九六〇年代にカイロから放送していたラジオ番組「アラブの声」から影響を受けていた。カダフィはすぐに自身のラジオチャンネル「偉大な母国の声」を作り、放送でカダフィは汎アラブ主義の新たな導き手として示された。ほかのチャンネルは、一九九〇年代まで一日一九時間放送体制で、国内のリビア人向けだった。テレビ、ビデオ、衛星放送、そしてインターネットという異なるメディア時代をまたいで四二年続いたカダフィの独裁政治は、時代とともに抑圧の度合いを強めていった。準軍事組織として恐れられた革命評議会は、反対派を抑え込む任務を負っていたほか、一九八〇年以降はメディアの監視も担当していた。「政権は、いかなる犠牲を払っても、この戦いに勝ちたかったのです」と、元ジャーナリストのアブダッラー・ラチェッドは語っている[41]。

カダフィが暴力を大衆向けのショーとして見せるためテレビを利用したのは、植民地時代と地域的な事例を踏まえたものだ。イタリア人は、一九三一年にリビア抵抗運動の指導者アル・ムフタールの処刑を見せるため二万人を集めたし、モブツも同じように、一九六六年に五万人の目の前で閣僚たちを絞首刑にした。テレビはこの効果を増大させ、例えばフセインのイラクでは、反逆者として起訴された人の裁判と処刑をカフェや市場や自宅でテレビを通じて見ることができた。一九六八年にテレビ放送が始まったリビアでは、一九七一年にテレビ中継された国王イドリース一世の欠席裁判と死刑判決言い渡しが、大きな象徴的価値を持っている。しかし、そうした番組には、最大の恐怖を植え付けるため、生きた人間――理想を言えば、すでに半死半生となった人間――が必要だった[42]。

一九七六年四月七日にリビアで初めて絞首刑がテレビ中継されたとき、処刑された者たちの中に、政権に抗議したトリポリ大学の学生たちがいた。このときの放送は視聴率が高かったため、カダフィは毎年この日を学生処刑の日と定め、授業を中断させて学生に放送を見るよう強制した。裁判と処刑は、ラマダーンなどテレビ視聴がピークに達する時期に再放送され、反社会主義的行動や汚職の容疑を暴露したり、以前に逮捕された者たちを再び裁判にかけたり（テレビ的には続編）、CIAやムスリム同胞団の陰謀に加担した罪を問われた抵抗者たちへの鬱憤晴らしの機会となったりした。「それでは次に、野良犬たちの自白を見てみましょう」と、まるで天気予報のコーナーに移るかのような口調でアナウンサーは話していた[43]。

一九八四年に執行されたサーディク・ハミド・シュウェフディの処刑は、暴力を大衆向けのショーにした。処刑場となったベンガジのバスケットボール・アリーナに集まった群衆には、遠足でやってきた児童たちも含まれていた。多くの目が集まる中、縛られて恐怖に震えるシュウェフディは、ひとりコートに座って、海外の反カダフィ活動家と関係があることを自白した（彼はアメリカ留学から帰国したばかりであった）。裁判官が死刑を宣告すると、群衆は歓喜の声を上げた。シュウェフディがもがきながら絞首台に上ると、スタンドで群衆をあおっていた若い女性が駆け寄ってきて、彼が動かなくなるまで両脚を引っ張った。この女性フダー・ビン・アミールは、すぐに「死刑執行人フダー」という通称を付けられ、スポーツ・青年大臣などを歴任する政界のスターになった。大衆の時代は「感情を刺激し、目をくらませる」と『緑の書』には記されている。カダフィは、このふたつのためにテレビを利用し、恐怖と服従の心を育てた[44]。

カダフィの個人崇拝を維持することが、プロパガンダの最優先事項だった。カダフィが権力の座にいる期間が長くなるほど、その服装と行動はドラマティックになっていった。彼はたびたび演説の途中で口をつぐみ、まるで霊感を待っているかのように、天をじっと見上げるようになった。リビアに「カダフィ式敬礼」はなかったが、彼の偉大さを公共の場で祈願する言葉――「アッラーの神と革命評議会が私のよき信仰を認めてくださいますように」――には、魔除けの効果があるとされた。彼の肖像は、巨大なものも含め、リビア社会にあふれ、カダフィは(秘密警察さながらに)あらゆる場所にいてあらゆる事柄を見ているのだという印象を与えていた[45]。

――

カダフィ政権が二〇一一年に崩壊したころ、新たな権威主義的支配者たちがプロパガンダの歴史に自身の足跡を残していた。彼らは、集会と検閲と個人崇拝をソーシャルメディアと組み合わせ、自分たちが権力の座にとどまるために必要なニュースを作り出した。選挙を実施するということは、以前よりも検閲と情報操作に頼っているということだ。批判する者を黙らせ中傷するのはもちろん、それに加えてメディア空間を無意味な情報や紛らわしい情報で埋め尽くして、権力を脅かしかねないメッセージを押し流すのである。

　女性蔑視発言や人種差別発言をしてメディアの注目を汚職や無能からそらすというのは、一般的な戦術だ。二〇一九年にトランプは、故イライジャ・カミングズ下院議員（民主党、メリーランド州選出）が所属する、黒人が多数を占める選挙区を「ネズミがはびこる、ムカつくようなひどい場所」だと言ったが、それは、娘イヴァンカ・トランプと娘婿ジャレッド・クシュナーが国の業務に個人用のメールアカウントを使っていた問題についてカミングズが（下院監視・改革委員会の委員長として）進めている調査から世間の目をそらすのが目的だった。同年、ブラジルのメディア企業グローボのジャーナリストがボルソナーロ大統領に、息子フラヴィオに汚職の可能性があることについて尋ねると、ボルソナーロは質問した記者に向かって、おまえは「ひどく同性愛者的な顔」をしていると言った。そう言えば、家族の汚職ではなく、このコメントがニュースのトップ記事になると知っての発言だった。今日のストロングマンたちは、国民や報道機関が目の前の問題行為に夢中になっているあいだは政治活動に参加することも権力乱用を調査することもないことをよく知っている[46]。

　新たな権威主義者たちは、反対派のメディアをすべて禁じるのではなく、放送局の免許更新を拒否したり、メディアのオーナーに賄賂を贈るか裁判に訴えるか脅迫するかしたり、破産させるため広告のボイコットを呼びかけたり、敵対的買収を仕掛けたりする。二〇一八年に行なわれた壮観な集団跪拝で、オルバーンのハンガリーで活躍するメディア界の有力者たちは、五〇〇弱のメディア資産を政府系の財団に「寄付」した。その後、同年に行なわれた議会選挙では、アナリストのポリャーク・ガーボルいわく、オルバーン首相の意図したとおり「反対派の見解は有権者のかなりの部分に届くことさえできなかった」[47]。新たな権威主義者たちは、フェイスブックやツイッターなどのプラットフォームを使って、批判者を標的にし、ヘイトスピーチと陰謀説と嘘を広めている。今日のストロングマンたちは、旧来のトップダウン式の同期ではなく、増幅と浸透でメッセージを拡散させている。これには、報道機関に対する憎しみをあおることを意図したメッセージも含まれている。ジャーナリスト保護委員会によると、二〇一八年は世界中で「かつてないレベルの敵意がメディア関係者に向けられ」、ジャーナリストのうち殺害された者、投獄された者、および人質にされた者の人数は、いずれも記録を塗り替えた[48]。

―――

「ロシアには、テレビのチャンネルがふたつしかなかった」と、コメディアンのヤーコフ・スミルノフはソヴィエト支配の時代を振り返って語った。「チャンネル1はプロパガンダ。チャンネル2は、KGBの将校が出てきて、こう言うんだ。『すぐチャンネル1に戻りなさい』」。プーチンが権力の座に就いたのは、共産主義崩壊の一〇年後であり、そのメディア政策は旧来の方式と二一世紀型の方式をつなぐものだった。大統領就任後の早い段階で、オリガルヒが所有するテレビ・ネットワークNRTとORTを敵対的買収で手に入れたことにより、プーチンはニュースと政治放送の支配権を得た。二〇一二年以降の政治弾圧により、ロシアのメディアは親プーチン・反西側感情のメッセージ作成マシーンとなっている。汚職などタブーとなったテーマを報道した何十人ものジャーナリストはロシアの国内外で逮捕されたり殺されたりしている[49]。

共産主義の置き土産である妨害工作および情報操作のテクニックと、新世代の政治戦手法が、すべてロシア政府のプロパガンダ手段に組み込まれている。時がたつにつれ、プーチンは自分が有能だという幻想を支えるための偽情報がさらに必要になっている。サイバー・セキュリティーを公式の理論的根拠として進められているのが国営インターネット計画で、それは「要塞ロシア」への情報流入をコントロールするため、国内限定のルーティングおよびドメイン名システムを持つことになる。比較的若い世代のロシア人は、情報を得る場を国営テレビからオンライン・プラットフォームや独立系テレビであるNTVへ移しており、そのためロシア政府は、一〇〇か国以上で視聴可能なテレビ局RT（旧称ロシア・トゥデイ）に資金を投入している。RTは、ユーチューブ上で最も視聴されている世界的ニュースソースで、ロシア国内に住む人も大勢が見ている。RTの全世界での視聴者数は、二〇一五年から二〇一七年のあいだに三分の一増えたが、それでも二〇二〇年の時点でCNNとBBCからは大きく引き離されていた。アメリカでの視聴者数を拡大させてロシア政府のプロパガンダをアメリカ人に見せるため、RTアメリカはリック・サンチェスやスコッティ・ネル・ヒューズなどFOXニュースの人材を雇い入れた。二〇一七年にはディレクTVがRTを衛星放送ネットワーク・チャンネルに加えた[50]。

RTの拡大は、物理的な衝突よりも情報・外交・経済的な手段を好む政治戦をロシア政府が重視している事実の一面にすぎない。これは、特にプーチンの主要な敵であるアメリカの民主主義制度に対して成功を収めている。送電網への妨害や、二〇一六年に起こったアメリカ民主党全国大会のサーバーへの侵入事件などのサイバー攻撃は、優位を示すことを目的としている。対象がロシア人であれ外国人であれ、プーチンのプロパガンダはもうひとつの真実を作り出すことだけを目指しているのではない。偽情報によって混乱を生み出し、真実と虚構を区別する能力を弱めることも目指しているのだ。ムッソリーニの検閲官たちは新聞の見出しに疑問符を用いるのを禁じ、意味を固定していた。プーチンの工作員たちは、至る所に疑問符を付けまくっている[51]。

プーチンへの個人崇拝は、男らしさの顕示と強く結びついており、ソヴィエト式の厳格さと愛国心を、共産主義崩壊後の資本主義的蓄積への敬意と混ぜ合わせたものとなっている。プーチンの顔が、特別版であるゴールドのアップルウォッチから、寝具類やTシャツ、陶器類に至るまで、誰もが手の届く値段の多種多様な消費財に描かれている。ほかのストロングマンたちと同じく、プーチンは、世論調査員ユーリ・レヴァーダの言うように、「誰もが（中略）自分の見たいものと望んでいるものを見る鏡」であった。また、ロシア政府の承認を受けた年間カレンダーが発行されており、そのカレンダーでは、馬や重機にまたがるプーチン、花の香りを楽しむプーチン、教会で蠟燭に火をともすプーチンなど、誰もが「自分だけの」プーチンを見つけることができる[52]。

自分のイメージ拡散について「私に、これを積極的に止めることはできない」とプーチンは語っているが、それはカダフィと同様、嘘である。なぜなら、自分のカリカチュアをすぐに禁止してきたからだ。二〇一七年四月の時点で、漫画などプーチンを風刺したものには「過激派の資料」というレッテルを貼られる可能性がある。二〇一九年には、さらに広範囲な対策により、インターネット上で国家とその象徴、「社会」、または政府当局に「敬意を払わない」者は一五日間の拘禁刑を受けることになった。「すぐに私たちは当局についてのジョークをキッチンで小声で話すことになるだろう」と、モスクワの弁護士はフェイスブックに書き込んで、共産主義など権威主義体制下で暮らす人にはなじみの状況を説明している[53]。

―

「テレビに出なければ存在しないも同然だ」と、よくベルルスコーニは言っており、この方策を使って彼は二一世紀初頭のイタリアで誰よりもはっきりとした存在感を示していた。ベルルスコーニのメディア複合企業「メディアセット」は、国民の八七パーセントが二〇〇七年時点でテレビから情報を得ていた国において、放送視聴者の大多数を引きつけている民放テレビ網を所有していた。二〇一九年の画期的な研究によると、メディアセットのエンターテインメント・チャンネルを頻繁に視聴していると、市民活動への関与が減り、単純なポピュリズム的レトリックを好むようになることが分かった。これにより、一九九四年から二〇〇八年のあいだに行なわれた五回の選挙でベルルスコーニとその政党の得票数は約一〇パーセント増えた[54]。

二〇〇〇年代のベルルスコーニ政権時代、彼はテレビ・出版・広告の各事業を、家族や忠誠心の厚い人物を責任者に据えることでコントロールしていた。彼の持ち株会社で、メディアセット、出版会社モンダドーリ、および巨大広告企業プブリタリアの経営権を持つフィニンヴェストは、娘のマリーナ・ベルルスコーニが運営していた。また、エンターテインメント・テレビを支配していたため、時がたつにつれて彼は政界をはるかに超えてイタリア社会に影響を与えることができるようにもなった。例えば、新たな権威主義者の多くは、女性差別的な発言をしたり、出産を奨励する法律を成立させたりするが、ベルルスコーニも、長年自分のテレビ網の広告や番組で来る日も来る日も女性を物扱いしていた。さらに、娯楽番組の編成権を核とする新たな後援者ネットワークも作った。彼の番組に出演した女性の中には、国会議員となった者もいる。少数だが、ベルルスコーニの個人的な性的快楽の追求において斡旋者や参加者として関係する女性もいた――これも、男らしさとプロパガンダと腐敗行為が連携して機能している例である[55]。

独裁制以外では聞いたことのない一定のメディア支配を利用して、ベルルスコーニは新たな権威主義の時代に個人崇拝を持ち込んだ。彼の顔が公共スペースの至る所に掲示されたことで、イタリア人はベルルスコーニを実態よりも優れた人物だと思うようになった。ムッソリーニを思い起こさせるため「私たちにシルヴィオがいてよかった」などのスローガンを用いる（元のバージョンは「ムッソリーニでよかった」）一方、自らを平均的な男の象徴として見せた。「イタリア人は、私に自分自身を見いだしている。私は彼らのひとりだ。尊敬に値するイタリア人と同じく（中略）人生を愛し、楽しむことを愛し、（中略）何よりも美しい女性を愛する男だ」と、フォルツァ・イタリアの青年グループに語っている。イタリアは彼の図像だらけになり、そのため、二〇〇〇年代初頭に認知症を研究するイタリア人心理学者たちから聞き取り調査を受けたある女性は、家族の顔をもはや認識できなくなっていたが、ベルルスコーニの顔は——イエス・キリストとローマ教皇の顔とともに——分かっていた[56]。

ベルルスコーニは、ストロングマンが被害者意識を示すシナリオも、二一世紀向けにアップデートした。リベラル系や左派系の報道機関による嫌がらせの標的になっていると装いながら、自身のメディア帝国を使って、報道機関や司法機関の関係者を中傷・脅迫することを目的とした話を次々と流した。法的嫌がらせを用いて反対派メディアの資金を枯渇させ、批判者を解雇または黙らせるようにしたことから、アメリカのギャング、アル・カポネにちなんで「アル・タッポーネ」という通称も付けられた（イタリア語のタッパーレ（tappare）は、「詰める」「猿ぐつわをかませる」を意味する）。二〇〇〇年代前半には、ジャーナリストのエンツォ・ビアージとミケーレ・サントーロや、コメディアンのダニエレ・ルッタッツィとサビーナ・グッツァンティが標的とされた。彼らを「すべての人が料金を負担している公共テレビを犯罪に使用」したと非難することで、ベルルスコーニは国営放送Ｒａｉから解雇させた。この四人が誰もベルルスコーニの直接支配していた会社で働いていなかったという事実は、二一世紀型のストロングマンが自分の利益になる仕事をするのに衝突を嫌う企業体質を利用していることを示している。メディア企業は、参入権を失ったり費用のかかる訴訟手続きに入ったりするよりは少数の人間を犠牲にしようとする、強いインセンティブを持っているのである[57]。

――

「この連中から見聞きするたわ言を信じてはならない。あれはフェイクニュースだ。（中略）これだけは覚えておいてほしい。あなた方が見ているものや読んでいるものは、実際に起こっていることではないのだ」。そうトランプは二〇一八年にアメリカの退役軍人のグループに向かって断言し、ストロングマンたちが一〇〇年間続けてきた、自分にとって都合の悪い現実の信憑性を傷つけて否定しようとする試みを引き継いだ。平時におけるアメリカでの報道の自由は、ニクソンのウォーターゲート事件や、フセインは大量破壊兵器を隠し持っているというブッシュの主張など、大統領による虚偽や隠蔽はあったものの、他の国々と比較すれば、かなりしっかりと守られてきた[58]。

しかしトランプは、真実の意味を徹底的に破壊することに並々ならぬ努力を注いだという点で、民主主義国家アメリカの過去の元首たち全員からかけ離れている。ベルルスコーニやプーチンほどメディア支配力はないものの、トランプとその協力者たちは世論に影響を与えるために奮闘してきた。トランプは、嘘をひとつふたつ吐いたりはしない。そうではなく、どんなテーマであれ、自分の権力目標や利益目標の障害となる事実は、噂と当てこすりによって信憑性を落としたり、単純に改竄したり否定したりしている。彼が大統領として発言した虚偽のうち記録に残っているものの数は、二〇一七年には一日平均五・九個だったが、二〇一九年には一日平均二二個に増え、就任後三年間での総数は一万六二四一個である。これは、アメリカで前例のない偽情報の連続攻撃だ。マッケイ・コピンズが書いているように、アメリカ人はもう何年も「世界の扇動政治家やストロングマンを権力の座にとどめ続けてきたのと同じ情報戦の戦術」にさらされているのである[59]。

ベルルスコーニと同じく、トランプは自国の政治コミュニケーションの型を打ち破った。ベルルスコーニのチームが既存の企業とマスコミュニケーション・インフラを利用して有権者に接触しようとしたのに対し、トランプのデジタルメディア・ディレクターであるブラッド・パースケールは、eコマース（電子商取引）のモデルを採用した。二〇一六年の選挙でトランプ陣営は、フェイスブックに五九〇万件の広告を出した(それに対してクリントン陣営は六万六〇〇〇件だった)が、二〇二〇年大統領選挙の準備期間中には、この大規模作戦をさらに拡大させた。対立陣営のストラテジストはパースケールについて「彼はトランプを売り込んでいたが、そうでなければスニーカーを売り込んでいたかもしれない」と語り、指導者の権力を永続させることそのものが目的となったために価値観に基づく市民政治が弱体化していく様子を要約している[60]。

ベルルスコーニと同様、スキャンダルまみれのトランプにとって統治行為は自衛手段だった。彼は、リベラル派と左派に支配された主流の報道機関が自分を黙らせようとしていると主張しているが、実際には、例えば二〇一八年にCNNのジム・アコスタがホワイトハウスでの記者会見に参加する許可を一時的に停止されたように、批判者と見なしたジャーナリストを締め出そうとしてきた。二〇一七年には、元FBI長官ジェームズ・コミーに、記者を監禁できないかと尋ねている。二〇一八年には記者団に向かって「フェイクニュースは暴力を生み出している」と言い、報道機関に対して将来的に強硬手段を採ることを世論が支持するように仕向けた。二〇一九年までは、元国家安全保障問題担当大統領補佐官ジョン・ボルトンや、元国防長官ジェームズ・マティスも出席する会合で、ジャーナリストが取材源を明かすのを拒んだ場合は投獄するだけでなく物理的に抹消すべきだと、たびたび断言していた。「こういう連中は処刑すべきだ。あいつらは極悪人だ」というトランプの発言は、まるでムッソリーニからプーチンまでのストロングマンたちのようだった[61]。

トランプがメディアを中傷したことは、部分的に裏目に出た。アメリカの調査報道が復活し、業績不振に陥っていたニューヨーク・タイムズやワシントン・ポストなど「敵」メディアの記事がデジタル講読を増やしたのである。その一方で、非主流派や右派の報道機関が信頼を得るようになっている。二〇一九年のホワイトハウス・ソーシャルメディア・サミットには、ヘリテージ財団に所属する保守派だけでなく、プラガー・ユニバーシティや、極右の報道機関ブライトバート、Qアノン陰謀説などに関係のある個人も参加していた。トランプは、二一世紀型の偽情報を用いると同時に、過去の右派ストロングマンのやり方も受け継いでいる。彼の選挙運動は、かつてネオナチのウェブサイト「デイリー・ストーマー」に出ていたアフリカ系アメリカ人差別のインターネット・ミームをリツイートすることから始まった。二〇一六年七月にトランプは、対立候補クリントンの横に「史上最も腐敗した候補者！」と記されたダビデの星を貼り付けた画像（現在は削除済み）をツイートしたが、この画像は、もともと一週間前にネオナチのインターネット掲示板に掲載されたものだった。大統領就任後は、バノンやミラーなど、極右と深い関係を持つ人物をホワイトハウスに招き入れた。また二〇一五年以降、イギリス人過激派で、イスラーム教徒に対する「最終的解決」を要求するケイティ・ホプキンズに対して定期的にリツイートし、称賛している[62]。

ツイッターは、トランプにとってはファシストたちにとってのニュース映画と同じで、常に彼をニュースにし続ける、国民に直接つながるチャンネルだった。トランプのツイートは、専門家が共産主義時代のソ連政治研究者並みの努力で分析した結果によると、本物らしさを演出する平易な語彙とミススペルが特徴となっている。ツイートは、虚偽を広めるのに彼が好んで使うプロパガンダ手段であり、ツイートによって彼は国民の目を自分の腐敗や政策の失敗からそらすことができている。一瞬でインパクトを与えることを目的とし、全能になったような感覚を与えるツイッターは、衝動的で、人に注目されるのが好きなストロングマンにとっては理想的なツールだ。例えば二〇一九年三月のツイッターで、トランプはイスラエルのゴラン高原に対する主権主張を承認してアメリカ政府高官たちを驚かせたが、そうしたときのツイートの効果について、「ドーン。私が押せば、二秒後には『最新ニュースです』だ」と語っている[63]。

トランプには、それまでのストロングマンたちと違うところが一点だけある。世界情勢を知る情報源として、ほとんどもっぱらテレビに頼っていることだ。彼の日々の考えや気分は、ついさっき見ていたテレビ番組で言われていたことで決まっている。CNNやMSNBCなど、彼に批判的なテレビ局を視聴した後は、怒りと扇動に満ち満ちたツイートを次々と投稿する。対照的に、政策問題に関するツイートの多くは数秒前にFOXニュースで放送された考えを反映したものだ。一度ならず、トランプはジャーナリストをホワイトハウスに迎えるとき「ようこそスタジオへ！」と言ったことさえある。FOXの司会者ショーン・ハニティーは、ホワイトハウスの補佐官たちから「非公式な首席補佐官」と認められており、FOXはエグゼクティブ・プロデューサーとしてクレジットされるに値している[64]

［ツイッター社は、「暴力行為をさらに扇動する恐れがある」として二〇二一年一月八日にトランプの個人アカウントを永久凍結にしたが、二〇二二年一一月二〇日に凍結を解除した］。

第六章　男らしさ

「ドゥーチェ様、私は昨日、あなた様が私たちの都市を慌ただしく訪問なさっていたあいだに、あなた様のお姿を拝見しました」と、シエナのミケーラ・Cは一九二五年一二月に手紙に書いた。

私たちの目が合いました。私は、憧れや献身の気持ちをお話しし、私があなた様に抱いている想いを打ち明けました。（中略）あなた様がご訪問なさるまで、私は世界で一番不幸な女でした。冷たい夫との、ひどい結婚に縛られて。（中略）私は、愛を知ることは生涯ないのだろうと思っていました。でも今の私は、あなた様を愛していることを知っています。（中略）私が気を失う直前に向けてくださった熱のこもった視線から、私があなた様の心に触れたのだということが分かりました[1]。

記録に残る歴史資料からは、このミケーラ・Cが、ムッソリーニの支配した二〇年のあいだに、彼の性欲を充足させるための国家装置の一部になった数多くの女性のひとりだったかどうかは分からない。若い女性やそうでない女性、裕福な女性や貧しい女性など、彼女たちはみな集会やイベント、あるいは彼に宛てて書いた手紙で、ムッソリーニに知られるようになっていた。ミケーラがそうだったかは分からないが、毎週五人から二〇人の異なる女性たちがムッソリーニと会える招待状を受け取り、官邸であるヴェネツィア宮殿で私室へ通じる階段を上っていた。彼女たちが現れると、一五分後——彼が好んだ「短時間の暴力的な」出会いに要する時間——にはムッソリーニの警備組織にとって要注意人物となった。彼のフィクサーと秘密警察は、いつでも妊娠中絶を強要したり、口止め料を支払ったり、女性の恋人や夫を苦しめたりできるよう、常に待機していた。ひとつ確実だったのは、ムッソリーニがひとたび人生と膣に入ってきたら二度と逃れられないということだった[2]。

ストロングマンは、支配対象となる人間がいなければ、ただの人だ。ストロングマンには、偉大な国家を目指すプロジェクトをカメラの前で称賛してくれる群衆が必要であり、資金ばかりかかる大事業や自分の個人銀行口座のため金を出してくれる納税者が必要であり、彼の戦争を戦ってくれる兵士が必要であり、そして何より、子供を産んでくれる母親たちが必要である。ムッソリーニら指導者たちが自分の性欲を満足させるために女性を調達するシステムは、こうしたコンテキストで考えるとよいだろう。ストロングマンの性生活は私事などではなく、腐敗行為とプロパガンダと暴力と男らしさがどのように連携して機能し、個人主義的な支配者たちが自身の欲望を満たすため国家の資源をどのように利用するかを明らかにするものだ。カダフィは、この活動を専門とする官僚組織を構築したという点で特異な存在だが、彼やムッソリーニのように支配者がセックス依存症の場合は、統治活動から時間とエネルギーが必ず奪われる――このふたりのケースだと、日に数時間が費やされた。

ストロングマンの多くは自分の性的能力を自慢する。胸をはだけた写真が、ムッソリーニとプーチンの体力と性交能力を誇示している。カダフィとベルルスコーニとトランプは、好ましい女性を意のままにできることを自慢しており、カダフィは魅力的な女性を護衛や看護師として周りに置き、ベルルスコーニとトランプは元モデルや美人コンテスト優勝者を侍らせた。自分の精力絶倫ぶりを吹聴する者もいる。ドゥテルテは「私は一度に四人の女性を愛せる」と言っているし、ベルルスコーニは「三時間眠れば、それから三時間セックスできるだけのエネルギーが復活する」と言っている。ムッソリーニに散々裏切られた愛人マルゲリータ・サルファッティは、伝記『ドゥクス Dux』の最後で「男性らしいエゴイストとして、彼は女性を快楽のために作られた美しいものとしか見ていない」と回想した。本書で取り上げた指導者たちは、大半がこの言葉が当てはまるし、そのことを彼らは自慢するだろう[3]。

権威主義者は、個人崇拝によって凡人と超人の理想的な融合として姿を示しており、それを見た一般人は、自分たちの逸脱行為にあまり罪悪感を抱かなくなる。一般人にしてみれば、指導者たちは未成年の女性が参加するセックス・パーティーを開いたり（ベルルスコーニ）、ポルノ女優にスパンキングしてもらったり（トランプ）、妻の双子の姉妹を愛人にしたり（モブツ）しているのだから、それに比べれば自分たちのやっていることは、それほど悪いものではないだろうと考えるのだ。こうした指導者たちが多くの人に魅力的に映るのは、ベッドルームであれ政界であれ、一般人ならただでは済まされないことでも、何の罰も受けずにやりおおせるだけの権力を持っているからだ[4]。

女性の経済的・政治的地位が向上した時代の後に支持を得たストロングマンは、社会規範が変化して家父長制と男性の「自然な」欲望の充足を脅かす流れを逆転させようとする。ナチズムのイデオローグだったアルフレート・ローゼンベルクが一九三〇年に「女性解放運動からの女性の解放」を訴えたのは、その典型例だ。また、二〇〇九年にベルルスコーニが「レイプを防止するために大軍を展開させることはできない。イタリア美人と同じ数だけの兵士を通りに配置しなくてはならなくなるから」と言って、イタリア人女性たちに国家は彼女たちを性的暴行から守ることはできないと警告し、魅力的な女性が襲われるのは当然だと言外にほのめかしたのも、同様である[5]。この一〇〇年間、女性は検察官、ジャーナリスト、政敵と並んでストロングマンの敵だった。彼が取る男性優位の姿勢は、単なる見せかけの態度ではなく、政治的正当化の戦略であり、権威主義的支配の重要な構成要素である。

その好例がプーチンだ。彼の肉体誇示は、世界におけるロシアの誇りと拡張権の守護者という彼のアイデンティティーにとって不可欠な要素となっている。ロシア政府は、マッチョ姿のプーチンの画像をいくつも公表している。二〇〇七年に南シベリアでの休暇中に釣りをする姿を撮影した写真も、そのひとつだ。さらにロシア政府は、プーチンの権力が脅かされそうなときには、いかにも男らしい男というイメージを広めてメッセージを送っている。二〇一九年八月、何万人ものロシア人が街頭でデモ活動をしていたときに黒のレザージャケットを着てオートバイ乗りたちとポーズを取ったのは、その一例である[6]。

ストロングマン・タイプの支配者は、互いに対しても自分の男らしさを誇示する。会合やサミットなど、何百万もの人々が注目しそうな公開イベントは、理想的な機会だ。男性誇示は、彼らが進めるメディア化された政治で大きな特徴となっている。ヒトラーは、一九三四年にムッソリーニとの初の直接会談を準備中、アメリカ人ジャーナリストに自分は「男どうしの外交」が好きだと言って状況をさらにあおった。プーチンとベルルスコーニの男どうしの友情は本物だったが、プーチンは相手を引きつける術の訓練を受けており、例えば二〇一七年六月にサンクトペテルブルクでモディとカメラの前で手を取って歩いたように、男の友情を装う方法を知っている。トランプは、二〇一九年にホワイトハウスでオルバーンと座って親密になったが、そのときのふたりのいかつい顔と太った体は、同種の残忍な力を発していた。「私たちは双子のようだ」と、トランプは大声で言っていた[7]。

指導者が決めた方向性に従って、政府は人口とイデオロギーについて指導者の目標に合致する

ヘムチク川で釣りをするプーチン。2007年。
SOVFOTO / UIG / AGEFOTOSTOCK

男性らしさのモデルを広めていく。大半の国では、そうしたモデルは、広告で示されたりアメリカなど他の外国の映画やテレビで提示されたりするジェンダー・ロールの見方と競合する。しかし、権威主義体制下で育った者たちは、指導者が示す男性らしさのモデルが容易に内在化されうることを証明している。ムッソリーニの支配下で成人したイタリア人作家イタロ・カルヴィーノは、同世代の者たちが「壁に貼られているのに気がつくほど熟知する以前からムッソリーニの肖像画を心の中で持ち歩き」始めていたと回想している[8]。

モブツの事例は、指導者の女性蔑視的傾向が女性への搾取と貧困を助長する社会的慣習へと変換されうることを示している。彼が定めた一九八七年の家族法には女性を守る条項があり、例えば女性に夫の財産を相続する権利を認めている。しかし現実には、男性は家族を捨てた後であっても妻の財産を請求することができた。当時のザイール人女性マフィキ・ヤヴ・マリーは、夫が子供一〇人を残して出ていったのに彼女の購入した家を奪おうとしている現状について、「私たちは尊厳を失いました。社会での地位を失ったのです」と語った[9]。

モブツ自身は子供が二〇人ほどいたのに加え、人数は不明だが認知していない子も数多くおり、そのうち何人かは部下である役人の妻とのあいだにできた子らしい。モブツ政権の元大臣は、「彼は、周囲にいる男たちを支配する道具としてセックスを利用している。現金かメルセデス・ベンツをもらう代わりに、彼に妻を連れていかれ、彼のために働くのだ」と語っている。ストロングマンの世界では、これはほかと同じように成立した取引にすぎない。独裁者に求められた女性の縁者が身の危険にさらされる場合もある。フセインは、数十年来の愛人パリソウラ・ランプソスの夫を投獄し、フセインの息子のひとりはランプソスの娘をレイプしたと伝えられている。こうした指導者たちによる女性従属計画を支持する多くの男たちは、その最終目的が自分たちに屈辱を与えることでもあったと知ることになるが、気づいたときにはもはや後の祭りである[10]。

ストロングマンは、国家の資源から自分の個人的利益となる現金を生成する方法を見つけるだけでなく、セックスのために女性を調達する手段も確保している。ピノチェトは、伝統的な出会いの手段で満足していた。彼が一緒に時間を過ごした女性ジャーナリストの中には、元閣僚のひとりいわく「インタビューしに来たが何も発表しなかった」者がいたし、エクアドル人ピアニストのピエダード・ノエとは数十年にわたって関係を続けていた。これをきっかけにピノチェト夫人ルシア・イリアルトは、友人で秘密警察ＤＩＮＡの長官マヌエル・コントレラスとともに品行方正化運動を開始して、不倫しているほかの将校たちを全員罰した。ピノチェトと、自身も不倫関係を一五年間続けていたコントレラスだけは、罰せられなかった[11]。ムッソリーニとカダフィの場合は、彼らのエゴと性欲のため、秘密警察など政府職員が関与する、より大規模な作戦が実施された。ベルルスコーニは、美人コンテストとテレビ番組というビジネス界でのネットワークを使って、性欲を満足させた後で金を払ったり必要なら脅したりできる女性を調達していたし、同じようなことをトランプも大統領就任以前に行なっていた。

ストロングマンたちがこのような女性蔑視の化け物だとしたら、そうしたストロングマンを愛する女性がいるのはなぜだろうか？　一部には、ストロングマンが提供する社会福祉の恩恵に感謝し、国民共同体に組み込まれることに高揚感を覚える女性もいる。ともかく、肌の色と民族と宗教が正しい者たちは、敵対する女性および男性よりも高い地位にいる。二一世紀の指導者たちは、女性を権威ある地位に就けることで女性有権者の支持を集めている。プーチンの元妻リュドミラ・プーチナは、プーチンが「女性にまともにとりあわない。いくらか軽蔑して接している」と思っていたが（ふたりは二〇一三年に離婚した）、プーチンは保守派女性に権力のある地位を与えている。ロシア下院で女性議員の占める割合は、二〇〇三年が九・八パーセントだったが、二〇一六年には一四・六パーセントに上昇している。ワレンチナ・マトヴィエンコは二〇一一年からロシア上院の議長を、エリヴィラ・ナビウリナは二〇一三年以降ロシア銀行の総裁を、それぞれ務めている。現代のストロングマンは、自分のために働いている限り、女性が権力のある地位にいても容認することができる[12]。

同等の権威を持った女性が現れると話が違ってくる。そのいい例がアンゲラ・メルケルだ。ベルルスコーニはメルケルを侮辱しようとして、彼女が立ったまま待っている目の前で長々と電話で話し続け、伝えられるところによると、彼女のことを「一発ヤル気も起きないデブ」と言ったという。トランプは彼女との握手を拒み、プーチンは会う前に何時間も待たせ、犬への恐怖心をかき立てるため彼女のそばで飼い犬を放した。この最後のエピソードについて、メルケルはこう言っている。「私は、彼がそうしなければならない理由を理解しています。自分が男であることを証明するためです。彼は自分自身の弱さを恐れているのです。ロシアには何もありません。政治も経済もうまくいっていません。あるのは、これだけです」[13]。

ストロングマンは、国家のためすべてを危険にさらしながら弱点を示してみせることで女性と男性に慕われることがある。また、国民の希望と悲しみを背負いながら感情を芝居がかった風に示すことにも、同じ効果がある。カダフィは、自分の気持ちを着る物ではっきりと表していた。彼の豪華な服装は、彼が尊敬している人々のイメージを示していたからだ。また、肉体的に弱っているときにその姿を大衆に知らせることで親近感を抱かせることもある。特に、それが敵による攻撃と関係している場合は、そうだ。ボルソナーロは、二〇一八年の大統領選挙運動中に暗殺未遂に遭って刺され、その後遺症のひとつとして二〇一九年二月に肺炎になった。彼は病院のベッドから入院着でモニターにつながれた姿でビデオメッセージを録画し、その結果、レイプを冗談のネタにしたり拷問する者を賛美したりすることで知られた男は共感できる一面を見せた。以前はテレビのリアリティー番組の人気司会者だったトランプは、群衆を喜ばせる感情を装うのがうまかった。普通、大統領は国旗に敬礼するが、トランプはそれだけでなく、例えば二〇二〇年二月の保守政治活動会議でやったように、勝手気ままに国旗にハグしてキスをしている。支持者であれ北朝鮮の独裁者・金正恩であれ、相手から愛されたいし相手を愛したいというトランプの話は、人々の心に訴えている。「彼は感情豊かな男だ。情熱的だ」と、二〇一九年七月にノースカロライナ州グリーンヴィルで人種差別的なシュプレヒコールが叫ばれた集会に参加したトランプ支持の男性は語っている[14]。

この一〇〇年間に研究者たちは、ストロングマン

国旗をハグするドナルド・トランプ。2020 年 2 月。
RON SACHS / CONSOLIDATED NEWS PHOTO / AGEFOTOSTOCK

的支配者の男性的な側面と女性的な側面の両方を目にしてきた。男性誇示の規範に従う行動がある一方で、勇気と自制心を混ぜ合わせた男らしい男についての古典的概念とはあまり合致しない行動がある。こうした男たちは、被害者として振る舞い、虚栄心を持ち、際限なく注目を求め、衝動的に振る舞うなど、非常に我が儘である（「我が儘」は、普通は要求の多い女性に使われる言葉だ）。不機嫌なストロングマンほど怒り狂う者はいない――軽視や批判の対象になっていると感じるとき、あるいは、民主主義がまだ機能している場合は、思いどおりにならないときに、常に彼は激怒する。

ストロングマンの複雑な男性らしさは、彼が持つカリスマと、あらゆる種類の性的エネルギーを刺激する能力の一部となっている。男も女も彼の特別な肉体に近づきたいと思っている。青年期にイタリア・ファシズムを支持していたインドロ・モンタネッリは、一九三六年に次のような空想をした。「ムッソリーニに見つめられると、彼の目の前で裸にならずにいられない。だが、彼も私たちの前で裸になっている。（中略）私たちは衣服を脱いで、並はずれた人間性で震え鼓動するこの男の比類なき本質を求めようとする」[15]。

――

もしもモンタネッリが女性だったら、ムッソリーニの鼓動をおそらく実際に感じていただろうが、この指導者の人間性の証拠を見たかどうかは疑わしい。ムッソリーニは、私室に連れてきた女性をもてあそぶと、すぐに追い出した。女性に屈辱を与えて暴力を振るい、自分ただひとりだけが好きなだけ何人もの女性とセックスできるのだから自分は強いのだという気分になることは、性欲を満たすことと並んで、こうした出会いの重要な目的だった。彼の衝動的な女性征服は、イタリア・ファシズム体制下で女性は従属的な役割を担うべきという信念を行動に表した結果だった。一九三二年にドイツ人ジャーナリスト、エーミール・ルートヴィヒとのインタビューで、彼は自分をフェミニズムの敵だと宣言した。「もちろん私は女性に奴隷になってほしいわけではないが、もしも私が女性に投票権を与えると提案すれば、笑われることになるだろう。女性は政治活動に参加してはならないのだ」[16]。

ムッソリーニは、いつも華やかな性生活を送っていた。例えば第一次世界大戦前には、後に二度目の妻となるラケーレ・グイーディと(一九一〇年の時点で)同棲しつつ、後に最初の妻となるイーダ・ダルセルと交際していた。さらに、マルゲリータ・サルファッティと過ごしたり、アナーキストのレダ・ラファネッリを誘ったりする一方で、何人もの女性と火遊びを楽しんでいた。権力の座に就いたことで、女性の管理は彼にとって容易になり、女性たちにとっては危険になった。その例が、ビアンカ・チェッカートとダルセルだ。チェッカートは、一九一八年、ムッソリーニの新聞イル・ポポロ・ディタリアで彼の秘書を務めていた。ムッソリーニとの関係は、何度もセックスを強要され、一九二〇年に息子を産む前に一度、妊娠中絶を強制されるというものだった。ムッソリーニが一九二二年に首相になると、彼の命を受けた秘密警察が彼女を尾行し、彼女のアパートを破壊してふたりの関係を示す痕跡をすべて消し去り、口止め料を払い、彼女が新しい恋人と結婚したいと思ったときには息子を取り上げるといって脅した。ダルセルは、一九一五年にムッソリーニとのあいだにもうけた息子ベニート・アルビーノについて口を閉ざそうとはしなかった。最終的に、彼女は精神科病院に監禁された。ベニート・アルビーノも監禁され、ムッソリーニの命令で一九四二年に毒物を注射されて殺された[17]。

権力の座に就いて最初の数年、ムッソリーニは、妻ラケーレがまだロマーニャ地方で暮らしていたので、ローマのラゼッラ通りにあるアパートを、女性を連れ込む部屋にした。ハウスキーパーのチェージラ・カロッチがセックスの相手を用意したが、ときには自分が彼の相手をすることもあった。ムッソリーニの弟アルナルドが、中絶の費用と、婚外子の扶養費と、口止め料を支払った。一九二九年、ムッソリーニがヴァチカンと講和し、ラケーレと子供たちがローマのヴィッラ・トルロニアに移り住むと、彼は個人崇拝の新たなテーマとして「家族的な男」を掲げ、性生活の場をヴェネツィア宮殿の執務室に移した。一九三一年にアルナルドが死んだ後は、国家警察長官で秘密警察ＯＶＲＡのトップであるアルトゥーロ・ボッキーニが主要な協力者になった。ボッキーニの部下たちはムッソリーニの個人秘書たちと協力して候補となる女性を調査・追跡し、性交後の罰や支払いを手配した[18]。

警察の資料、日記、ムッソリーニの側近や最後の主要な愛人クラーラ・ペタッチの証言などから、彼は権力の座にいた二三年のあいだに毎日最大四人の異なる女性と婚外交渉していたことが分かっている。彼の性生活は、ピラミッドで考えるとよく分かる。妻のラケーレがトップにいて、次に主要な愛人であるサルファッティとペタッチが位置し、その下に彼が月に一度か二度会う十数人のレギュラー・パートナーがいた。女性とのあいだに子供が生まれた場合は、関係が数十年続くこともあった。アリーチェ・デ・フォンセカ・パッロテッリは、一九二二年にムッソリーニと出会い、一九三〇年代に彼とのあいだに子供をふたりもうけた。ムッソリーニは、彼女に毎月手当を支払い、ビジネスマンである彼女の夫の昇給を手配し、彼女の五〇歳の誕生日には車を買い与えた。レギュラー・パートナーの下には十数人のセミレギュラー・パートナーがおり、底辺には彼が呼びつけてセックスした後で監視下に置いた何千人もの女性がいた。この全活動から、ムッソリーニの認知されていない子供が大勢生まれたと考えられ、数は分からないが多くの夫が知らず知らずのうちにムッソリーニの子供を自分の子として育てていたかもしれない[19]。

権威主義的支配は、人々のあいだの信用と信頼をむしばんでいく。そのため、ムッソリーニとペタッチが愛人関係を続けた九年間（一九三六～一九四五）に互いをスパイしていたのは当然のことだった。ムッソリーニは毎日数時間を、この三〇歳近く年下の野心あふれる女優に費やし、毎日十数回電話して連絡を取っていた。

また、彼女の手紙や、電話の会話を文章に起こしたもの、彼女の所在に関する警察の報告書などを読んでもいた。一方、人脈が広く、父親が教皇ピウス一一世の医師であったペタッチの方も、ムッソリーニとの会話を記録に残し、彼をスパイし、ライバルを排除するため彼のスタッフとの関係を深めた。例えばフランス人ジャーナリストのマグダ・フォンタンジュを解雇させ、イタリアから国外退去処分にさせている。それでもペタッチは、歴史学者ミンモ・フランツィネッリいわく、ムッソリーニが夢想する「自分の生活を犠牲にして彼に完全に尽くし、彼が政治の場で感じていたのと同じ、他者の人生を支配するという満足感を与えてくれる」女性を現実にした存在だった[20]。

ファシズムの女性蔑視的な男らしさ崇拝は、イタリア未来派を含む文化的母体から生まれたものだ。イタリア未来派とは前衛的な文化集団で、一九〇九年の未来派宣言では、「女性への軽蔑」が現代の戒律とされていた。第一次世界大戦中に女性が獲得した自立的な生き方は、男性の権威を復活させたいという願望をあおった[21]。黒シャツ隊員たちが女性をレイプし、同性愛者を公共の場で侮辱したことで、政権が性行動を監視するのに男らしさ崇拝を利用する下地ができた。伝統文化が持つ性差別を基盤とする、イタリア・ファシズムの制度化された無法行為により、独裁政権は女性を蔑視する者たちが好き勝手できる場になった。ファシズム反対を唱えたナポリ出身のジョルジョ・アメンドーラは、女性との「相互に尊敬し合う関係における性的解放」という概念を、パリへ亡命するまでまったく知らなかったと告白している[22]。

ニュース映画、ポスター、写真などに登場するムッソリーニの超男性的な仮面は、イタリア・ファシズム社会が推奨する好戦的な男らしさを形成した。イタリア・ファシズムの映画産業は、それを大衆向けのドラマに変えた。人気俳優フォスコ・ジャケッティは、アウグスト・ジェニーナが監督した一九三六年の植民地映画「リビア白騎隊」で好戦的な指揮官を演じるため、ムッソリーニの身振りと話し方を真似た。映画以外でもムッソリーニを真似する者は多く、例えばムッソリーニの娘婿ガレッツォ・チャーノはあだ名を「顎」と言ったが、それはラウラ・フェルミいわく「ムッソリーニが顎を突き出すと、チャーノは自分の顎をそれよりさらに一センチ前に突き出した」からだった。スポーツ複合施設フォロ・ムッソリーニ（現フォロ・イタリコ）には、国家によって美化された活気あふれる男らしさの証拠として、筋骨隆々の人物像がいくつも今も立っている。レナート・ベルテッリが一九三三年に制作したムッソリーニの横顔の彫刻もそうした証拠のひとつで、この作品はペニスの先端と似ている。この彫刻は非常に人気が高く、そこでベルテッリはコーヒーテーブルに飾れる大きさのミニチュア版を販売した[23]。ムッソリーニの生活で緊張を和らげ、キャリアを進め、自尊心を満足させる手段として女性が占めていた地位を考えると、彼を男根として表現するのは敬意を表す行為として適切なものだった。

ヒトラーは、ムッソリーニと同じく気まぐれで、周囲の男女を支配したがっていた。ムッソリーニが身体的・性的暴行に頼っていたのに対し、ヒトラーの場合は、相手を怖がらせるほど感情の

高ぶりを示し、言葉で屈服させることが、対人関係での攻撃の主要な武器だった。「一八歳の少女は蠟のように柔軟だ。男性は、すべての少女に自分の印を残すことができなくてはならない。それこそすべての女性が望んでいることだ」とヒトラーは語っており、彼が若い女性を好む傾向は、周囲の者たちを自分のイメージどおりに育て上げたいという強い欲望を反映していた[24]。

ヒトラーと時間をともに過ごした女性たちは、それが権力掌握の前であれ後であれ、彼の演説で示された感情の高ぶりは見せかけではないことを知っていた。ゲッベルスのほかアルフレート・ツァイスラーなどの映画監督によって集められた女優やコーラスガールたちは、ヒトラーの私室で独白を聞かされた。義理の姪ゲリ・ラウバルは、一九三一年にヒトラーの拳銃を使って二三歳で自殺するまで、二年間をミュンヘンにあるヒトラーのアパートの一室で暮らしていたが、その二年間はほぼ囚人状態だった。彼の恋人エヴァ・ブラウンも一九三二年に拳銃自殺を図り、一九三五年には睡眠薬を使って二度目の自殺未遂を起こし、その一〇年後に総統地下壕でヒトラーとともに青酸カリを飲んで自殺した[25]。

一九三〇年代以降、ヒトラーの性生活についての議論は、「男らしさの規範」からどの程度離れていたかに集中しており、彼が女性との肉体的接触を比較的抑制している点は、しばしば男らしさが欠けている証拠と見なされてきた。ドイツの左派は、初期のナチズムにＳＡの指導者エルンスト・レームなど同性愛者が多くいたことを、ナチズムを中傷するのに利用し、ヒトラーを性的倒錯者と見なしていた。一九五〇年にテオドール・アドルノと心理学者の一団が出版した『権威主義的パーソナリティ』は、この論法を維持している。ワイマール時代のベルリンが同性愛者たちの安息地であり、ゲイとレズビアンのクラブやバーが推定で八〇～一〇〇軒あったことを考えれば、ナチズムが当初メンバー内の非標準的な性行動を容認していたことは驚くに当たらない。ロバート・ビーチーが書いているように、ナチ党員でゲイだった者の多くは、ナチズム内で顕著だった「男性優位のイデオロギーによって成り立つ同性愛であるため正しい判断ができず」、ナチズムの生物学的人種差別の矛先が自分たちに向くとは思っていなかった[26]。

ヒトラーは実はゲイだったと主張する人々は、さまざまな証拠を並べ立てている。彼は、自殺する直前まで結婚しなかった。若いときは、細菌や病気を恐れていたこともあり、売春宿や行きずりの情事を避けていた。さらに、彼の住宅のうち何軒かではベッドの上に死んだ母の写真を常に掲げていた。ヒトラーの男としての振る舞い方から一部の評論家は、「両性愛者」あるいは戦後のタブロイド紙が報じた「両性具有者」という意味で、彼を「男性かつ女性」だったと結論づけた。後の副総統ルドルフ・ヘスは、ヒトラーがナチ党の指導者として男と女から献身を得るのに役立った相反する資質を捉えて「外面的には非常に厳しいが、内面はいじらしいほど柔らかい」と記している。公衆の面前では常に服を着ていたが、ヒトラーは演説後いつも汗まみれになり、その姿を見た者に、性交渉をしてきたばかりのような印象を与えた。「ときに［彼の言葉は］心から引きちぎられて出てきて、名状しがたい苦悶を引き起こしているように思える」と、作家マイケル・フライは驚嘆している[27]。

長期にわたったヒトラーとエヴァ・ブラウンとの関係（一九三二～一九四五）に性的欲望があまり見られなかったのは、問題があったからというより、自分はドイツにのみ身を捧げていると国民から見られたいというヒトラーの思いがあったためのようだ。一九三五年に自殺未遂を起こす二か月前に、ブラウンは日記に「彼は特定の目的のために私を必要としているにすぎない」と不満を記している。彼女は、ヒトラーのベルクホーフ山荘に集まる腹心たちのあいだでは社会的影響力を持っていたが、公的行事への出席は止められていた。接待の場ではゲッベルスの妻マグダがファーストレディーの役割を担い、ブラウンも、彼女のために有名デザイナーが手がけた服も、人前に出ることはなかった。ヒトラーが演説の最中は確かにどこまでも聴衆のものだったように、ヒトラー崇拝は、彼によって意志を体現されている国民にとってヒトラーは完全に手の届く存在だというフィクションに基づいていた[28]。

他の男たちと深い絆を結べるヒトラーの能力が彼のキャリアを形作ったのは間違いない。彼の感情の高ぶりは、人種差別を是とする主張とともに、初期のころからゲッベルスなど多くの幹部クラスの協力者を引き寄せ、数十年にわたって親密な関係を維持させてきた。「私は、自分がヒトラーに愛されている理由を知っている。（中略）私はヒトラーの虚栄心に強く訴えている。しかし、それ以上の理由がある。それは私の秘密であり、ヒトラーの秘密でもある。私は、自分の感じるエクスタシーを、恍惚を、感情の絶頂を言い表すことができない」と、ナチ党の高官で、ヒトラーの個人弁護士として一九二〇年代後半から一九四五年まで仕えたハンス・フランクは書き残している[29]。結局、イタリアでの場合と同じく、男性も女性も指導者の意志に従わなくてはならず、その指導者の最大の快楽が周囲の人間全員を支配し、強い影響を与えていた——そうした力は、軍事クーデターの時代以降も続いていった。

―

「今日は（中略）ハーレムと奴隷の時代の終わりの始まりである」。一九八一年九月、カダフィはリビアの新たな女子士官学校の第一期卒業生を紹介しながら、そう高らかに宣言した。彼が支援していた女性解放運動は、「宮殿であれ市場であれ、囚人となっている女性に、束縛する者、搾取する者、迫害する者たちに対して反抗するよう促してアラブ地域全体を揺るがす爆弾」となる。その後、リビアの宮殿のような施設バーブ・アル＝アズィーズィーヤで、彼は自分の囚人のうち誰をレイプし虐待するかを決めることになる[30]。

一九六九年九月のカダフィによるクーデターで、リビア人女性は以前よりはるかに自立した立場を手にした。男性と女性に対等な法的地位を与え、教育を通して女性に新たな地平を広げ、女性の自主性をある程度推進した。社会主義ジャマーヒリーヤ（「大衆の国家」）［カダフィが提唱したリビアの国家体制］の女性連盟ではフェミニズム・グループが盛んに活動していた。カダフィは、こうした革命的な政策で表向きは名声を獲得する一方、裏では個人的満足のため女性を調達・監禁するシステムを作り上げた。多くの権威主義国家では、女性を動員することと女性の権利を制限することのあいだで矛盾が生じるが、カダフィの場合、そうした矛盾は拡大され、女性を隷属させたいという衝動は極限まで押し進められた[31]。

「彼が少なくとも一度は肉体関係を持ちたいと思わなかった女性はいたのだろうか?」と、ソラヤという女性は半ば反語的に問うている。一五歳だった二〇〇四年に治安部隊に誘拐されたソラヤは、監禁されて数年を過ごした。バーブ・アル゠アズィーズィーヤに連れてこられた時点で、カダフィの儀典局は活動を始めて数十年になっていた。「奉仕団」が相手にする男性パートナーは、たいていはカダフィの護衛か、男性の招待客か、軍の高官だった。レイプは通常、バーブ・アル゠アズィーズィーヤの地下室で行なわれた。そこには医療設備があり、カダフィはヒトラーと同じく病気を恐れていたため、新たにやってきた女性たちに対してウクライナ人の看護師たちが血液検査と妊婦健診を行なった。また、尿かけプレー用のジャクージ付きバスルームと、カダフィのセックス用個室と、囚人を閉じ込めて外界の感覚をすべて失わせるため日夜照明を点灯させたままにしてある部屋もあった。激しい性交は数時間に及ぶこともあり、そうしたときカダフィはバイアグラをキャンディーのように口にし、たいていは酒に酔い、ハッシッシかコカインでハイになっていた[32]。

カダフィは犠牲者たちを最大限に利用した。自宅で客をもてなすときや、妻のサフィーア・ファルカーシュがバーブ・アル゠アズィーズィーヤ内にある自分の屋敷からやってきたときには、犠牲者たちに護衛、家政婦、給仕として働くよう強制した。カダフィが海外へ行くときは、本物の女性兵士に交じってボディーガードも務めた。外国人ジャーナリストの中には、カダフィの男らしさ崇拝の術中にはまり、これら制服を着た美女たちについてコメントした者たちがいたが、彼らは裏で何が起こっているのか知らなかったに違いない。レイプは、外国で所有している宿泊施設や、砂漠への小旅行で使うキャンピングカーでも続いていた。

アメリカのコンドリーザ・ライス国務長官が二〇〇八年にカダフィを訪問したとき、彼はライスに自分のプライベート・キッチンで食事をするよう求めた。カダフィは彼女を題材にして制作したビデオテープを見せた——彼がライスのために作らせた歌「ホワイトハウスの黒い花」に合わせて、彼女とプーチンら他の男性指導者たちの写真を合成したビデオだ。ライスは、このとき会った給仕の女性や護衛の男性が階下で別の仕事をしていることを知らなかった。しかし、カダフィの妻の通訳として外国人招待客のディナーに同席していたL・Sは、皿を下げてくれる女性たちについて何かを察し「血の凍る思いがした」と語っている[33]。

ムッソリーニのイタリアと同じく、秘密警察と官僚たちが性欲旺盛な指導者に女性たちを連行する仕事を担当した。しかし、カダフィはムッソリーニの上を行き、女性たちを監禁し続けた。ヌーリー・アル＝ミスマーリ将軍は儀典局のトップとして働き、「売春婦将軍」とあだ名された。彼が連れてきた女性の中には、わずか一三歳の少女さえいた。それ以外には、訪問中の外国人実業家や外国人政治家の妻や、閣僚や将軍の妻もいたかもしれない。さらにアル＝ミスマーリは、カダフィのフィクサーとして、政権の実態を海外に暴露しそうな犠牲者への支払い（「投資協定」として請求されることがあった）や、性的虐待に加わりたがらなくなった女性採用官や護衛への罰を手配した。カダフィのシステムに女性の担当者が多くいたことは、女性解放に対するストロングマンの逆説的な見方を示す、もうひとつの実例となっている。女性は、指導者とその側近たちが他の女性をもっと容易に傷つけられるようにすることで出世していくのである[34]。

カダフィの誘拐・性暴力システムは、市場や学校、街頭などで魅力的な少女を探し、調査のため候補者の写真を撮影するスカウトたち（革命防衛隊の隊員が務めることが多い）に依存していた。親たちの中には娘を隠す者もいたが、スカウトたちは自家用車や店で見かけると翌日にやってきて娘を連れていった。カダフィに拒否されて家に戻ってきた女性たちは、例えばL・Sの親戚で二週間行方不明になっていた女性のように、頭にスカーフをかぶることがあった（当時のリビアでは比較的まれな習慣だった）が、それでも近所の人や敬虔な親戚からは避けられていた[35]。

カダフィは、犠牲者を自ら直接選ぶのを好んだ。学校や大学での行事や政治集会には、略奪の機会という裏の目的があった。トリポリ大学は特に好まれた猟場で、カダフィはその場で性欲を満たせるようキャンパスに自宅のセックス用地下室のレプリカを作らせていた。男子学生の処刑を記念する恐ろしい「休日」四月七日が、カダフィが新たな監禁者グループを選ぶ日だった。カダフィが対象者の頭を軽くなでることが、治安組織に介入を伝えるシグナルとなる。そうした行事で学校側から選ばれてカダフィに花束を渡すことになったソラヤは、自分がなでられたのが分かった。「そこで私の人生は終わりました」。何度も殴られ暴行されて、八年後には「もう私は単なる物体、穴になっていました」。人間を、金やセックスなどへの欲望を満たす単なる道具におとしめることは、ストロングマンの生き方と支配方法のひとつである。カダフィの場合は、際限ない富と抑制を受けない権力とが「自分は神だと思い（中略）セックス以外のことは考えない化け物」を生み出した。ちなみに、この表現は何人かの新たな権威主義的指導者にも当てはまるかもしれない[36]。

―

「国の舵取り役に性差別主義者を選んだら何が起こるだろう？　イタリア人女性に聞いてみよう」と、ジャーナリストのアンナリーザ・メレッリは二〇一六年一〇月に書き、女性蔑視を公言してはばからない人物が当選したらどうなるかをアメリカ人に警告した。二〇〇〇年代最初の一〇年に首相を二期務めたあいだ、ベルルスコーニは、イタリアのテレビ界と広告市場への支配力を使って、女性は従属的役割を担うというイメージを国中に浸透させようとした。彼の性差別は、一九七〇年まで離婚が法律で認められていなかった保守的な社会で多くの人に支持された[37]。

ベルルスコーニが一九八〇年代に関わった娯楽テレビ番組「ドライブ・イン」で、この番組は露出度の高い女性たちを扇情的な撮影技術で調べるのが呼び物だった。一九八六年にベルルスコーニは、クラクシ首相と過ごす新年の計画について親密な協力者マルチェッロ・デッルトリと電話で話しているが、その内容は、番組に出演していた女性たちには番組以外でもすべき仕事があったことを暴露している。

ベルルスコーニ：新年早々、悪いスタートだ！
デッルトリ：なぜ？
ベルルスコーニ：「ドライブ・イン」の女の子ふたりが来ることになっていたのに、すっぽかされたからだ！
デッルトリ：「ドライブ・イン」の何が気にくわないんだ？
ベルルスコーニ：何が気にくわないかって？　私たちはヤレないってことだ！　年の始まりがこんなじゃ、今年は誰ともヤレないってことだ！[38]

このふたりの女性が大胆な動きにプロとしての対価を払っていたのかどうかは分からない。しかし、それからの数十年間、ベルルスコーニの女性斡旋者兼プロパガンダ担当者で、一九九二年から二〇一二年までTG4チャンネルでニュース・ディレクターを務めていたエミリオ・フェデが、イタリア各地で何百もの美人コンテストを開催して、ベルルスコーニの番組に出演したり、表向きはベルルスコーニとその仲間たちに奉仕するのに利用したりできる女性を探した。美人コンテストの一部は「文化事業」に分類されて公的資金を受け、一部のコンテストはフェデが直接審査した。コンテストに出場すれば、女性はモデルやテレビスターとしてキャリアを一気に駆け上がることもあり、中には賞としてTG4のお天気お姉さん「メテオリーネ」になれるものもあった。

ヘレン・スコーペルは、二〇〇二年ミス・イタリアのファイナリストで、ミス・パダーニャであり、テレビのゴールデンタイムにベルルスコーニの番組に長年出演していた女性だったが、彼女は二〇〇八年、本当の雇用条件に気がついた。フェデからの「ご奉仕」の依頼を断ったためメテオリーネの地位を失ったのである。この話を二〇一一年にテレビで公表したときには、フェデの美人コンテストとベルルスコーニ一派による性的搾取との関係は明らかになっていた。「エミリオ・フェデは、納税者の負担で開かれるセックス・パーティーの次の参加者を選びに来るのか?」と、ミス・ペスカーラ・コンテストを主催するため一万二〇〇〇ユーロを支払うことになっていた行政機関の政治家は言った。同年、国連の「女子に対するあらゆる形態の差別の撤廃に関する条約」の報告書は、イタリアでの「女性に対する性的対象としての描写」と「公の場で政治家が行なう、女性の社会的地位を損なう発言」についての懸念を表明した[39]。

この国連の報告が、ベルルスコーニが男らしさの個人イメージ確立とメディアの注目を集める活動の一環としてほぼ毎日していた女性蔑視的な発言と行動を指していたのは間違いない。例えば彼は、会議から出てくると女性警官に後ろから抱きつき、性交の真似をしながらカメラの前で微笑んだことがあった。グリーンエネルギー企業の女性重役に、どうやって性的快感に達しているのかと尋ねたこともあるし、学術賞を受賞した女性研究者たちに、才能にあふれているからセックス・パーティーに招待したい気持ちになると言ったこともあった。こうした発言や行動を繰り返す目的は、専門分野で働く女性の品位を落とし、視聴者が彼といっしょに彼女たちを笑い物にするよう仕向けることにあった[40]。

ベルルスコーニの支持者たちがよく言うように、彼は女性を閣僚級の地位に昇進させたが、それは教育省など伝統的に「女性」の担当とされた分野に限られていた。二〇〇八年から二〇一一年まで機会均等担当大臣を務めたマーラ・カルファーニャは、ベルルスコーニ一派の創造物である。彼女はミス・イタリア・コンテストの出場者で、ベルルスコーニの娯楽番組のショーガールだった。大臣としては、女性に対する暴力を減らすために尽力し、ストーカー行為を犯罪とする法律を支持する一方、性労働者の権利に反対する主張を擁護し、伝えられるところによると、ベルルスコーニのセックス・パーティーにも参加していたらしい。カルファーニャの経歴からは、ベルルスコーニがイタリアの政治文化を変え、既存政党の利益供与ネットワークの代わりに彼の個人事業やニーズに根ざしたネットワークを採用したことがうかがえる[41]。

ベルルスコーニの女性ファンは、彼の女性蔑視を気にしていなかった。彼の女性人気は、セックス相手を斡旋されていたというスキャンダルが初めて報じられたときでさえ落ちることはなかった。ベルルスコーニのカリスマ性や、キスやハグについての話、女性が見栄えをよくするため美容整形や植毛をすることについてのコメントが、女性たちの心に響いた。ベルルスコーニは政治家としてのキャリアを始めるにあたって主婦たちに「私も主婦のようなものだ」と告げ、子供のころ手伝いとしてやっていた家事を列挙して主婦の仕事が「どれほど退屈か」知っていることを披露した[42]。ベルルスコーニの子供たちを産んだヴェロニカ・ラリオは、それとは見方が違っていた。ベルルスコーニは結婚中も人前でほかの女性たちといちゃつき、彼がカルファーニャに「私がまだ結婚していなかったら、すぐに君と結婚するのに」と告げた一件の後、ラリオは新聞「ラ・レプッブリカ」に掲載した公開状を通じて謝罪を求めた。ラリオは、ベルルスコーニが一八歳の下着モデル、ノエミ・レティツィアのバースデー・パーティーに出席した後、二〇〇九年に離婚手続きを開始した。レティツィアは、ショーガールか、もしかすると国会議員になれるかもしれないと触れ回っており、「シルヴィオ・パパが面倒を見てくれる」と自信満々に言っていた[43]。

二〇一〇年の「ルビーゲート」事件により、長年ベルルスコーニを支えてきた支持者の一部は目が覚めた。詳細不明の一七歳のモロッコ人ダンサー、カリマ・エル・マフルーグ、通称ルビーが、窃盗で告発された後、警察から釈放された。その後、この釈放がベルルスコーニの個人的依頼によるものであることが判明した。エル・マフルーグは、セックス・パーティー出席者のうちベルルスコーニのお気に入りだったのである。しかし、「ルビーゲート」で問題となったのは、イタリア首相の複雑な私生活だけではなかった。ムッソリーニの愛人のうち、ジュリア・アッリアータ・ディ・モンテレアーレなど著名な女性が政府への人材登用に影響力を発揮することはあったが、ルビーゲートという二一世紀のスキャンダルは、指導者と親密になったり指導者に女性を斡旋したりすれば公職に就けるかもしれないことを明らかにした。そのひとりがニコーレ・ミネッティだ。歯科衛生士だった彼女が初めてベルルスコーニと出会ったのは、プブリタリアのイベントでホステスとして働いていたときで、二〇〇七年から二〇〇九年まではベルルスコーニのテレビ局と国営テレビ局で娯楽番組に出演していた。二〇一〇年、政治経験のないまま彼女は推されてロンバルディア州の地方議員選挙に立候補し、当選した。彼女が急に登場した経緯は、ルビーゲートによって明らかになった。ミネッティは、リクルーターとしても働いており、ベルルスコーニのセックス・パーティーのため少女たちをスカウトしたり、少女たちの宿泊と移動の手配をしたりしていたのだ。ほかにも同様の話が出たため、一部の人からイタリアはベルルスコーニに奉仕すれば政治家としてのキャリアが開ける「売春婦政治国家 mignottocrazia」になったと非難された。ミネッティの場合、政治家としてのキャリアは短命に終わった。売春を斡旋した罪で二〇一九年に約三年の拘禁刑が言い渡された[44]。

セックス・パーティーを指す婉曲語「ブンガブンガ」は、ベルルスコーニによると友人のカダフィが発案した語で、そのブンガブンガはサルデーニャ島、ローマ、あるいはミラノ近郊のアルコレにあるベルルスコーニの邸宅で行なわれた。ふたりは、地元の美人コンテスト優勝者や世界各地から連れてこられた女性たちと関係を持った。ミネッティのほか、ベルルスコーニのニュース・ディレクターであるエミリオ・フェデと、ベルルスコーニのメディアセットのためタレント・スカウトをしていたダリオ・レレ・モーラが、宿泊と報酬と贈り物を担当していた[45]。エル・マフルーグらパーティーに出席した女性たちが法廷で行なった証言によると、数名の有力者が出席することもあれば、たったひとり（ベルルスコーニ）に一五～二〇人の女性がついて、ベルルスコーニの歌「シルヴィオがいてよかった」を歌うこともあった。夕食後はポールダンスやラップダンスが行なわれ、数名の女性がベルルスコーニの寝室での二次会に誘われた。レギュラーの愛人は、事業を立ち上げる助けとなる現金や、ベルルスコーニの番組に出演するチャンス、政界入りの後押しなどを得た。エル・マフルーグの場合、彼女は合計三〇万ドル相当の品々を手に入れたほか、検察によると、未成年だったためベルルスコーニとの関係を漏らさない口止め料として四五〇万ユーロもの支払いを受けた[46]。

ルビーゲートの扇情的な側面がメディアの注目を集めたが、ベルルスコーニを間近に見た女性証人たちの意見も同じくらい興味深い。元ミス・イタリアで、ベルルスコーニに不利な証言をした後に身の危険を感じてアメリカに移り住んだキアラ・ダネーゼは、「ベルルスコーニ？　かわいそうだと思うわ。（中略）ひとりでいなくて済むようにパーティーを開かなくてはならなかったなんて」と語っている。エル・マフルーグは、二〇一一年にベルルスコーニについて「幸せそうに見えるかもしれません、あれほどお金があるんですから。（中略）でも、彼は孤独だと思います」

と回想している。彼女の言葉は、すべてのストロングマンに当てはまる。なぜなら、彼らはどれほど多くの財産や権力を集めても、どれほど多くの女性と関係を持っても、精神的なむなしさに苛まれるのだから[47]。

――

「スターになれば、そうしたことをさせてもらえる」と、トランプは二〇〇五年に女性の体に触ってキスすることについて語った。彼は知らなかったが、このときの様子はトランプが出演するテレビ番組「アクセス・ハリウッド」のプロデューサー、ビリー・ブッシュによって録画されていた。そのビデオテープが二〇一六年の大統領選挙直前に外部へ漏れると、多くの人は、これで政治家としてのトランプのキャリアは終わりだと思った。ところが、このビデオ漏洩は、トランプ・モデル・マネージメントのオーナー（一九九九～二〇一七年）やミス・ユニバース・コンテストの主催者（一九九六～二〇一五年）として数十年かけて築き上げてきた、女性蔑視は男性の魅力のひとつだというイメージを強化しただけだった。数十年間、ミス・ユニバース・コンテストはトランプに多くの女性たちに接近するチャンスを与え、彼は彼女たちが服を着ていないと分かっているときに更衣室へ入ることも多かった。トランプのモデルたちは、元モデルのジャズ・エッガーが二〇一七年に告発したように、彼の友人である有力者たちのエスコートガールを務めるなど、ボスへの奉仕を強要されていた[48]。

「トランプ時代に、ようやく男性は再び男性らしく振る舞い始めるのだろうか?」と、右派のウェブサイト「インフォウォーズ」は大統領就任式の数日後に記している。トランプの支持者たちは、彼をアメリカが必要とする有力な男性指導者と見なしている。彼らは、トランプをジョン・ウェインやスーパーマンのような男性救世主の姿に描いたポスターを作り、それを集会に持ち込んだりSNSに投稿したりしている。トランプ自身は、自分をたくましい戦士だと思っている。二〇一九年、彼はツイッターの個人アカウントで、一九七六年の映画「ロッキー」でシルヴェスター・スタローンが演じた主人公の体に自分の顔をフォトショップで合成した画像を投稿した。七〇歳代のトランプは、ムッソリーニやプーチンに倣って自分自身の体を誇示するのではなく、ほかの男の体を借りて男らしさを示している[49]。

オバマ時代の後で男性の権威の復活を求めるということは、男性が欲望に従って行動しても罰せられない環境を作り出すことも意味する。二〇一九年、司法省の「女性に対する暴力対策局」は、ウェブサイトで家庭内暴力の定義を変更し、身体的危害行為に限定した。もはや司法省は、「ほかの人物に影響を与える性的・情緒的・経済的または精神的行為、または、そうした行為を取るとの威嚇」を「重罪または軽罪」とは見なしていない[50]。

トランプは、#MeToo(ミートゥー)運動を、権力の座にある男性にとって「非常に危険」だと考えている。教育長官ベッツィ・デヴォスは、初等中等教育法第九編に基づく審問で性的嫌がらせと性的暴行の容疑者に犠牲者への反対尋問を（弁護士などの代理人を通じて、彼らが出席している場で）行なう権利を与えるよう、同法第九編の改正を押し進めた。トランプは、FOXニュースのジャーナリスト、ビル・オライリー（性的嫌がらせで告発され）やアラバマ州出身の政治家ロイ・ムーア（子供に対する性的虐待および性的暴行で告発される）などの著名人を常にかばい、告発者を孤立させて中傷しようとしてきた。二〇一八年、心理学者のクリスティン・ブラジー・フォードは、上院司法委員会で、高校時代に最高裁判所判事候補ブレット・カヴァノーに暴行されたと証言した。トランプは、フォードの証言の信憑性に疑念を抱かせるため、この証言についてバカにするような発言をし、国民が彼女に敵意を向けるように仕向けた。フォードは殺害の脅迫を何度も受け、家族を転居させなくてはならなくなった。現在カヴァノーは最高裁判所判事を務めている[51]。

トランプが閣僚などに指名した主要人物たちには、性的嫌がらせや家庭での虐待で告発された男性たちが含まれていた。そうした者たち（その全員が今では離任している）には、例えばバノンと、トランプが最初に指名した労働長官アンドルー・パズダーがいた。次に労働長官になったアレグザンダー・アコスタは、小児性愛者で性目的の人身売買に関与していたジェフリー・エプスティーン（エプスタイン）が拘禁期間をまぬかれるよう便宜を図った。外国の国家元首のホワイトハウス訪問をとりまとめていたスティーヴン・ムノスは、シタデルことサウスカロライナ陸軍士官学校の男子士官候補生五名から痴漢行為の告発を受けた。トランプの儀典長ショーン・ローラーは、同僚たちを脅すため執務室で馬用の鞭を持ち歩いた。政権が定期的に公開している、白人男性の高官やスタッフの集合写真は、オバマ政権時代に進んだ性差別・人種差別解消の動きが逆転したことを示している[52]。

ベルルスコーニの場合もそうだったが、トランプにとって政治は自分の過去を調べられたときに身を守る手段となった。ミス・ユニバース・コンテストやテレビ番組「アプレンティス」の出場者や別荘マー・ア・ラーゴの宿泊客から、トランプのビジネスや選挙活動の上級スタッフまで、トランプの人生のあらゆる時期から何十人もの女性が性的嫌がらせや性的暴行で彼を告発している。「あいつはトラックに轢かれるかもしれない」と、トランプは二〇一八年に個人弁護士マイケル・コーエンとの電話でデイヴィッド・ペッカーについて語った。ペッカーは、タブロイド紙ナショナル・エンクワイアラーの当時の発行人で、以前からトランプと協定を結んで、トランプの性犯罪に対する告発を報道させないようにしていたが、その長年の協定を終わらせようと考えていたのである。ストロングマンの歴史の例に漏れず、結局コーエンは捕まった──ポルノ女優ストーミー・ダニエルズにトランプとの関係を口外しないよう口止め料を払ったためだ。コーエンは三年の拘禁刑が言い渡され、刑は二〇一九年に執行された[53]。

略語一覧

AKP　公正発展党（トルコ）
AN　国民同盟（イタリア）
CADA　芸術行動集団（チリ）
CBPUS　税関・国境取締局（アメリカ）
CEMA　母親センター財団（チリ）
CIA　中央情報局（アメリカ）
DINA　国家情報局（チリ）
EU　欧州連合
FPMR　マヌエル・ロドリゲス愛国戦線（チリ）
FSB　連邦保安庁（ロシア）
GOP　共和党（アメリカ）
ICEUS　移民・関税執行局（アメリカ）
IMF　国際通貨基金
KGB　国家保安委員会（旧ソ連）

MIR　革命左翼運動（チリ）
MSI　イタリア社会運動
NATO　北大西洋条約機構
NFSL　リビア救国国民戦線
NSDAP　国民社会主義ドイツ労働者党
NTC　国民暫定評議会（リビア）
OVRA　反ファシズム監視抑圧機関（イタリア）
PCI　イタリア共産党
PNF　国民ファシスト党（イタリア）
PSI　イタリア社会党
Rai　イタリア放送協会
RCC　革命評議会（リビア）
SA　突撃隊（ドイツ）
SS　親衛隊（ドイツ）
UN　国際連合（国連）

新《あたら》しい権威主義《けんいしゅぎ》の時代《じだい》

ストロングマンはいかにして民主主義《みんしゅしゅぎ》を破壊するか

上

●

2023年3月19日　第1刷

著者……………ルース・ベン＝ギアット
訳者……………小《こ》 林《ばやし》 朋則《とものり》
装幀……………川島進
発行者……………成瀬雅人
発行所……………株式会社原書房
〒160-0022 東京都新宿区新宿 1-25-13
電話・代表　03(3354)0685
http://www.harashobo.co.jp/
振替・00150-6-151594
印刷・製本……………シナノ印刷株式会社

ISBN978-4-562-07267-5, printed in Japan

◆著者
ルース・ベン＝ギアット（Ruth Ben-Ghiat）
ニューヨーク大学歴史学・イタリア学教授。MSNBCのオピニオン・コラムニスト。CNN、MSNBC等のメディアで、権威主義、ファシズム、民主主義への脅威について解説している。

◆訳者
小林朋則（こばやし・とものり）
翻訳家。筑波大学人文学類卒。主な訳書に荘奕傑『古代中国の日常生活』、トールキン『トールキンのアーサー王最後の物語〈注釈版〉』（以上、原書房）、マッキンタイアー『ソーニャ、ゾルゲが愛した工作員』、アームストロング『イスラームの歴史――1400年の軌跡』（以上、中央公論新社）など。

原注

序章

1. Rob Evans, Luke Harding, and John Hooper, "WikiLeaks Cables: Berlusconi 'Profited from Secret Deals' with Putin," Guardian, 2010 年 12 月 2 日付 ; "Silvio e Patrizia, tutte le registrazioni," *L'Espresso*, 2009 年 7 月 20 日 付 : http://espresso.repubblica.it/palazzo/2009/07/20/news/silvio-e-patrizia-tutte-le-registrazioni-br-1.28772?refresh_ce.
2. Mikhail Zygar, *All the Kremlin's Men. Inside the Court of Vladimir Putin* (New York: Public Affairs, 2016), 121-23; Michael Crowley, "Is Putin Playing Trump Like He Did Berlusconi?" *Politico*, 2016 年 8 月 18 日付 ; Jason Horowitz, "A Prime Minister Cut Down to Size," *New York Times*, 2003 年 12 月 31 日付 .
3. Ronald Spogli, "Italy-Russia Relations: The View from Rome" cable to Hillary Clinton, secretary of state, 2009 年 1 月 26 日 付 , at: https://wikileaks.org/plusd/cables/09ROME97_a.html. また、Ronald Spogli, "Scenesetter for your December 3 Visit to Rome," cable to Condoleezza Rice, secretary of state, 2008 年 11 月 19 日付（出典は Guardian Staff, "US Embassy Cables: Italian MP Named as Berlusconi's Bagman by US," *Guardian*, 2010 年 12 月 2 日 付 : https://www.theguardian.com/world/us-embassy-cables-documents/179002）も参照 .
4. Evans, Harding, Hooper, "WikiLeaks Cables"; Matt Trueman, "Satirical Play Gives New Head of State Putin the Berlusconi Treatment," *Guardian*, 2012 年 3 月 5 日付 .「ベルルスプーチン」の演出は、ヴァーヴァラ・ファエルが務めた。パイプライン「サウスストリーム」の建設計画は、EU 反対により 2014 年に中止された。
5. David Runciman, *How Democracy Ends* (London: Profile Books, 2018), 87-93（デイヴィッド・ランシマン『民主主義の壊れ方：クーデタ・大惨事・テクノロジー』［若林茂樹訳。白水社。2020 年］）; Basharat Peer, *A Question of Order. India, Turkey, and the Return of Strongmen* (New York: Columbia Global Reports, 2017); Sergei Guriev and Daniel Treisman, "How Modern Dictators Survive: An Informational Theory of the New Authoritarianism," NBER Working Paper 21136 (April 2015). NPO のフリーダム・ハウスは、1995 年からグローバル規模での民主主義の健全性に関するリポートを発表しているが、2020 年に報告されたヨーロッパとユーラシアにおける民主主義国の数は、それまでで最も少なかった。Zselyke Csaky, *Dropping the Democratic Façade*, Freedom House Nations in Transit 2020 report: https://freedomhouse.org/sites/default/files/2020-05/NIT_2020_FINAL_05062020.pdf.
6. 李文亮医師は、5 週間後にコロナウイルスのため亡くなった。Li Yuan, "Widespread Outcry in China over Death of Coronavirus Doctor," *New York Times*, 2020 年 2 月 7 日 付 ; Lisandra Paraguassu and Anthony Boudle, "While Bolsonaro Ignores Warnings, Coronavirus Spreads in Brazil," Reuters, 2020 年 3 月 24 日付 ; Economist Staff, "Diseases like Covid-19 Are Deadlier in Non-Democracies," *Economist*, 2020 年 2 月 18 日号 ; Zeynep Tufekci, "How the Coronavirus Revealed Authoritarianism's Fatal Flaw," *Atlantic*, 2020 年 2 月 22 日 付 ; Florian Bieber, "Authoritarianism in the Time of Coronavirus," *Foreign Policy*, 2020 年 3 月 30 日付 ; Orna Herr, "How Is Chinese Censorship Affecting Reporting of the Coronavirus?" *Index on Censorship*, 2020 年 2 月 5 日付 .
7. Robert Darnton, *Censors at Work: How States Shaped Literature* (New York: W. W. Norton, 2014), 14.
8. Frank Dikötter, *How to Be a Dictator. The Cult of Personality in the Twentieth Century* (London: Bloomsbury, 2019); E. A. Rees, "Leader Cults: Varieties, Preconditions and Functions," in *The Leader Cult in Communist Dictatorships*, ed. Balázs Apor, Jan C. Behrends, Polly Jones, and E. A. Rees (New York: Palgrave Macmillan, 2004), 3-26; David D. Roberts, *Fascist Interac-*

tions. Proposals for a New Approach to Fascism and Its Era (New York: Berghahn, 2016), 202-19; Howard W. French, "Anatomy of Autocracy: Mobutu's Era," *New York Times*, 1997 年 5 月 17 日付 .

9. Owen Worth, *Morbid Symptoms: The Global Rise of the Far-Right* (London: Zed Books, 2019); Cas Mudde, *The Far Right Today* (Oxford: Polity Press, 2019).

10. Cas Mudde, *Populism: A Very Short Introduction* (New York: Oxford University Press, 2017)（カス・ミュデ、クリストバル・ロビラ・カルトワッセル『ポピュリズム：デモクラシーの友と敵』［永井大輔・高山裕二訳。白水社。2018 年］）; Jan-Werner Müller, *What Is Populism?* (Philadelphia: University of Pennsylvania Press, 2016)（ヤン＝ヴェルナー・ミュラー『ポピュリズムとは何か』［板橋拓己訳。岩波書店。2017 年］）; Pippa Norris, *Cultural Backlash: Trump, Brexit, and Authoritarian Populism* (Cambridge, UK: Cambridge University Press, 2019); Roger Eatwell and Matthew Goodwin, *National Populism. The Revolt against Liberal Democracy* (New York: Penguin Random House, 2018); Federico Finchelstein, *From Fascism to Populism in History* (Berkeley: University of California Press, 2017).

11. Eva Hartog, "Is Stalin Making a Comeback in Russia?" *Atlantic*, 2019 年 5 月 28 日 付 ; Timofey Neshitov, "The Comeback of a Soviet Dictator," *Der Spiegel*, 2019 年 8 月 8 日付 . プーチンは、スターリンがナチ・ドイツと戦った大祖国戦争の評価が損なわれないよう、1939 年に結ばれた独ソ不可侵条約について人々が言及することを禁じた。ウラジーミル・ルズギンは、ロシアの SNS「フコンタクテ」に、ソ連とドイツは共同でポーランドを攻撃したと指摘する記事を投稿したため、2016 年に有罪の判決を受けた。歴史学者ユーリ・ドミトリエフは、ソ連時代の処刑と共同墓地の実態を公表したため、2016 年 12 月以降何度も投獄されている（最近では、性犯罪の冤罪で投獄された）。Perseus Strategies, *The Kremlin's Political Prisoners. Advancing a Political Agenda By Crushing Dissent*, May 2019, 1, 71. https://www.perseus-strategies.com/wp-content/uploads/2019/04/The-Kremlins-Political-Prisoners-May-2019.pdf.

12. Berlusconi, interview with Boris Johnson and Nicholas Farrell, *Spectator*, 2003 年 9 月 11 日 付 ; Vassili Golod, "Austria's Kurz Wants 'Axis of Willing' against Illegal Migration," *Politico* (EU edition), 2018 年 6 月 13 日付 ; Chris Baynes, "Brazil's Far-Right President Bolsonaro Falsely Claims Nazism Was a 'Leftist' Movement," *Independent*, 2019 年 4 月 4 日付 . 歴史学に基礎を置く研究書としては、Sherri Berman, *Democracy and Dictatorship in Europe from the Ancien Régime to the Present Day* (New York: Oxford University Press, 2019); Federico Finchelstein, *A Brief History of Fascist Lies* (Berkeley: University of California Press, 2020); Gavriel D. Rosenfeld, *Hi Hitler! How the Nazi Past Is Being Normalized in Contemporary Culture* (Cambridge, UK: Cambridge University Press, 2015) などがある。

13. Fareed Zakaria, "The Rise of Illiberal Democracy," *Foreign Affairs*, 76, no. 6 (1997): 22-43（ファリード・ザカリア「市民的自由なき民主主義の台頭」, https://www.foreignaffairsj.co.jp/articles/199801_zakaria/ ）; Fareed Zakaria, *The Future of Freedom: Illiberal Democracy at Home and Abroad* (New York: W. W. Norton, 2003)（ファリード・ザカリア『民主主義の未来：リベラリズムか独裁か拝金主義か』［中谷和男訳。阪急コミュニケーションズ。2004 年］）; Paul Lendval, *Orbán: Hungary's Strongman* (New York: Oxford University Press, 2018). 多種多様な権威主義については以下を 参 照。Natasha Ezrow, "Authoritarianism in the 21st Century," and Erica Frantz, "Authoritarian Politics: Trends and Debates," in *Politics and Governance*, 6, no. 2 (2018), 83-86 and 87-89; Erica Frantz, *Authoritarianism: What Everyone Needs to Know* (New York: Oxford University Press, 2018); Juan Linz, *Totalitarian and Authoritarian Regimes* (1975;

rev. ed., Boulder: Lynne Riennes, 2000)（J・リンス『全体主義体制と権威主義体制』［高橋進監訳。法律文化社。1995 年］）; Milan Svolik, *The Politics of Authoritarian Rule* (Cambridge, UK: Cambridge University Press, 2012); Marlies Glasius, "What Authoritarianism Is ... and Is Not: A Practice Perspective," *International Affairs*, 94, no. 3 (2018): 513-33.

14. Daron Acemoglu, Thierry Verdier, and James A Robinson, "Kleptocracy and Divideand-Rule: A Model of Personal Rule" *Journal of the European Economic Association*, 2, nos. 2-3 (2004): 162-92; Erica Frantz and Natasha Ezrow, *The Politics of Dictatorship Institutions and Outcomes in Authoritarian Regimes* (Boulder; Lynne Rienner, 2011); Barbara Geddes, *How Dictatorships Work. Power, Personalization, and Collapse* (Cambridge, UK: Cambridge University Press, 2018); Bruce Bueno de Mesquita, James D. Morrow, Randolph M. Siverson, and Alastair Smith, *The Logic of Political Survival* (Cambridge, MA: MIT Press, 2003).

15. 独裁者が用いる手段についての他の議論は、以下を参照。Bruce Bueno de Mesquita and Alastair Smith, *The Dictator's Handbook: Why Bad Behavior Is Almost Always Good Politics* (New York: Public Affairs, 2011)（ブルース・ブエノ・デ・メスキータ、アラスター・スミス『独裁者のためのハンドブック』［四本健二・浅野宜之訳。亜紀書房。2013 年］）; Erica Frantz and Andrea Kendall-Taylor, "A Dictator's Toolkit: Understanding how Co-optation Affects Repression in Dictatorships," *Journal of Peace Research*, 51, no. 3 (March 2014): 332-46; Barry Rubin, *Modern Dictators. Third World Coup Makers, Strongmen, and Populist Tyrants* (New York: McGraw-Hill, 1987), 294-321.

16. Reuters Staff, "Philippine Leader Says Once Threw Man from Helicopter, Would Do It Again," Reuters, 2016 年 12 月 29 日付; Trump, in "Remarks by President Trump and President Erdoğan of Turkey before Bilateral Meeting," at https://www.whitehouse.gov/briefings-statements/remarks-president-trump-president-erdogan-turkey-bilateral-meeting-2/; Douglas C. Canterbury, *Neoextractionism and Capitalist Development* (London: Routledge, 2018), 158-211.

17. Ariel Malka, Yphtach Lelkes, Bert N. Bakker, Eliyahu Spivack, "Who Is Open to Authoritarian Governance within Western Democracies?" *Perspectives on Politics*, forthcoming; Karen Stenner, *The Authoritarian Dynamic* (Cambridge, UK: Cambridge University Press, 2005); Steven Levitsky and Daniel Ziblatt, *How Democracies Die* (New York: Crown Books, 2018), 102-12 スティーブン・レビツキー、ダニエル・ジブラット『民主主義の死に方：二極化する政治が招く独裁への道』［濱野大道訳。新潮社。2018 年］）; Marc J. Hetherington and Jonathan D. Weiler, *Authoritarianism and Polarization in American Politics* (Cambridge, UK: Cambridge University Press, 2009); Fathali M. Moghaddam, *Threat to Democracy: The Appeal of Authoritarianism in an Age of Uncertainty* (Washington, DC: American Psychological Association, 2019); Kate Manne, *Down Girl: The Logic of Misogyny* (New York: Oxford University Press, 2018)（ケイト・マン『ひれふせ、女たち：ミソジニーの論理』［小川芳範訳。慶應義塾大学出版会。2019 年］）; Peter Beinert, "The New Authoritarians Are Waging War on Women," *Atlantic*, January/February 2019; Jason Stanley, *How Fascism Works. The Politics of Us and Them* (New York: Random House, 2018), 127-40（ジェイソン・スタンリー『ファシズムはどこからやってくるか』［棚橋志行訳。青土社。2020 年］).

18. Jacques Bainville, *Les Dictateurs* (Paris: Denoël et Steele, 1935), 11. Bainville は、この点についてムッソリーニを過小評価するのは危険だと警告している。Ernest Becker, *The Birth and Death of Meaning* (New York: Free Press, 1971), 161; Francesca Dallago and Michele Roccato, "Right-Wing Authoritarianism: Big Five and Perceived Threat to Safety," *European*

Journal of Personality, 24, no. 2 (2010): 106-22.

19. Oliver Hahl, Minjae Kim, and Ezra W. Zuckerman Sivan, "The Authentic Appeal of the Lying Demagogue: Proclaiming the Deeper Truth about Political Illegitimacy," *American Sociological Review* 83, no. 1 (2018): 1-33; Jennifer Kavanagh and Michael D. Rich, *Truth Decay: An Initial Exploration of the Diminishing Role of Facts and Analysis in American Public Life*, RAND Corporation Report, 2018: https://www.rand.org/pubs/research_reports/RR2314.html; Sophia Rosenfeld, *Democracy and Truth. A Short History* (Philadelphia: University of Pennsylvania Press, 2018).
20. Mario Celentano, in Christopher Duggan, *Fascism and the Mafia* (New Haven: Yale University Press, 1989), 101.
21. Ali Vitali, "Trump Says He Could 'Shoot Somebody' and Still Maintain Support," NBC News.com, 2016 年 1 月 23 日付 ; Rodrigo Duterte, in Adrian Chen, "When a Populist Demagogue Takes Power," *New Yorker*, 2016 年 11 月 21 日付 .
22. Walter Benjamin, *Illuminations*, ed. Hannah Arendt, trans. Harry Zohn (New York: Schocken Books, 1968), 257; Giorgio Agamben, *State of Exception*, trans. Kevin Attell (Chicago: University of Chicago Press, 2005)（ジョルジョ・アガンベン『例外状態』［上村忠男・中村勝己訳。未來社。2007 年］）.
23. Curzio Malaparte, Tecnica del colpo di Stato (Florence: Vallecchi, 1994), 227, 240（クルツィオ・マラパルテ『クーデターの技術』［手塚和彰・鈴木純訳。中央公論新社（中公文庫）。2019 年］）.
24. Ian Kershaw, *The "Hitler Myth". Image and Reality in the Third Reich* (Oxford: Oxford University Press, 1987)（イアン・ケルショー『ヒトラー神話：第三帝国の虚像と実像』［柴田敬二訳。刀水書房。1993 年］）; Association for Diplomatic Studies and Training, Oral History Collection (ADST), Brandon Grove, ambassador to Zaire 1984-1987, interviewed by Thomas Stern, November 1994 at: https://adst.org/2016/09/kleptocracy-and-anti-communism-when-mobutu-ruled-zaire/; George Seldes, *Sawdust Caesar. The Untold History of Mussolini and Fascism* (New York: Harper and Brothers, 1935), 367（ジヨーヂ・セルデス『ファッシヨの偶像：ムソリニの正体』［高津正道訳。新生社。1936 年］）; Brian D. Taylor, *The Code of Putinism* (New York: Oxford University Press, 2019), 2; Dean Hancock, *Tyrannical Minds. Psychological Profiling, Narcissism, and Dictatorship* (New York: Pegasus Books, 2019); Jerrold Post, *Leaders and Their Followers in a Dangerous World. The Psychology of Political Behavior* (Ithaca, NY: Cornell University Press, 2004).
25. Daron Acemoglu and Murat Ucer, "The Ups and Downs of Turkish Growth, 2002-2015: Political Dynamics, the European Union and the Institutional Slide," National Bureau of Economic Research Working Paper no. 21608 (October 2015); Maggie Haberman and Russ Buettner, "In Business and in Governing, Trump Seeks Victory in Chaos," *New York Times*, 2019 年 1 月 20 日付 ; Philip Rucker and Carol Leonnig, *A Very Stable Genius: Donald J. Trump's Testing of America* (New York: Penguin, 2020); Mansour O. El-Kikhia, *Libya's Qaddafi. The Politics of Contradiction* (Gainesville: University Press of Florida, 1997), 88-89; Dr. David Barkham, in Hancock, *Tyrannical Minds*, 152.
26. Jon Lee Anderson, "King of Kings. The Last Days of Muammar Gaddafi," *New Yorker*, 2011 年 11 月 7 日付 .
27. Archie Brown, *The Myth of the Strong Leader. Political Leadership in the Modern Age* (New York: Basic Books, 2014); Benjamin F. Jones and Benjamin A. Olken, "Do Leaders Matter? Leadership and Growth since World War II," *Quarterly Journal of Economics* 120, no. 3 (2005): 835-64; Vance Serchuk, "The Myth of Authoritarian Competence," *Atlantic*, 2018 年 9 月 24 日付 ; Acemoglu, Verdier, Robinson, "Kleptocracy."
28. Charlie Chaplin, in Alain Jaubert, *Le moustache d'Adolf Hitler, et autres essais* (Paris: Gallimard, 2016), 16-

17.

29. Max Weber, *Economy and Society. An Outline of Interpretive Sociology*, ed. Guenther Roth and Claus Wittich, vol. 1 (Berkeley: University of California Press, 1978), 241（マックス・ウェーバー『経済と社会』）; Brown, *Myth of the Strong Leader*, 4-6; Kershaw, "Hitler Myth," 8-11（ケルショー『ヒトラー神話』）.

30. Bueno de Mesquita, Morrow, Siverson, and Smith, *Logic*; Jennifer Gandhi, *Political Institutions under Dictatorship* (Cambridge, UK: Cambridge University Press, 2008), 73-106.

31. Raj M. Desai, Anders Olofsgård, and Tarik M. Yousef, "The Logic of Authoritarian Bargains: A Test of a Structural Model," Brookings Global Economy and Development Working Paper no. 3 (2007); Guriev and Treisman, "Modern Dictators"; Acemoglu, Verdier, Robinson, "Kleptocracy," 169-172.

32. David Enrich, *Dark Towers: Deutsche Bank, Donald Trump, and an Epic Trail of Destruction* (New York: Custom House, 2020); Gabriel Zucman, *The Hidden Wealth of Nations. The Scourge of Tax Havens*, trans. Teresa Laven-der Fagan (Chicago: University of Chicago Press, 2015)（ガブリエル・ズックマン『失われた国家の富：タックス・ヘイブンの経済学』［林昌宏訳。NTT 出版。2015 年］）; Brian Klaas, *The Despot's Accomplice: How the West Is Aiding and Abetting the Decline of Democracy* (New York: Oxford University Press, 2016).

33. Joseph Szlavik, in Richard Leiby, "Fall of the House of von Kloberg," *Washington Post*, 2005 年 7 月 31 日付; Pamela Brogan, *The Torturers' Lobby. How Human Rights-Abusing Nations Are Represented in Washington*, The Center for Public Integrity Report, 1992: https://cloudfront-files-1.publicintegrity.org/legacy_projects/pdf_reports/THETORTURERSLOBBY.pdf; *Spin Doctors to the Autocrats: European PR Firms Whitewash Repressive Regimes*, Corporate Europe Observatory report, 2015 年 1 月 20 日付: https://corporateeurope.org/sites/default/files/20150120_spindoctors_mr.pdf; Neal M. Rosendorf, *Franco Sells Spain to America. Hollywood Tourism and PR as Postwar Spanish Soft Power* (New York: Palgrave, 2014).

34. Shawn Wen, "Eight Women in Love," *N+1*, 2016 年 10 月 17 日付; Rose Styron, "Special Report on Chile," in Amnesty International, *Special Report on Torture* (New York: Farrar, Straus and Giroux, 1975), 257; Hannah Arendt, *Origins of Totalitarianism* (New York: Meridian Press, 1958)（ハンナ・アーレント『全体主義の起原』（新版）［大久保和郎・大島通義・大島かおり訳。みすず書房。2017 年］）および *Eichmann in Jerusalem* (New York: Viking Press, 1964)（ハンナ・アーレント『エルサレムのアイヒマン：悪の陳腐さについての報告』（新版）［大久保和郎訳。みすず書房。2017 年］）.

35. Gabriele Herz, *The Women's Camp in Moringen. A Memoir of Imprisonment in Nazi Germany 1936-1937*, ed. Jane Caplan (New York: Berghahn, 2006), 90, 113-14.

第一章　ファシズムによる権力奪取

1. Elena Bianchini Braglia, *Donna Rachele* (Milan: Mursia, 2007), 62; Laura Fermi, *Mussolini* (Chicago: University of Chicago Press, 1961)（ローラ・フェルミ『ムッソリーニ』［柴田敏夫訳。紀伊國屋書店。1967 年］）; Mimmo Franzinelli, *Il Duce e le donne. Avventure e passioni extraconiugali di Mussolini* (Milan: Mondadori, 2013).

2. 問題となった記事は、Mussolini, "Dalla neutralità assoluta alla neutralità attiva ed operante," *Avanti!* 1914 年 10 月 18 日付; Renzo De Felice, *Mussolini il rivoluzionario, 1883-1920* (Turin: Einaudi, 1965); Richard Bosworth, *Mussolini* (London: Bloomsbury, 2011), 66-103; Franzinelli, *Il Duce*, 24-28.

3. Enzo Traverso, *The Origins of Nazi Violence*, trans. Janet Lloyd (New York: The New Press, 2003), and his *Fire and Blood. The European Civil War 1914-1945*, trans. David Fernbach (London: Verso, 2016)（エンツォ・トラヴェルソ『ヨーロッパの内戦：炎と血の時

代　一九一四－一九四五年』［宇京頼三訳。未來社。2018年］）.

4. Fermi, *Mussolini*, 73（フェルミ『ムッソリーニ』）; Mussolini, "Trincerocrazia," *Il Popolo d'Italia*, 1917年12月15日　付 ; Sven Reichardt, *Faschistische Kampfbünde: Gewalt und Gemeinschaft im italienischen Squadrismus und in der deutschen SA* (Vienna and Cologne: Böhlau-Verlag Gmbh, 2009).
5. Mussolini, "Stato anti-stato e fascismo," *Gerarchia*, 1922年6月25日　付 ; Robert Paxton, *The Anatomy of Fascism* (New York: Vintage, 2005), 3-54（ロバート・パクストン『ファシズムの解剖学』［瀬戸岡紘訳。桜井書店。2008年］）.
6. Susan Pedersen, *The Guardians. The League of Nations and the Crisis of Empire* (New York: Oxford University Press, 2017).
7. Marc Reynebeau, "'Je ne sais quoi': Reflections on the Study of Charisma," in *Charismatic Leadership and Social Movements*, ed. Jan Willem Stutje (New York: Berghahn, 2012), 155-63; 引用のうち1番目と2番目は Heinrich Class, 1920, in Lothar Machtan, *The Hidden Hitler*, trans. John Brownjohn (New York: Basic Books, 2001), 122-23（ロータル・マハタン『ヒトラーの秘密の生活』［赤根洋子訳。文藝春秋。2002年］）; Ojetti, 1921, in Christopher Duggan, *Fascist Voices. An Intimate History of Mussolini's Italy* (New York: Oxford University Press, 2013), 48.
8. Richard Evans, *The Coming of the Third Reich* (New York: Penguin, 2003)（リチャード・J・エヴァンズ『第三帝国の到来』（全2巻）［山本孝二訳。白水社。2018年］）; Wolfgang Schivelbusch, *The Culture of Defeat: On National Trauma, Mourning, and Recovery* (New York: Picador, 2001), 189-288（ヴォルフガング・シヴェルブシュ『敗北の文化：敗戦トラウマ・回復・再生』［福本義憲・高本教之・白木和美訳。法政大学出版局。2007年］）; H. James Burgwyn, *The Legend of the Mutilated Victory. Italy, the Great War and the Paris Peace Conference, 1915-1919* (Westport, CT: Praeger, 1993).
9. Kersten Knipp, *Die Kommune der Faschisten Gabriele D'Annunzio, die Republik von Fiume und die Extreme des 20. Jahrhundert* (Stuttgart: WBG Theiss, 2019).
10. Mario Piazzesi, in Duggan, *Fascist Voices*, 43; Mimmo Franzinelli, *Squadristi. Protagonisti e techniche della violenza fascista, 1919-1922* (Milan: Mondadori, 2003).
11. Jacqueline Reich, *The Maciste Films of Italian Silent Cinema* (Bloomington: Indiana University Press, 2015); Giuseppe Bastianini, *Uomini cose fatti. Memorie di un ambasciatore* (Milan: Vitagliano, 1959), 6; Giorgio Pini, *Filo diretto con Palazzo Venezia* (Bologna: Cappelli, 1950), 23; Carlo Ciseri, in Duggan, Fascist Voices, 8.
12. Benito Mussolini, "Il fascismo e i problemi della politica estera italiana,"（1921年2月6日、トリエステでの講演）, in *Opera Omnia*, ed. Edoardo and Duilio Susmel (Florence: La Fenice, 1951-1980), 44 vols., XVI/150-160; Mussolini, "Stato anti-Stato e fascismo."
13. Giulia Albanese, *La marcia su Roma* (Rome: Laterza, 2006); Mauro Canali, *La scoperta dell'Italia. Il Fascismo raccontato dai corrispondenti americani* (Venice: Marsilio, 2017).
14. Mussolini, "Forza e consenso," *Gerarchia*, March 1923; Rachele Ferrario, *Margherita Sarfatti: La regina dell'arte nell'Italia fascista* (Milan: Mondadori, 2015); Denis Mack Smith, *Mussolini* (New York: Alfred A. Knopf, 1982), 56-58, 62-74; Clara Elisabetta Mattei. "Austerity and Repressive Politics: Italian Economists in the Early Years of the Fascist Government," *The European Journal of the History of Economic Thought*, 24, no. 5 (2017): 998-1026.
15. Fermi, *Mussolini*, 229（フェルミ『ムッソリーニ』）; Mauro Canali, "The Matteotti Murder and the Origins of Mussolini's Totalitarian Dictatorship," *Journal of Modern Italian Studies* 14, no. 2 (2009): 143-67.
16. Canali, "Matteotti Murder."
17. Canali, "Matteotti Murder"; Mack Smith, *Mussolini*, 74-79; Duggan, *Fascist Voices*, 50.
18. G. A. Borgese, *Goliath: The March of Fascism* (New York: Viking, 1937), 263;

Canali, "Matteotti Murder"; Rosa B. から Mussolini への手紙, 1923 年 12 月 31 日付, 出典は *Caro Duce. Lettere di donne italiane a Mussolini 1922-1943* (Milan: Rizzoli, 1989), 114; Ugo Ojetti, in Fermi, *Mussolini*, 238（フェルミ『ムッソリーニ』）.

19. Fermi, *Mussolini*, 237（フェルミ『ムッソリーニ』）; Giovanni Amendola in Mack Smith, *Mussolini*, 85; Mussolini, "Discorso del 3 gennaio," in Mussolini, *Opera Omnia*, XI/235-241.

20. Francesco Nitti, letter of 1925 年 3 月 5 日付 King Vittorio Emanuele III への手紙, in Santi Fedele, "Francesco Saverio Nitti dal lungo esilio al rientro in Italia," *Humanities* 1, no. 1 (2012), 2.

21. Canali, "Matteotti Murder"; Gian Giacomo Migone, *The United States and Italy. The Rise of American Finance in Europe* (Cambridge, UK: Cambridge University Press, 2015), 90-94, 150-64.

22. Wolfgang Schieder, *Adolf Hitler. Politischer Zauberlehrling Mussolinis* (Berlin: De Gruyter Oldenbourg, 2017).

23. Sefton Delmer, *Trail Sinister. An Autobiography, Volume One* (London: Secker and Warburg, 1961), 188-89; Benjamin Carter Hett, *Burning the Reichstag* (New York: Oxford University Press, 2014); Richard J. Evans, "The Conspiracists," London Review of Books 36, no. 9 (2014).

24. Neil Gregor, "Hitler," in *Mental Maps in the Era of Two World Wars*, ed. Steven Casey and Jonathan Wright (New York: Palgrave Macmillan, 2008), 196; August Kubizek, *The Young Hitler I Knew*, trans. E. V. Anderson (Boston: Houghton Mifflin, 1955), 14（アウグスト・クビツェク『アドルフ・ヒトラー：我が青春の友』［船戸満之・宗宮好和・桜井より子・宍戸節太郎訳。MK 出版社。2004 年］）（アウグスト・クビツェク『アドルフ・ヒトラーの青春：親友クビツェクの回想と証言』［橘正樹訳。三交社。2005 年］）; Volker Ullrich, *Hitler: Ascent 1889-1939* (New York: Knopf, 2016); Joachim Fest, *Hitler* (New York: Mariner Books, 2002)（ヨアヒム・フェスト『ヒトラー』（全 2 巻）［赤羽龍夫ほか訳。河出書房新社。1975 年］）.

25. Hitler, 1920 年 8 月ザルツブルクでの演説, in Gregor, "Hitler,"189; Hitler, "Rathenau und Sancho Pansa," *Völkischer Beobachter*, 1921 年 3 月 13 日付; Hitler, *Mein Kampf*, trans. Ralph Manheim (Boston: Houghton Mifflin, 1999), 562（アドルフ・ヒトラー『わが闘争：完訳』（改版）［平野一郎・将積茂訳。角川文庫。2001 年］）; Joseph Goebbels, 1925 年 7 月 12 日の日記, in *Die Tagebücher von Joseph Goebbels. Sämtliche Fragmente: Aufzeichnungen 1923-1941*, ed. Elke Fröhlich (Munich: K.G. Saur Verlag, 1998-2006), vol. 1, 326-27.

26. Daniel Siemens, *Stormtroopers. A New History of Hitler's Brownshirts* (New Haven: Yale University Press, 2017); Reichardt, *Faschistische*.

27. Daniel Kalder, *The Infernal Library: On Dictators, the Books They Wrote, and Other Catastrophes of Literacy* (New York: Henry Holt, 2018), 128（ダニエル・カルダー『独裁者はこんな本を書いていた』（全 2 巻）［黒木章人訳。原書房。2019 年］）.

28. ジュゼッペ・レンゼッティ少佐は、1929 年から 1942 年のあいだにヒトラーと 42 回、会った。Renzo De Felice, *Mussolini e Hitler. I rapporti segreti, 1922-1933* (Rome: Laterza, 2013); Schieder, *Hitler*, 40-43, 54-57; Christian Goeschels, *Mussolini and Hitler: The Forging of the Fascist Alliance* (New Haven: Yale University Press, 2018), 17-36; Mack Smith, *Mussolini*, 172-73.

29. Claudia Schmölders, *Hitler's Face. The Biography of an Image* (Philadelphia: University of Pennsylvania Press, 2006), 69-99; Lutz Koepnik, "Face Time with Hitler," in *Visualizing Fascism: The Twentieth-Century Rise of the Global Right*, ed. Julia Adeney Thomas and Geoff Eley (Durham: Duke University Press, 2020), 111-33.

30. Eugen Dollmann, in Machtan, *Hitler*, 134（マハタン『ヒトラーの秘密の生活』）; Hitler から Mussolini への手紙, 1931 年 6 月 8 日付, in De Felice, *Mussolini e Hitler*, 229; Kalder, *Library*, 134-38（カ

ルダー『独裁者はこんな本を書いていた』）; P. F. Beck から Hitler への手紙 , 1932 年 4 月 25 日付 , in *Letters to Hitler*, ed. Henrik Eberle, trans. Steven Rendall (New York: Polity Press, 2012), 50-52.

31. Evans, *Coming of the Third Reich*（エヴァンズ『第三帝国の到来』）; Fritz Thyssen, *I Paid Hitler* (New York: Farrar and Rinehart, 1941), 111.
32. Renzetti, 1933 年 1 月 23 日付 , Mussolini への報告書 , in De Felice, *Mussolini e Hitler*, 249; Hett, *Burning the Reichstag*; Borgese, *Goliath*, 375.
33. Enrique Moradiellos, *Franco: Anatomy of a Dictator* (London: I.B. Tauris, 2018); Paul Preston, *Franco: A Biography* (New York: Basic Books, 1994); Stanley G. Payne and Jesus Palacios, *Franco: A Personal and Political Biography* (Madison: University of Wisconsin Press, 2018).
34. Bruce W. Farcau, *The Coup. Tactics in the Seizure of Power* (Westport, CT: Praeger, 1994), 115-20; Julian Casanova, *A Short History of the Spanish Civil War* (London: I.B.Tauris, 2013), 6-11.
35. Franco, in Preston, *Franco*, 105; Moradiellos, *Franco*, 33; Geoff Jensen, *Franco: Soldier, Commander, Dictator* (Dulles, VA: Potomac Books, 2005), 57-70; Manuel Villatoro, "'La Baraka': la misteriosa 'benedición mora' que salvó a Francisco Franco de una sangrienta muerte en el Rif," *ABC*, 2018 年 10 月 18 日付 .
36. Casanova, *Short History*. 得票率は、中道左派が 34.3 パーセントだったのに対し、中道右派は 33.2 パーセントだった。
37. Paul Preston, "Franco as Military Leader," *Transactions of the Royal Historical Society* 4 (1994), 27-28; Ismael Saz, "Fascism and Empire: Fascist Italy against Republican Spain," *Mediterranean Historical Review*, 13, nos. 1-2 (1998), 126; Ángel Viñas and Carlos Collado Seidel, "Franco's Request to the Third Reich for Military Assistance," *Contemporary European History* 11, no. 2 (2002), 207-8; Helen Graham, *The Spanish Civil War. A Very Short Introduction* (New York: Oxford University Press, 2005), 38-39.
38. アマード・バルメス将軍は、クーデター前夜に銃の暴発事故で死亡した。ホアキン・ファンフル将軍とマヌエル・ゴデド将軍は、共和国軍に処刑された。
39. NSA Archive, FBI report（1982 年 1 月 21 日付）には、ピノチェト政権のテロ活動に関連してピノチェトとデッレ・キアイエが会っていたことが記されている。https://nsarchive2.gwu.edu//NSAEBB/NSAEBB8/docs/doc02.pdf.

第二章　軍事クーデター

1. President Richard Nixon, in R. W. Apple, "Nixon, Greeting Mobutu, Lauds the Congo," *New York Times*, 1970 年 5 月 8 日付 ; Sean Kelly, *America's Tyrant. The CIA and Mobutu of Zaire* (Washington, DC: American University Press, 1993).
2. Malcolm X, in Robin D. G. Kelly, "A Poetics of Anticolonialism," in Aimé Cesaire, *Discourse on Colonialism* (New York: Monthly Review Press, 2000), 8（エメ・セゼール「植民地主義論」、エメ・セゼール『帰郷ノート　植民地主義論』［砂野幸稔訳。平凡社。2004 年］所収）. スペインは、モロッコのうちセウタとメリリャの 2 都市を保持した。Jan C. Jansen and Jürgen Osterhammel, *Decolonization: A Short History*, trans. Jeremiah Riemer (Princeton, NJ: Princeton University Press, 2017); Todd Shepard, *Voices of Decolonization: A Brief History with Documents* (New York: Bedford/St. Martins, 2014).
3. Dirk Vandewalle, *A History of Modern Libya* (Cambridge, UK: Cambridge University Press, 2012), 78-82; Josh Keating, "Trained in the USA," *Foreign Policy*, 2012 年 3 月 28 日付 .
4. Naumihal Singh, *Seizing Power. The Strategic Logic of Military Coups* (Baltimore: Johns Hopkins University Press, 2014), 3. 民主主義が崩壊した事例の 75 パーセントは、人口 10 万人以上の地域で起きている ; Farcau, *The Coup*, 54.
5. Singh, *Seizing Power*, 3.
6. Gaddafi, ラジオ演説 , 1969 年 9 月 1 日 , in Alison Pargeter, *Libya: The Rise and Fall of Gaddafi* (New Haven: Yale University Press, 2012), 59-60; ADST, George

Lane, principal officer of US Libyan embassy, Benghazi branch office, interview with Richard Nethercutt, 1990: https://adst.org/2013/08/qaddafi-the-man-and-his-rise-to-power/.

7. カダフィは、ビーコンズフィールドにあった陸軍教育学校に通っていた。Michael Cockerell, "Lieutenant Gaddafi in Swinging London," *Standpoint Magazine*, January/February 2012.

8. Mohamed Fekini から Rodolfo Graziani 将軍への手紙, 1922 年 6 月 4 日付および同年同月 10 日付。6 月 4 日付の手紙には、フィキニのほか 8 名の部族長の署名がある。出典は Angelo Del Boca, *Mohamed Fekini and the Fight to Free Libya* (New York: Palgrave Macmillan, 2011), 115-18.

9. Ali Ahmida, *Forgotten Voices. Power and Agency in Colonial and Postcolonial Libya* (New York: Routledge, 2005); Hisham Matar, *The Return: Fathers, Sons and the Land in Between* (New York: Random House, 2016), 131-40（ヒシャーム・マタール『帰還：父と息子を分かつ国』[金原瑞人・野沢佳織訳。人文書院。2018 年]）; Stephanie Malia Hom, *Empire's Mobius Strip. Historical Echoes in Italy's Crisis of Migration and Detention* (Ithaca, NY: Cornell University Press, 2019), 83-89.

10. Vandewalle, *Libya*, 50-53; Muhammad T. Jerary, "Damages Caused by the Italian Fascist Colonization of Libya," in *Italian Colonialism*, ed. Ruth Ben-Ghiat and Mia Fuller (New York: Palgrave Macmillan, 2005), 203-8; Anna Baldinetti, *The Origins of the Libyan Nation. Colonial Legacy, Exile and the Emergence of the Nation-State* (New York: Routledge, 2010).

11. Saskia van Genugten, *Libya in Western Foreign Policies, 1911-2011* (New York: Palgrave Macmillan, 2016), 59-80; Stephen Blackwell, "Saving the King: Anglo-American Strategy and British Counter-Subversion Operations in Libya, 1953-59," *Middle Eastern Studies* 39, no. 1 (2003), 14-15.

12. Matar, *Return*, 29-30（マタール『帰還』）; Daniel Kawczynski, *Seeking Gaddafi: Libya, the West, and the Arab Spring* (London: Biteback Publishing, 2011), 18-19; ADST, George Lane interview; Ronald Bruce St. John, *Libya: From Colony to Revolution* (London: Oneworld Publications, 2017), 139-40.

13. Vandewalle, *Libya*, 78; Pargeter, *Libya*, 72-76.

14. Joel Fishman, "The Postwar Career of Nazi Ideologue Johann von Leers, aka Omar Amin, the 'First Ranking German' in Nasser's Egypt," *Jewish Political Studies Review* 26, nos. 3-4 (2014): 54-72; van Genugten, *Libya*, 81-104; Arturo Varvelli, *L'Italia e l'ascesa di Gheddafi. La cacciata degli italiani, le armi e il petrolio* (1969-1974) (Milan: Baldini Castoldi Dalai, 2009), 210-22.

15. Muammar Gaddafi, *Escape to Hell and Other Stories* (Toronto: Hushion House, 1998), 64; Pargeter, *Libya*, 76-80; Gaddafi, in Ruth First Papers, RF/2/21/10: "Answers to questions submitted by Ruth First to Colonel Muammar Gaddafi, Tripoli, Friday 2 July 1971," 5: https://sas-space.sas.ac.uk/3598/1/RF_2_21_10.pdf.

16. 電話の内容は Jon Lee Anderson, "The Dictator," *New Yorker*, 1998 年 10 月 19 日付 ; Ana Maria へのインタビューは José Yglesias, *Chile's Days of Terror: Eyewitness Accounts of the Military Coup*, ed. Judy White (New York: Pathfinder Press, 1974), 76.

17. Patrice McSherry, *Predatory States: Operation Condor and Covert War in Latin America* (Lanham, MD: Rowman & Littlefield, 2005); Patricia Mayorga, *Il condor nero. L'internazionale fascista e i rapporti segreti con il regime di Pinochet* (Milan: Sperling & Kupfer, 2003); Anna Cento Bull and Galadriel Ravelli, "The Pinochet Regime and the Trans-Nationalization of Italian Neo-Fascism," in Robert Leeson, ed., *Hayek: A Collaborative Bibliography: Part XIII: "Fascism" and Liberalism in the (Austrian) Classical Tradition* (New York: Palgrave Macmillan, 2018), 361-93.

18. Oscar Guardiola-Rivera, *Story of a Death Foretold. The Coup against Salvador Allende, September 11, 1973*

(London: Bloomsbury Press, 2013), 44-45, 76-95; Maria José Henríquez Uzal, *Viva la verdadera Amistad! Franco y Allende, 1970-1973* (Santiago: Editorial Unversitaria, 2014); ADST, Samuel F. Hart, economist, US embassy, Santiago, 1971-1975, Charles Stuart Kennedy へのインタビュー、1992 年 6 月 12 日付 , at https://adst.org/2013/09/chiles-coup-against-salvador-allende-and-the-truth-behind-missing/.

19. Nixon の White House Chief of Staff H. R. Haldeman への 1972 年 1 月 18 日の発言 , Nixon Tapes, Conversation 650-013: http://nixontapeaudio.org/chile/650-013.pdf.

20. Guardiola-Rivera, *Death Foretold*, 178-215; Henry Kissinger, *Years of Upheaval* (Boston: Little, Brown, 1982), 376（H・A・キッシンジャー『キッシンジャー激動の時代』（全 3 巻）［読売新聞・調査研究本部訳。小学館。1982 年］); Richard Helms, in NSA Archive, Kornbluh, "Chile and the United States," CIA, Notes on Meeting with the President on Chile,1970 年 9 月 15 日付 : https://nsarchive2.gwu.edu/NSAEBB/NSAEBB8/docs/doc26.pdf; Henry Kissinger の Nixon と H. R. Haldeman への発言 , 1971 年 6 月 11 日 , Nixon Tapes, Conversation 517-004: http://nixontapeaudio.org/chile/517-004.pdf.

21. Edward Korry 大使 , 1970 年ワシントン宛の電報 , in David Stout, "Edward Korry, 81, Is Dead: Falsely Tied to Chile Coup," *New York Times*, 2003 年 1 月 30 日付 . コリーはアジェンデを嫌っていたが、ニクソンから信頼されていなかったため、クーデター計画を知らされていなかった。

22. Jonathan Kandel, "Chilean Officers Tell How They Began to Plan the Take-Over Last November," *New York Times*, 1973 年 9 月 27 日付 ; CIA 職員 , in Kristian C. Gustafson, "CIA Machinations in Chile. Reexamining the Record," at: https://www.cia.gov/library/center-for-the-study-of-intelligence/csi-publications/csi-studies/studies/vol47no3/article03.html; John R. Bawden, *The Pinochet Generation: The Chilean Military in the Twentieth Century* (Tuscaloosa: University of Alabama Press, 2016), 96-134; Mónica González, *La Conjura. Los mil y un dias del golpe* (Santiago: Ediciones B Chile, 2000).

23. Jack Devine, "What Really Happened in Chile," *Foreign Affairs* 93, no.4 (2014): 26-35; Senator Maria Elena Carrera, in Thomas Wright and Rody Oñate, *Flight from Chile. Voices from Exile* (Albuquerque: University of New Mexico Press, 1998), 15; Bawden, *Pinochet Generation*, 128-131; Heraldo Muñoz, *The Dictator's Shadow: Life Under Augusto Pinochet* (New York: Basic Books, 2008), 22-44; González, Conjura.

24. Muñoz, *Dictator's Shadow*, 21; Mario González, in Wright and Oñate, *Flight*, 31-36.

25. Muñoz, *Dictator's Shadow*, 22-31, Juan Cristóbal Peña, *La secreta vida literaria de Augusto Pinochet* (Santiago: Random House Mondadori, 2013), 81-88; Mary Helen Spooner, *Soldiers in a Narrow World. The Pinochet Regime in Chile* (Berkeley: University of California Press, 1999), 18-24.

26. Patricio, in Yglesias, *Terror*, 113-14.

27. Jurandir Antonio Xavier, in Yglesias, *Terror*, 123; Mark Ensalaco, *Chile under Pinochet: Recovering the Truth* (Philadelphia: University of Pennsylvania Press, 1999), 69-97; Pablo Policzer, *The Rise and Fall of Repression in Chile* (Notre Dame, IN: University of Notre Dame Press, 2009).

28. Eduardo Frei, 出典は J. Stern, *Battling for Hearts and Minds. Memory Struggles in Pinochet's Chile, 1973-1988* (Durham, NC: Duke University Press, 2006), 26; Associated Press, "Chile: Six People Sentenced for 1982 Murder of Former President," *Guardian*, 2019 年 1 月 30 日付 .

29. Pinochet, in Genaro Arriagada, *Pinochet. The Politics of Power* (Boston: Unwin Hyman, 1988), 9, 16; Gerretsen, Melissa Gutierrez とのインタビュー ,"Chas Gerretsen, el fotógrafo tras la imagine más terrorifica de Pinochet: 'El era un monstruo,' " *The Clinic Online*, 2013 年 9 月 2 日付 ; Carlos Huneeus, *The Pinochet Regime*, trans.

Lake Sagaris (Boulder: Lynne Rienner, 2007), 70-81.

第三章　新たな権威主義者の登場

1. Silvio Berlusconi, 1994 年 1 月 26 日のビデオメッセージ，書き起こした文章は Gian Antonio Stella and Sergio Rizzo, *Cosi parlò il cavaliere* (Milan: Rizzoli 2011), 120-22; Alexander Stille, *The Sack of Rome: How a Beautiful European Country with a Fabled History and a Storied Culture Was Taken Over by a Man Named Silvio Berlusconi* (New York: Penguin Press, 2006), 151-57; Massimo Ragnedda, "Censorship and Media Ownership in Italy in the Era of Berlusconi," *Global Media Journal: Mediterranean Edition* 9, no. 1 (2014), 13.
2. Yascha Mounk, 'How Authoritarians Manipulate Elections," *Atlantic*, 2019 年 5 月 8 日付 ; Nic Cheeseman and Brian Klaas, *How to Rig an Election* (New Haven: Yale University Press, 2019).
3. Mark Bray, *Antifa: The Anti-Fascist Handbook* (New York: Melville House, 2017), 54-64; Paul Hockenos, *Free to Hate. The Rise of the Right in Post-Communist Europe* (New York: Routledge, 1993); Post, *Leaders*, 162-71.
4. Gregory Crouch, "Three to Watch: Populists of the Hard Right," および Mark Hunter, "Europe's Reborn Right," どちらも *New York Times Magazine*, 1996 年 4 月 21 日 号 ; Stephen Kinzer, "Germany's New Right Wears a 3-Piece Suit," *New York Times*, 1995 年 5 月 28 日付 ; Paul Ginsborg, *Silvio Berlusconi. Television, Power, and Patrimony* (New York: Verso, 2004), 66.
5. Margaret Quigley, "The European New Right and U.S. Politics," in *Trumping Democracy. From Reagan to the Alt-Right*, ed. Chip Berlet (New York: Routledge, 2020), 54-60; Piero Ignazi, Postfascisti? *Dal Movimento sociale italiano ad Alleanza Nazionale* (Bologna: Il Mulino, 1994).
6. Berlusconi, in Giovanni Ruggeri and Mario Guarino, *Berlusconi. Inchiesta sul signor TV* (Milan: Kaos 1994), 271. キリスト教民主党は、1946 年から 1983 年までと、1986 年から 1992 年までのあいだ、常に首相を輩出していた。
7. Berlusconi and Francesco Borelli, in Alan Friedman, *My Way. Berlusconi in His Own Words* (London: Biteback Publishing, 2015), 90, 107.
8. デルットリが 2004 年に受けた有罪判決は、2014 年にイタリアの最高裁判所で確定した。これについて は Stille, *Sack of Rome*, 37-51 参照 .
9. Ginsborg, *Berlusconi*, 3-6.
10. Stille, *Sack of Rome*, 16; Ginsborg, *Berlusconi*, 33; Ragnedda, "Censorship," 15.
11. Friedman, *My Way*, 97-98; Gianfranco Pasquino, "The Five Faces of Silvio Berlusconi: The Knight of Anti-Politics," *Modern Italy* 12, no. 1 (2007): 39-54; Cristian Vaccari, "The Features, Impact, and Legacy of Berlusconi's Campaigning Language and Style," *Modern Italy* 20, no. 1 (2015); 25-39; Stille, *Sack of Rome*, 162-69; Dell'Utri, in Ruggeri and Guarino, *Berlusconi*, 270.
12. Gianni Agnelli, in Friedman, *My Way*, 97.
13. 1994 年ローマでの著者の実体験 ; Gianfranco Fini への Alberto Statera による インタビュー , "Il migliore resta Mussolini," *La Stampa*, 1994 年 4 月 1 日付 ; Ignazi, *Postfascisti?*; Ginsborg, *Berlusconi*, 68. 1994 年の選挙では、下院比例区で国民同盟は 13.5 パーセント、北部同盟は 8.4 パーセントの票を得た。
14. Vittorio Sgarbi, 1994 年 7 月 14 日および 16 日 , in Ginsborg, *Berlusconi*, 83, 67; Elisabetta Rubini, "Le vicende giudiziarie di Silvio B.: è andato cosi," in *Berlusconismo. Analisi di un fenomeno*, ed. Paul Ginsborg and Enrica Asquer (Rome: Laterza, 2011); Cristina Dallara, "Powerful Resistance against a Long-Running Personal Crusade: The Impact of Silvio Berlusconi on the Italian Judicial System," *Modern Italy*, 20, no. 1 (2015), 64; Alberto Vannucci, "The Controversial Legacy of 'Mani Pulite': A Critical Analysis of Italian Corruption and Anti-Corruption Policies," *Bulletin of Italian Politics* 1, no. 2 (2009), 251.
15. Berlusconi, in Stille, *Sack of Rome*, 17-18.
16. Fiona Hill and Clifford

Gaddy, *Mr. Putin. Operative in the Kremlin* (Washington, DC: Brookings Institution Press, 2013), 153-89（フィオナ·ヒル、クリフォード·G・ガディ『プーチンの世界：「皇帝」になった工作員』［濱野大道・千葉敏生訳。新潮社。2016 年］）; Julie A. Cassidy and Emily D. Johnson, "A Personality Cult for the Postmodern Age," in Helena Goscilo, ed., *Putin as Celebrity and Cultural Icon* (New York: Routledge, 2013), 40.

17. Putin, in Masha Gessen, *The Man without a Face: The Unlikely Rise of Vladimir Putin* (New York: Riverhead Books, 2012), 68（マーシャ・ゲッセン『そいつを黙らせろ：プーチンの極秘指令』［松宮克昌訳。柏書房。2013 年］）; Hill and Gaddy, *Putin*, 181-83（ヒル、ガディ『プーチンの世界』）.

18. Singh, *Seizing Power*, 195-221; Gessen, *Man without a Face*, 101-29（ゲッセン『そいつを黙らせろ』）.

19. Joke in David Stuckler and Sanjay Basu, *The Body Economic: Why Austerity Kills* (New York: Basic Books, 2013), 32（デヴィッド・スタックラー、サンジェイ・バス『経済政策で人は死ぬか？：公衆衛生学から見た不況対策』［橘明美・臼井美子訳。草思社。2014 年］）; Timothy Heleniak, "Population Trends," in Stephen K. Wegren, ed., *Putin's Russia: Past Imperfect, Future Uncertain* (Lanham, MD: Rowman & Littlefield, 2016), 153-60; Masha Gessen, "The Dying Russians," *New York Review of Books*, 2014 年 9 月 2 日付 ; Karen Dawisha, *Putin's Kleptocracy: Who Owns Russia?* (New York: Simon and Schuster, 2015), 13-35.

20. Hill and Gaddy, *Putin*, 147-65（ヒル、ガディ『プーチンの世界』）; Dawisha, *Putin's Kleptocracy*, 104-62.

21. さらに FSB の長官としてプーチンは、エリツィンの家族と側近の汚職を調査していた検事総長ユーリ・スクラトフを辞任に追い込んで、自身の価値を証明した。FSB は、スクラトフが二名の売春婦と性交している映像をテレビで放映させた。David Satter, "How Putin Became President," *The American Interest*, 2016 年 5 月 19 日付 ; ADST, Thomas Pickering, ambassador to Russia, 1993-1996, Charles Stuart Kennedy によるインタビュー，2003 年 4 月 : https://adst.org/?s=Putin.

22. Zhenya Molchanova and Lt. Colonel Ivan Timoshenko, in Natalya Shulyakovskaya and Catherine Belton, "Public Sees Madness in the Kremlin," *Moscow Times*, 1999 年 8 月 10 日付 ; "'Who Is Putin?' How Russia Reacted to Leader's Rise to Power, 20 Years Ago," *Moscow Times*, 2019 年 8 月 9 日付 ; Boris Nemtsov, in Andrei Zolotov, "President Draws Criticism from All Political Camps," *Moscow Times*, 1999 年 8 月 10 日付 ; Tobias Rupprecht, "Formula Pinochet: Chilean Lessons for Russian Liberal Reformers during the Soviet Collapse, 1970-2000," *Journal of Contemporary History*, 51, no. 1 (2016): 165-86.

23. Putin, 1999 年 8 月 16 日の国会での演説、出典は Dawisha, *Putin's Kleptocracy*, 202-3; Gessen, *Man without a Face*, 22-42（ゲッセン『そいつを黙らせろ』）; Amy Knight, *Orders to Kill. The Putin Regime and Political Murder* (New York: Thomas Dunne Books, 2017), 79-99; David Satter, *Darkness at Dawn: The Rise of the Russian Criminal State* (New Haven: Yale University Press, 2004), 63-71.

24. Knight, *Orders*, 93-98; Dawisha, *Putin's Kleptocracy*, 243-51.

25. Kissinger, quoted in Ian Traynor, "Putin Urged to Apply the Pinochet Stick," *Guardian*, 2000 年 3 月 30 日付 ; José Pinera, "A Chilean Model for Russia," *Foreign Policy* 79, no. 5 (2000): 62-73; Rupprecht, "Formula Pinochet"; "Russia at the Turn of the Millenium," 199 年 12 月 31 日付 , Putin 著とされる評論、出典は Hill and Gaddy, *Putin*, 40（ヒル、ガディ『プーチンの世界』）; Dawisha, *Putin's Kleptocracy*, 7; 成功過程の展開については Masha Gessen, *The Future Is History: How Totalitarianism Reclaimed Russia* (New York: Riverhead Books, 2017).

26. George W. Bush, in Michael Wolff, *Fire and Fury. Inside the Trump White House* (New York: Henry Holt, 2018), 44（マイケル・ウォルフ『炎と怒り：トランプ政権の内幕』［関根光宏・

藤田美菜子他訳。早川書房。2018 年]）; Donald Trump, "The Inaugural Address," 2017 年 1 月 20 日, at: https://www.whitehouse.gov/briefings-statements/the-inaugural-address/.

27. Sarah Kendzior, *Hiding in Plain Sight. The Invention of Donald Trump* (New York: Flatiron Books, 2020); Wayne Barrett, *Trump: The Deals and the Downfall* (New York: HarperCollins, 1992); David Barstow, Susanne Craig, and Russ Buettner, "Trump Engaged in Suspect Tax Schemes as He Reaped Riches from his Father," *New York Times*, 2018 年 10 月 2 日付; Michael Rothfeld and Alexandra Berzon, "Donald Trump and the Mob," *Wall Street Journal*, 2016 年 9 月 1 日付; David Cay Johnson, "Just What Were Donald Trump's Ties to the Mob?' *Politico*, 2016 年 5 月 22 日付; Christopher Knaus, "Trump's Bid for Sydney Casino 30 Years Ago Rejected Due to 'Mafia Connections,'" *Guardian*, 2017 年 8 月 15 日付; David A. Fahrenthold and Jonathan O'Connell, "How Donald Trump Inflated His Net Worth to Lenders and Investors," *Washington Post*, 2019 年 3 月 28 日付.

28. Mike McIntire, Megan Twohey, and Mark Mazzetti, "How a Lawyer, a Felon and a Russian General Chased a Moscow Trump Tower Deal," *New York Times*, 2018 年 11 月 29 日付; Franklin Foer, "Russian-Style Kleptocracy Is Infiltrating America," *Atlantic*, March 2019; Christina Maza, "Former Trump Associate Felix Sater Accused of Laundering Millions," *Newsweek*, 2019 年 3 月 26 日号; Robby Browne, Corcoran Group broker, in Jacob Bernstein, "Trump Tower, a Home for Celebrities and Charlatans," *New York Times*, 2017 年 8 月 12 日付; Brett Samuels, "Trump Says He'll Meet with Dictators If It's Good for the US," *Hill*, 2019 年 11 月 12 日付; Greg Price, "Ivanka Trump Sat in Vladimir Putin's Chair and Spun Around, President's Former Associate Says," *Newsweek*, 2018 年 5 月 17 日号; Vicky Ward, *Kushner, Inc. Greed. Ambition, Corruption* (New York: St. Martin's Press, 2019), 38; Anita Kumar, "Buyers Tied to Russia, Former Soviet Republics Paid $109 Million in Cash for Trump Properties," McClatchy, 2018 年 6 月 19 日付.

29. Emma Green, "It Was Cultural Anxiety That Drove White, Working-Class Voters to Trump," *Atlantic*, 2017 年 5 月 9 日付; Trump, in Politico Staff, "Full Text: Donald Trump 2016 RNC Draft Speech Transcript," *Politico*, 2016 年 7 月 21 日付; German Lopez, "Trump's Long History of Racism from the 1970s to 2019," *Vox*, 2019 年 7 月 15 日付; *USA Today*, "Trump Nation," 2016 年に全 50 州でトランプ支持者に対して実施したインタビュー: https://www.usatoday.com/pages/interactives/trump-nation/#/?_k=9nqnw0.

30. Thomas E. Mann and Norman J. Ornstein, "Let's Just Say It: The Republicans Are the Problem," *Washington Post*, 2012 年 4 月 27 日付; Hetherington and Weiler, *Authoritarianism*; Tim Alberta, *American Carnage* (New York: HarperCollins, 2019).

31. Berlet, ed., *Trumping Democracy*; Alberta, *American Carnage*, 110-17; Brian Rosenwald, *Talk Radio's America. How an Industry Took Over a Political Party That Took Over the United States* (Cambridge, MA: Harvard University Press, 2019); Guardiola-Rivera, *Death Foretold*, 238.

32. Sessions and Trump in Eli Stokol, "Sen. Jeff Sessions endorses Trump," *Politico*, 2016 年 2 月 28 日付. Nancy McLean, *Democracy in Chains: The Deep History of the Radical Right's Stealth Plan for America* (New York: Viking, 2017), 154-68; Sahil Chinoy, "What Happened to America's Political Center of Gravity?" *New York Times*, 2019 年 6 月 26 日付. この記事では、1945 年以降 50 の国に存在した 1000 以上の政党について扱ったマニフェスト・プロジェクト（https://manifesto-project.wzb.eu/）の結果について論じられている。; Pippa Norris, "Measuring Populism Worldwide," Harvard Kennedy School Faculty Research Working Paper No. RWP20-002, February 2020. その成果と世界政党調査のデータへのリンクは、https://www.hks.

harvard.edu/publications/measuring-populism-world-wide.
33. Nicholas Farrell, "'I'm Fascinated by Mussolini,'" *Spectator USA*, 2018年3月14日付 ; Jane Mayer, "New Evidence Emerges of Steve Bannon and Cambridge Analytica's Role in Brexit," *New Yorker*, 2018年11月18日号 .
34. Ward, *Kushner*, 82; Wolff, *Fire and Fury*, 41, 77, 193（ウォルフ『炎と怒り：トランプ政権の内幕』）; Nahal Toosi and Isaac Arnsdorf, "Kissinger, Longtime Putin Confidant, Sidles Up to Trump," *Politico*, 2016年12月24日付 .
35. Jeff Horowitz and Chad Day, "AP Exclusive: Before Trump Job, Manafort Worked to Aid Putin," *AP News*, 2017年3月22日付 ; Betsy Swan and Tim Mak, "Top Trump Aide Led the 'Torturers' Lobby,'" *Daily Beast*, 2017年11月6日付 ; Tom McCarthy, "Paul Manafort: How Decades of Serving Dictators Led to Role as Trump's Go-To Guy," *Guardian*, 2017年10月30日付 ; Jack Anderson and Dale Van Atta, "Mobutu in Search of an Image Boost," *Washington Post*, 1989年9月25日付 ; Brogan, "The Torturers' Lobby," 1, 6, 31, 51-60.
36. Trump, 2013年6月18日のツイート , https://onl.sc/SURUEdX ; Tina Nguyen, "Eric Trump Reportedly Bragged about Access to $100 Million in Russian Money," *Vanity Fair*, 2017年5月8, 日 号 ; Donald Trump Jr. comment in David Remnick, "Trump and Putin: A Love Story," *New Yorker*, 2016年8月3日号 ; Craig Unger, *House of Trump, House of Putin* (New York: Dutton, 2019); Michael Isikoff and David Corn, *Russian Roulette: The Inside Story of Putin's War on America and the Election of Donald Trump* (New York: Twelve, 2018).
37. Nick Corasaniti and Maggie Haberman, "Trump Suggests 'Second Amendment People' Could Act against Hillary Clinton," *New York Times*, 2016年8月8日付 ; Eric Bradner, "Conway: Trump Offered 'Alternative Facts' on Crowd Size," CNN.com, 2017年1月23日付 .
38. Ruth Ben-Ghiat, "Trump and Bannon's Coup," CNN.com, 2017年2月1日付 ; Bannon, in Philip Rucker and Robert Costa, "Bannon Vows a Daily Fight for 'Deconstruction of the Administrative State,'" *Washington Post*, 2017年2月23日付 ; Conor Friedersdorf, "The Radical Anti-Conservatism of Stephen Bannon," *Atlantic*, 2016年8月25日付 ; Kellyanne Conway, 2017年1月28日のツイート : https://twitter.com/KellyannePolls/status/825358733945475073.

第四章　より偉大な国家

1. Herr S., in Charlotte Beradt, *The Third Reich of Dreams*, trans. Adriane Gottwald (Chicago: Quadrangle Books, 1966), 5-7.
2. Tilman Allert, *The Hitler Salute. On the Meaning of a Gesture* (New York: Picador, 2009); Kershaw, "*Hitler Myth*," 60（ケルショー『ヒトラー神話』）.
3. Allert, *Hitler Salute*, 38-39, 60, 68; Wendy Lower, *Hitler's Furies: German Women in the Nazi Killing Fields* (New York: Houghton Mifflin, 2013), 22（ウェンディ・ロワー『ヒトラーの娘たち：ホロコーストに加担したドイツ女性』［石川ミカ訳。明石書店。2016年］).
4. カダフィは、他のアラブ諸国とは異なるイスラーム暦を採用していた。Mussolini, "Discorso sull' Ascensione," 1927年5月26日 , in *Scritti e discorsi* 66: 77.
5. Paulo Pachá, "Why the Brazilian Far Right Loves the European Middle Ages," *Pacific Standard*, 2019年3月12日号 ; Matthew Gabriel, "Islamophobes Want to Recreate the Crusades. But They Don't Understand Them at All," *Washington Post*, 2017年6月6日付 ; Aristotle Kallis, *Fascist Ideology: Territory and Expansionism in Italy and Germany, 1922-1945* (New York: Routledge, 2000); Soner Cagaptay, *Erdogan's Empire: Turkey and the Politics of the Middle East* (London: I.B. Tauris, 2019).
6. Alexander Reid Ross, "Hitler in Brasilia: The U.S. Evangelicals and Nazi Political Theory behind Brazil's President in Waiting," *Haaretz*, 2018年10月28日付 ; John G. Dunlop, "Aleksandr

Dugin's Foundation of Geopolitics," *Demokratizatskiya* 23, no. 1 (2004): 41-58. ブラジルのゴルベリー・ド・コウト・エ・シルヴァ将軍は、ブラジル独裁政権で国家情報機関のトップを務めていた1966年、影響力のある著書『ブラジルの地政学（*Geopolítica do Brasil*）』を出版した。
7. David Aliano, *Mussolini's National Project in Argentina* (Madison, NJ: Farleigh Dickinson Press, 2012); Aristotle Rama Lakshmi, "Nahrendra Modi Urges the Indian Diaspora to Become an Extension of Foreign Policy," *Guardian*, 2015年3月2日付 ; Jenny Hill, "Turkey Election: Expats Play Decisive Role in Erdogan Vote," BBC.com, 2018年6月21日付 .
8. Matar, *Return*, 92（マタール『帰還』）; Tim Noonan, "Hoop Dreams of a Stateless Player," *Asia Times*, 2019年5月9日付 .
9. Matar, *Return*, 4（マタール『帰還』）; Iván Jakisć and Luis Caro, in Wright and Oñate, *Flight*, 122, 125-30.
10. Steven J. Ross, *Hitler in Los Angeles. How Jews Foiled Nazi Plots against Hollywood and America* (New York: Bloomsbury, 2017).
11. Bawden, *Pinochet Generation*, 149; Sarah Sanders, in Kate Sullivan, "God 'wanted Donald Trump to become President,'" CNN.com, 2019年1月31日付 ; Jeff Sharlet, "'He's the Chosen One to Run America': Inside the Cult of Trump, His Rallies Are Church and He Is the Gospel," *Vanity Fair*, 2020年6月18日号 .
12. Mussolini, "Discorso sull' Ascensione"; Benito Mussolini, preface to Riccardo Korherr, *Regresso delle nascite: Morte dei popoli* (Rome: Unione Editoriale d'Italia, 1928), 10, 19.
13. Victoria de Grazia, *How Fascism Ruled Women* (Berkeley: University of California Press, 1992); Duggan, *Fascist Voices*, 145-46; Alessandra Gissi, "Reproduction," in *The Politics of Everyday Life in Fascist Italy. Outside the State?* ed. Josh Arthurs, Michael Ebner, and Kate Ferris (New York: Palgrave Macmillan, 2017), 99-122.
14. Duggan, *Fascist Voices*, 274-82; Raymond Jones, *Adwa: African Victory in an Age of Empire* (Cambridge, MA: Harvard University Press, 2011); Aram Mattioli, *Experimentierfeld der Gewalt: der Abessinienkrieg und seine internationale Bedeutung, 1935-1941* (Zürich: Orell Füssli, 2005).
15. Ben-Ghiat, *Fascist Modernities: Italy, 1922-1945* (Berkeley: University of California Press, 2001), 123-70; Mia Fuller, *Moderns Abroad. Architecture, Cities, and Italian Imperialism* (New York: Routledge, 2006); Lorenzo Benadusi, *The Enemy of the New Man: Homosexuality in Fascist Italy*, trans. Suzanne Dingee and Jennifer Pudney (Madison: University of Wisconsin Press, 2012); Maura Hametz, "Borderlands," in *Everyday Life*, ed. Arthurs, Ebner, Ferris, 151-78.
16. "Come coprire i vuoti," *Vita universitaria*, 1938年10月5日 付 ; Michele Sarfatti, *The Jews in Mussolini's Italy: From Equality to Persecution* (Madison: University of Wisconsin Press, 2006); Marie-Anne Matard-Bonnard, *L'Italia fascista e la persecuzione degli ebrei* (Bologna: Mulino, 2007); 法律面については Michael Livingston, *The Fascists and the Jews of Italy: Mussolini's Race Laws, 1938-1945* (Cambridge, UK: Cambridge University Press, 2014).
17. Angela Saini, *Superior: The Return of Race Science* (Boston: Beacon, 2019)（アンジェラ・サイニー『科学の人種主義とたたかう：人種概念の起源から最新のゲノム科学まで』[東郷えりか訳。作品社。2020年]）を読めば概要が分かる . Hans Weinert, *Biologische Grundlagen für Rassenkunde und Rassenhygiene* (Stuttgart: Ferdinand Enke Verlag, 1934), in Roberto Esposito, *Bios: Biopolitcs and Philosophy*, trans. Timothy Campbell (Minneapolis: University of Minnesota Press, 2008), 113, 110-43; Michael Burleigh and Wolfgang Wipperman, *The Racial State. Germany, 1933-1945* (Cambridge, UK: Cambridge University Press, 1991)（M・バーリー、W・ヴィッパーマン『人種主義国家ドイツ：1933-45』[柴田敬二訳。刀水書房。2001年]）; Henry Friedlander, "The Exclusion and Murder of the Disabled," in *Social*

Outsiders in Nazi Germany, ed. Robert Gellately and Nathan Stoltzfus (Princeton, NJ: Princeton University Press, 2018), 145-64.

18. Clarence Lusane, *Hitler's Black Victims. The Historical Experiences of Afro-Germans, European Blacks, Africans, and African-Americans in the Nazi Era* (New York: Routledge, 2002), 137-41; Hitler, *Mein Kampf*, 644（ヒトラー『わが闘争』）.
19. 1935年のニュルンベルク法は、「ドイツ人の血とドイツ人の名誉を守るための法」と「ドイツ国市民法」および両法の補足令から成る。Sheila Fitzpatrick and Alf Lüdtke, "Energizing the Everyday. On the Making of Social Bonds in Nazism and Stalinism," in *Beyond Totalitarianism: Stalinism and Nazism Compared*, ed. Michael Geyer and Sheila Fitzpatrick (New York: Cambridge University Press, 2009), 276-79; Arnold Schoenberg, *Letters*, ed. Erwin Stein (Berkeley: University of California Press, 1987), 192; David Cesarani, *Final Solution. The Fate of the Jews, 1933-1949* (New York: St. Martins Press, 2016), 158-9, 216-21. 1935年までに1万人のユダヤ人が、おもに外国で生計を立てられなかったりビザが失効したりしたことが理由で、ドイツに戻った。Jane Caplan, "Introduction" to Herz, *Moringen*, 8-9.
20. Mosse, "Introduction," xxxviii, and Ilse McKee, "Skepticism and Participation," 278, in George Mosse, *Nazi Culture. A Documentary History* (New York: Schocken Books, 1966); Friedrich C. Tubach, *German Voices: Memories of Life during Hitler's Third Reich* (Berkeley: University of California Press, 2011), 25-26; Claudia Koonz, *The Nazi Conscience* (Cambridge, MA: Belknap Press, 2003)（クローディア・クーンズ『ナチと民族原理主義』［滝川義人訳。青灯社。2006年］）; Melita Maschmann, *Account Rendered. A Dossier on my Former Self*, trans. Geoffrey Strachan (New York: Abelard-Shuman, 1965), 36.
21. ウィーン在住Dr. Erich Oberdorferからの手紙，1938年3月16日付，出典は*Letters to Hitler*, ed. Eberle, 160.
22. Augusto Pinochet, *El Dia Decisivo: 11 de Septiembre de 1973* (Santiago: Andres Bello, 1979), 156（アウグスト・ピノチェト『チリの決断：1973年9月11日』［グスタボ・ポンセ訳。サンケイ出版。1982年］）; Augusto Pinochet, *Camino Recorrido. Memorias de un Soldado* (Santiago: Instituto Geográfico Militar de Chile, 1991), 2: 29-30; Pinochet, 1974年3月11日の演説，出典はStern, *Battling*, 68; Giselle Munizaga and Carlos Ochsenius, *El discurso publico de Pinochet* (Buenos Aires: Consejo Latinoamericano de Ciencias Sociales, 1983), 40-42; Jack B. Kubisch, 1973年11月16日付Kissinger宛ての覚書，出典はBawden, *Pinochet Generation*, 143.
23. 外務大臣Ismael Huertaによる1973年10月9日の国連総会演説，出典はLaurence Birns, ed., *The End of Chilean Democracy: An IDOC Dossier on the Coup and Its Aftermath* (New York: Seabury Press, 1974), 46.
24. Gason Acuna, director of government information, in Stern, *Battling*, 61; Luis Hernán Errázuriz and Gonzalo Leiva Quijada, *El Golpe Estético. Dictadura Militar en Chile 1973-1989* (Santiago: Ocholibros, 2012), 13-43.
25. Mario Rinvolucri, "Faculty Purge at Austral University," in Birns, ed., *Chilean Democracy*, 122-25; Marc Cooper, *Pinochet and Me. A Chilean Anti-Memoir* (New York: Verso, 2000), 65; Jonathan Kandell, "A Wide Anti-Marxist Purge in Chile Is Shaking the Universities," *New York Times*, 1973年11月14日付によると、コンセプシオン大学だけで学生1万6000人のうち6000人と、教授100人がすでに追放されていた。
26. Muñoz, *Dictator's Shadow*, 52-54; Huneeus, *Pinochet*, 57-59; Errázuriz and Leiva Quijada, *Golpe Estético*; Alejandra Matus, *Doña Lucia. La biografia no autorizada* (Santiago: Ediciones B, 2013), 212-18; Stern, *Battling*, 68-73.
27. Galadriel Ravelli, "Far-Right Militants and Sanctuaries in the Cold War: The Transnational Trajectories of Italian Neo-Fascism." PhD dissertation, University of Bath,

2017, 178-94.

28. Cooper, *Pinochet*, 106; Clara Han, *Life in Debt. Times of Care and Violence in Neoliberal Chile* (Berkeley: University of California Press, 2012), 6; ADST, Charlotte Roe, political officer, US embassy, Santiago, 1985-1989, and Harry Barnes, US ambassador to Chile, 1985-1989, Charles Stuart Kennedy によるインタビュー , 2005 年 1 月 : https://adst.org/2014/11/chiles-1988-plebiscite-and-the-end-of-pinochets-dictatorship/.

29. Gaddafi, 1970 年 7 月 21 日のラジオ演説 , 出典は Angelo Del Boca, *Gli italiani in Libia. Dal fascismo a Gheddafi* (Milan: Mondadori, 1994), 270-271.

30. Gaddafi, *The Green Book*, in Muammar Gaddafi, *My Vision. Conversations and Frank Exchanges of Views with Edmond Jouve*, trans. Angela Parfitt (London: John Blake, 2005), 150; Vandewalle, *Libya*, 87; van Genugten, *Libya*, 85; Kevin Dunn, *Imagining the Congo. The International Relations of Identity* (New York: Palgrave Macmillan, 2003), 105-38.

31. ADST, Harold G. Josif, deputy chief of mission, US embassy in Tripoli, Charles Stuart Kennedy によるインタビュー , 1999 年 10 月 , at: https://adst.org/2016/09/sudden-rise-muammar-qaddafi-hostile-libya/; トリポリのアメリカ大使館からの電報、1970 年 6 月 11 日付 , 出典は St. John, *Libya*, 142.

32. Chiara Loschi, "La comunità degli italiani nella Libia indipendente," in *Rovesci della fortuna. La minoranza italiana in Libia dalla seconda guerra mondiale all'espulsione (1940- 1970)*, ed. Francesca Di Giulio and Federico Cresti (Ariccia: Aracne, 2016), 101-18; Plinio Maggi, in Antonino Cimino, "Italiani espulsi dalla Libia," tesi di laurea, Università di Palermo, 2010, 36; Gaddafi, in Pargeter, *Libya*, 71.

33. New York Times Staff, "Property of Italians and Jews Confiscated by Libya Regime," *New York Times*, 1970 年 7 月 22 日 付 ; ADST, George Lane interview; van Genugten, *Libya*, 90-104; Benjamin Smith, "Oil Wealth and Regime Survival in the Developing World, 1960-1999," *American Journal of Political Science*, 48, no. 2 (2004): 232-46.

34. Lisa Anderson, *The State and Social Transformation in Tunisia and Libya, 1830-1980* (Princeton, NJ: Princeton University Press, 1986), 266; Gaddafi, *Green Book*, in *My Vision*, 153-58; El-Kikhia, *Libya's Qaddafi*.

35. Gaddafi, 2006, in Selwyn Duke, "Islam Is Taking Over Europe -- 'Without Swords, without Guns, without Conquest,'" *Observer*, 2017 年 1 月 25 日付 .

36. Katalin Novák, minister for family and youth affairs, in Valerie Hopkins, "Hungary Chides the Childless as 'Not Normal' as Birth Rate Tops Agenda," *Financial Times*, 2019 年 9 月 5 日付 .

37. Marcello Dell'Utri, フォルツァ・イタリアの綱領についての 2002 年 6 月の声明 , 出典は Gabriele Turi, "I 'think tank' di destra," in Ginsborg and Asquer, *Berlusconismo*, 31; Silvio Berlusconi, *Una storia italiana* (Milan: Mondadori, 2001), frontispiece, 42-59, 78.

38. Berlusconi, 2000 年 1 月 15 日 , 出典は Giovanni Orsina, *Berlusconism and Italy: A Historical Interpretation* (New York: Palgrave Macmillan, 2014), 69; Gustavo Zagrebelsky, "La neolingua dell'età berlusconiana," in Ginzburg and Asquer, *Berlusconismo*, 225-28.

39. Orsina, *Berlusconism*, 96-97; David Wiley, "Berlusconi Says 'I Am Like Jesus,'" BBC News, 2006 年 2 月 13 日 付 ; Renato Schifani, in Marco Travaglio, "Il caso Schifani comincia ora," *Micromega* 4 (2008).

40. Berlusconi, Johnson and Farrell とのインタビュー .

41. Berlusconi, on "Porta a porta," 2002 年 8 月 , 出典は Stella and Rizzo, *Cosi parlò*, 125; Berlusconi, 2008 年 4 月 10 日 , 2008, in Malcolm Moore, "Berlusconi Says Immigrants Are 'an Army of Evil,'" *Telegraph*, 2008 年 4 月 16 日付 ; 移民数と ISTAT の結果については Barbara Faedda, "'We Are Not Racists, But We Do Not Want Immigrants.' How Italy Uses Immigration Law to Marginalize Immigrants and Create a [New] National Identity," in *Migrant Marginality: A Transnational*

Perspective, ed. Philip Kretsedemas, Jorge Capetillo-Ponce, and Glenn Jacobs (New York: Routledge, 2014): 119, 121. 拘留期間は、2009年に最大6か月に延長された。

42. Carlo Giovanardi, in Milena Marchesi, "Reproducing Italians: Contested Biopolitics in the Age of 'Replacement Anxiety,'" *Anthropology & Medicine* 19, no. 2 (2012): 175; Hom, *Empire's Mobius Strip*, 118-38.

43. 2000～2006年、移民の不法入国件数のうち10パーセントが海路、20パーセントが陸路であり、70パーセントがすでにイタリアにいる者たちによる「不法長期滞在」だった。David Forgacs, "Coasts, Blockades, and the Free Movement of People," in *Italian Mobilities*, ed. Ruth Ben-Ghiat and Stephanie Malia Hom (New York: Routledge, 2015), 181; van Genugten, *Libya*, 143-44; Emidio Diodato and Federico Niglia, *Berlusconi "The Diplomat": Populism and Foreign Policy in Italy* (New York: Palgrave MacMillan, 2019), 124.

44. Putin, 2013年9月19日ヴァルダイ国際討論クラブの会合でのスピーチの文字化原稿 : http://en.kremlin.ru/events/president/news/19243; Putin, "Russia at the Turn of the Millenium," in Hill and Gaddy, *Putin*, 61（ヒル、ガディ『プーチンの世界』）.

45. プーチンによる2013年12月の国民向け演説 , 出典は Hill and Gaddy, Putin, 255-56（ヒル、ガディ『プーチンの世界』）.

46. Josh Hersh, "How Putin Is Using the Orthodox Church to Build His Power," *Vice*, 2018年3月26日号 ; Hill and Gaddy, *Putin*, 66-67（ヒル、ガディ『プーチンの世界』）; "Russia: New Wave of Anti-LGBY Persecution," *Human Rights Watch*, 2019年2月15日付 ; Jeff Sharlet, "Inside the Iron Closet: What It's Like to Be Gay in Putin's Russia," *GQ*, 2014年2月4日号 ; Masha Gessen, "How LGBT Couples in Russia Decide Whether to Leave the Country," *New Yorker*, 2019年6月11日号 .

47. Heleniak, "Population Trends," 153-59, and Louise Shelley, "Crime and Corruption," 195, both in *Putin's Russia*, ed. Wegren; Dawisha, *Putin's Kleptocracy*, 313-15.

48. Linda Robinson et al., *Modern Political Warfare. Current Practices and Possible Responses*, RAND Corporation Report, 2018, xvi-xvii, 41-124; BBC Staff, "'Russian Trolls' Promoted California Independence," BBC.com, 2017年11月4日 付 ; Mansur Mirovalev, "What's Behind Russian Support for World's Separatist Movements," NBCNews.com, 2016年7月23日付 ; Alex Finley, John Sipher, and Asha Rangappa, "Why the 2020 Election Will Be a Mess: It's Just Too Easy for Putin," Just Security, 2020年2月19日付 .

49. Margherita Sarfatti, *Dux* (Milan: Mondadori, 1926), 303; Brian Murphy and Paul A. Specht, "'Send Her Back,' Crowd Chants at Rep. Ilhan Omar at Trump Campaign Rally in NC," *News & Observer*, 2019年7月17日付 ; Susan Richard, in Kristen Inbody and Phil Drake, "Trump Rally Crowd Jazzed before Campaign Event in Billings, Montana," *Great Falls Tribune*, 2018年9月6日付 .

50. 州上院議員 Sylvia Allen（共和党、アリゾナ州）は2019年7月に「アメリカの褐色化」について警告している。Video: https://twitter.com/nowthisnews/status/1154898693671157760; Louis Nelson, "Rep. King: 'I Meant Exactly What I Said' with 'Babies' Tweet," *Politico*, 2017年3月13日付 .

51. William H. Frey, The US Will Become 'Minority White' in 2045, Census Projects, Brookings, March 14, 2018: https://www.brookings.edu/blog/the-avenue/2018/03/14/the-us-will-become-minority-white-in-2045-census-projects/; Trump, in Peter Baker, "Trump Declares a National Emergency and Provokes a Constitutional Clash," *New York Times*, 2019年2月15日付 ; Damien Paletta, Mike DeBonis, and John Wagner, "Trump Declares National Emergency on Southern Border in Bid to Build Wall," *Washington Post*, 2019年2月15日付 .

52. Dan Diamond, "The Religious Activists on the Rise inside Trump's Health

Department," *Politico*, 2018 年 1 月 22 日 付 ; Andrew Whitehead and Samuel Perry, *Taking America Back for God: Christian Nationalism in the United States* (New York: Oxford University Press, 2020). トランプ政権のメンバーのうち、オプス・デイのカトリック情報センターの理事会に所属している者には、ウィリアム・バー司法長官や大統領法律顧問パット・シトローネなどがいる。ラリー・クドローは、カトリック情報センターの元センター長ジョン・マクロスキー神父により、ユダヤ教からカトリックに改宗した。Joan Walsh, "William Barr Is Neck-Deep in Extremist Catholic Institutions," *Nation*, 2019 年 10 月 15 日付 ; Alison Kodjak, "New Rule Protects Health Care Workers Who Refuse Care for Religious Reasons," NPR, 2019 年 5 月 2 日付 ; Stephen Miller, Chris Wallace によるインタビュー , Fox News, 2019 年 7 月 20 日付 ; Andy Kroll, "Internal Emails Reveal How Stephen Miller Leads an Extremist Network to Push Trump's Anti-Immigrant Agenda," *Rolling Stone*, 2019 年 12 月 11 日号 .

53. William Barr, quotes from remarks at the Grand Lodge Fraternal Order of Police's 64th National Biennal Conference," New Orleans, LA, August 12, 2019, https://www.justice.gov/opa/speech/attorney-general-william-p-barr-delivers-remarks-grand-lodge-fraternal-order-polices-64th and November 15, 2019, speech to the Federalist Society, https://www.c-span.org/video/?466450-1/attorney-general-barr-federalist-society-convention; Charlie Savage, "Barr Bridges the Reagan Revolution and Trump on Executive Power," *New York Times*, 2019 年 11 月 18 日 付 ; Tamsin Shaw, "William Barr: The Carl Schmitt of Our Time," *New York Review of Books*, 2020 年 1 月 15 日 付 ; Betsy Woodruff Swan, "DOJ Seeks New Emergency Powers amid Coronavirus Pandemic," *Politico*, 2020 年 3 月 21 日付 ; Quinta Jurecic and Benjamin Wittes, "Three Plausible— and Troubling— Reasons Why Barr Tried to Force Berman Out," *Atlantic*, 2020 年 6 月 22 日付 .

54. Nick Danforth, "Turkey's New Maps Are Reclaiming the Ottoman Empire," *Foreign Policy*, 2016 年 10 月 23 日 号 ; Gonul Tol, "Turkey's Bid for Religious Leadership," *Foreign Affairs*, 2019 年 1 月 10 日号 ; Tahar Ben Jelloun, "Il piano neo-ottomano di Erdogan: imporsi in Libia per tornare in Maghreb," *La Stampa*, 2020 年 2 月 6 日付 ; Natasha Turak, "Turkey's Erdogan Threatens to Release Millions of Refugees into Europe over Criticism of Syria Offensive," CNBC, 2019 年 10 月 10 日付 .

55. Acemoglu and Ucer, "Ups and Downs"; "Erdoganomics," *Economist*,2016 年 2 月 4 日号 ; Zeynep Tufekci, *Twitter and Teargas: The Power and Fragility of Networked Protest* (New Haven: Yale University Press, 2017)（ゼイナップ・トゥフェックチー『ツイッターと催涙ガス：ネット時代の政治運動における強さと脆さ』[中林敦子訳。P ヴァイン。2018 年]）.

56. M. Hakan Yavuz and Bayram Balci, eds., *Turkey's July 15th Coup: What Happened and Why* (Salt Lake City: University of Utah Press, 2018).

57. Maximilian Popp, "Revisiting Turkey's Failed Coup Attempt," *Der Spiegel*, 2017 年 7 月 6 日 付 ; Christiaan Triebert, "'We've Shot Four People. Everything's Fine. The Turkish Coup through the Eyes of its Plotters," *Bellingcat*, 2016 年 7 月 24 日付 .

58. Carlotta Gall, "Spurning Erdogan's Vision, Turks Leave in Droves, Draining Money and Talent," *New York Times*, 2019 年 1 月 2 日 付 ; Mehul Srivastava, "Turkish Economy Turns in Worst Performance since 2009," *Financial Times*, 2016 年 12 月 12 日 付 ; Simon Tisdall, "Erdogan Is on a Lonely Path to Ruin. Will He Take Turkey Down with Him?" *Guardian*, 2019 年 7 月 20 日付 . 2019 年 3 月までに没収された資産の総額については https://turkeypurge.com; Stockholm Center for Freedom, "Turkey Has Detained More than 282,000 and Arrested 94,000 since the 2016 Failed Coup," 2020 年 7 月 15 日 付 :

https://stockholmcf.org/turkey-has-detained-more-than-282000-arrested-94000-since-2016-failed-coup/.

59. Onur Ant, "Erdogan's Approval Rating Soars after Coup Attempt," *Bloomberg*, 2016 年 8 月 11 日 付 ; Ed Finn, "The Power of Social Media. Erdogan's Smart Use of a Smartphone," CNN.com, 2016 年 7 月 18 日付 .

60. Hürriyet Daily News Staff, "Erdogan Voice Message Surprises Turkey Mobile Users on Failed Coup Anniversary," *Hürriyet Daily News*, 2017 年 7 月 16 日付 ; Tom Stevenson, "Bleak Burial: Turkey's Traitors' Cemetery," DW.com, 2016 年 8 月 1 日 付 ; Ishaan Tharoor, "Turkey's Erdogan Turned a Failed Coup into His Path to Greater Power," *Washington Post*, 2017 年 7 月 17 日付 .

61. Erdoğan, 2019 年 1 月の演説 , 出典は Lorenzo Vidino, "Erdogan's Long Arm in Europe," *Foreign Policy*, 2019 年 5 月 7 日号 ; Bekir Agirdir, in Gall, "Spurning Erdogan's Vision"; Erdoğan, 2019 年 7 月 15 日の演説 , 出典は Tisdall, "Erdogan Is on a Lonely Path."

第五章　プロパガンダ

1. Oriana Fallaci, *Interview with History*, trans. John Shepley (Boston: Houghton Mifflin 1976), 40-41; Henry Kissinger, *White House Years* (Boston: Little, Brown, 1979), 1409（ヘンリー・キッシンジャー『キッシンジャー秘録』（全 5 巻）[斎藤彌三郎ほか訳。小学館。1979 ～ 80 年]）.

2. Gaddafi interview in Fallaci, "Italians Are Our Brothers," *New York Times Magazine*, 1979 年 12 月 16 日号 .

3. Joseph Goebbels, in David Welch, *The Third Reich: Politics and Propaganda* (New York: Routledge, 1993), 22.

4. 古典的研究は、Marc Bloch, *Royal Touch: Sacred Monarchy and Scrofula in England and France* (Toronto: McGill-Queen's University Press, 1973)（マルク・ブロック『王の奇跡：王権の超自然的性格に関する研究／特にフランスとイギリスの場合』[井上泰男・渡邊昌美共訳。刀水書房。1998 年]）; Traverso, *Fire*, 94-98（トラヴェルソ『ヨーロッパの内戦』）; Giorgio Bertellini, *Divo/Duce. Promoting Film Stardom and Political Leadership in 1920s America* (Berkeley: University of California Press, 2019); Stephen Gundle, Christopher Duggan, and Giuliana Pieri, eds., *The Cult of the Duce* (Manchester: Manchester University Press, 2015), 72-92; Dikötter, *Dictator*.

5. Simonetta Falasca-Zamponi, *Fascist Spectacle* (Berkeley: University of California Press, 1997), Nicholas O'Shaughnessy, *Selling Hitler. Propaganda and the Nazi Brand* (London: Hurst, 2016).

6. Jacques Ellul, *Propaganda. The Formation of Men's Attitudes* (New York: Vintage Books, 1973), 10.

7. Sohini Mitter, "Inside the New Modi App: Instagram-like Stories, Live Events, Exclusive Content, and More," *YourStory*, 2019 年 10 月 7 日 号 ; Varsha Jain, Meetu Chawla, B. E. Ganesh, and Christopher Pich, "Exploring and Consolidating the Brand Personality Elements of the Political Leader," *Spanish Journal of Marketing*, 22, no. 3 (2018): 295-318.

8. Gaetano Polverelli to Mussolini, 1933 letter in Archivio Centrale dello Stato (ACS), Ministro della Cultura Popolare (MCP), b.155, f.10; Ruth Ben-Ghiat, "Fascist Italy and Nazi Germany: The Dynamics of an Uneasy Relationship," in *Art, Culture, and Media under the Third Reich*, ed. Richard Etlin (Chicago: University of Chicago Press, 2002), 257-86; Virginia Higginbotham, *Spanish Film under Franco* (Austin: University of Texas Press, 1988), 7.

9. Nina Tumarkin, *Lenin Lives! The Lenin Cult in Soviet Russia* (Cambridge, MA: Harvard University Press, 1997); Dikötter, *Dictator*; Jan Plamper, *The Stalin Cult. A Study in the Alchemy of Power* (New Haven: Yale University Press, 2012); Ben-Ghiat, *Fascist Modernities*.

10. Pamela Constable and Arturo Valenzuela, *A Nation of Enemies. Chile under Pinochet* (New York: W. W. Norton, 1993), 155.

11. Gaetano Salvemini, "Mussolini's Battle of Wheat," *Political Science Quarterly* 46, no. 1 (1931): 38.

12. Ellen Nakashima, "U.S.

Department of Justice Admits Error but Won't Correct Report Linking Terrorism to Immigration," *Washington Post*, 2019年3月1日付; Pia Orrenius and Madeline Zavodny, "Do Immigrants Threaten US Public Safety?" *Journal on Migration and Human Security* 7, no. 3 (2019): 52-61.

13. Eliza Apperly, "Why Europe's Far Right Is Targeting Gender Studies," *Atlantic*, 2019年6月15日付.
14. Federico Fellini, "Notes on Censorship" (1958), on Fascist and Christian Democratic censorship, in *Fellini on Fellini*, trans. Isabel Quigley (New York: Delacorte Press, 1976), 84, 86（フェリーニ述、コスタンツォ・コスタンティーニ編著『フェリーニ・オン・フェリーニ』［中条省平・中条志穂訳。キネマ旬報社。1997年］）.
15. 著者によるGuilloへのインタビュー；政権の歴史を示した彼のグラフィック作品については*Pinochet Illustrado* (Santiago: Editorial Genus, 2008)を参照; Randall Bytwerk, *Bending Spines: The Propagandas of Nazi Germany and the German Democratic Republic* (East Lansing: Michigan State University Press, 2004), 155-69; Ruth Ben-Ghiat, *Italian Fascism's Empire Cinema* (Bloomington: Indiana University Press, 2015), 4; Stephen Burt Wiley, "Transnation: Chilean Television Infrastructure and Policy as National Space, 1969-1996," PhD dissertation, University of Illinois Champagne-Urbana, 1999, 121.
16. Ben-Ghiat, *Empire Cinema*. 移動映画館は、共産主義国家が利用したほか、フランスとイギリスも植民地で活用していた。
17. Seldes, *Sawdust Caesar*, 375（セルデス『ファッショの偶像』）; Bertellini, *Divo/Duce*.
18. Isituto Luce (IL), Archivio Cinematografico (AC), "Mussolini si cimenta nella trebbiatura del grano," Giornale Luce B0707, 1935年7月3日付。このニュース映画は、ムッソリーニのサバウディア訪問を記録したものである。; Bertellini, *Divo/Duce*; Alessandra Antola Swan, "The Iconic Body: Mussolini Unclothed," *Modern Italy* 21, no. 4 (2016): 361-81.
19. Gaetano Salvemini, *Mussolini diplomatico* (Bari: Laterza, 1952), 384; Bertellini, *Divo/Duce*; Migone, *United States*; John Diggins, *Mussolini and Fascism: The View from America* (1972) (Princeton, NJ: Princeton University Press, 2015); Pierluigi Erbaggio, "Writing Mussolini: Il Duce's American Biographies on Paper and on Screen," PhD dissertation, University of Michigan, 2016.
20. David Kertzer, *The Pope and Mussolini: The Secret History of Pius XI and the Rise of Fascism in Europe* (New York: Random House, 2014); Gundle, Duggan, Pieri, eds., *The Cult of the Duce*; Duggan, *Fascist Voices*, 102; Mack Smith, *Mussolini*, 103; letter from Margherita V. の手紙, 1936年5月8日付, 出典は*Caro Duce*, 51.
21. *Corriere della sera*, 1930年11月3日付, in Duggan, *Fascist Voices*, 230.
22. Luigi Albertini, in Mack Smith, *Mussolini*, 58; Guido Bonsaver, *Censorship and Literature in Fascist Italy* (Toronto: University of Toronto Press, 2007), 27-32.
23. Mussolini, "Il giornalismo come missione," 演説, 1928年10月10日, 出典は*Scritti e discorsi*, vol. VI, 250-51; Seldes, *Sawdust Caesar*, 312（セルデス『ファッショの偶像』）; MCPの報道機関指令, 1939年9月21日付, 出典はGiancarlo Ottaviano, ed., *Le veline di Mussolini* (Viterbo: Stampa Alternativa, 2008), 11.
24. Goebbels, in Welch, *Third Reich*, 43-48; Nicholas O'Shaughnessy, *Marketing the Third Reich: Persuasion, Packaging, and Propaganda* (New York: Routledge, 2018), 214.
25. Peter Longerich, *Goebbels: A Biography* (New York: Random House, 2015); *Hitler, Mein Kampf*, 178-86（ヒトラー『わが闘争』）; Werner Mの手紙, 1933年11月10日付, M. von Keyden-Plötzの手紙, 1934年3月付, Curt Rudolf Kempeの手紙, 1935年4月4日付, 出典は*Letters to Hitler*, ed. Eberle, 81-83, 91-92, 144-45; Kershaw, "Hitler Cult."（ケルショー『ヒトラー神話』）
26. O'Shaughnessy, *Marketing*,

197-201; Welch, *Third Reich*, 38-43; Heidi Tworek, *News from Germany. The Competition to Control Wireless Communications, 1900-1945* (Cambridge, MA: Harvard University Press, 2019).

27. Italo Calvino, "The Duce's Portraits," *New Yorker*, 2003年1月6日号; Bainville, *Les dictateurs*, 287; Janet Flanner, in Michael Munn, *Hitler and the Nazi Cult of Film and Fame* (New York: Skyhorse, 2013), 70-73; Traverso, *Fire*, 180-96（トラヴェルソ『ヨーロッパの内戦』）; Schmölders, *Hitler's Face*; Otto Strasser, cited in F. W. Lambertson, "Hitler, the Orator: A Study in Mob Psychology," *Quarterly Journal of Speech* 28 (1942): 126-27.
28. Tubach, *German Voices*, 53; Lower, *Furies*, 26（ロワー『ヒトラーの娘たち』）.
29. Welch, *Third Reich*, 43; Fermi, *Mussolini*, 193（フェルミ『ムッソリーニ』）; Clara Petacci, *Mussolini Segreto. Diari, 1932-1938*, ed. Mauro Sutturo (Milan: RCS Libri, 2009), 1937年10月23日の項, location 801 (Kindle edition).
30. IL, AC, "Adunata!" 1935年10月8日付, Giornale Luce B0761; Ruth Ben-Ghiat, "Five Faces of Fascism," in *Visualizing Fascism*, ed. Thomas and Eley, 94-110.
31. O'Shaughnessy, *Marketing*, 200-201; ACS, Ministero dell'interno (MI), Direzione Generale Pubblica Sicurezza (DGPS), Divisione Polizia Politica (1927-1943), b.132, K111, ジェノヴァからの1937年6月13日付報告書、ならびに、ミラノからの1938年1月12日付、1938年4月7日、同年同月9日付、1938年5月8日付、および同年同月31日付報告書.
32. Arendt, *Origins*, 474（アーレント『全体主義の起原』）.
33. Theodor Adorno, "Television and the Patterns of Mass Culture," in *Mass Culture. The Popular Arts in America*, ed. Bernard Rosenberg and David Manning White (New York: The Free Press, 1957), 479.
34. Francisco Franco, *Discursos y mensajes del Jefe del Estado 1955-1959* (Madrid: Dirección General de Información Publicacions Españolas, 1960), 122; Manuel Palacio, "Early Spanish Television and the Paradoxes of a Dictator General," *Historical Journal of Film, Radio, and Television* 25, no. 4 (2005): 599-617.
35. Richard Gunther, José Ramón Montero, and José Ignacio Wert, "Media and Politics in Spain: From Dictatorship to Democracy," Working Paper 176, Institut de Ciències Politiques i Socials (1999), 8-9; Luis González Seara, *La España de los años 70* (Madrid: Ed. Moneda y Crédito, 1972), 781; Higginbotham, Spanish Film, 7.
36. Rosendorf, *Franco*; Antonio Cazorla Sánchez, *Fear and Progress. Ordinary Lives in Franco's Spain, 1939-1975* (Oxford: Blackwell, 2010), 14-15.
37. Cento Bull and Ravelli, "Pinochet Regime"; Peter Kornbluh, *The Pinochet File: A Declassified Dossier on Atrocity and Accountability* (New York: The New Press, 2003), 232-33; Mayorga, *Il condor nero*; Spooner, *Soldiers*, 97.
38. Muñoz, *Dictator's Shadow*, 53; Stern, *Battling*, 60-62; Munizaga and Ochsenius, *El discurso*, 17-22; Wiley, "Transnation," 23.
39. Gabriel García Márquez が語る Littín の話，出典は *Clandestine in Chile. The Adventures of Miguel Littín*, trans. Asa Zatz (New York: Henry Holt, 1986), 16（G・ガルシア＝マルケス『戒厳令下チリ潜入記：ある映画監督の冒険』［後藤政子訳。岩波書店（岩波新書）。1986年］）; Ariel Dorfman, *Homeland Security Ate My Speech* (New York: OR Books, 2017), 184-85.
40. Vandewalle, *Libya*, 99-104.
41. Drew O. McDaniel, "Libya," in Douglas A. Boyd, *Broadcasting in the Arab World* (Ames: University of Iowa Press, 1999), 231-36; Abdallah Rached, in Fatima El-Issawi, *Libya Media Transition. Heading to the Unknown*, London School of Economics Polis Report (2013), 27: http://eprints.lse.ac.uk/59906/1/El-Issawi_Libya-media-transition_2013_pub.pdf.
42. Boyd, *Broadcasting*, 130. イラクにおける裁判のテレビ中継は、1958年に軍事クーデターで権力を掌握し、1963年まで支配者の座にいたアブドゥルカリーム・カースィムの時

代に始まった。

43. L.S., 著者とのインタビュー. トリポリ大学は、ファーテハ大学と改名されていた。

44. Gaddafi, *Green Book*, in Gaddafi, *My Vision,* 131; Pargeter, *Libya*, 100-102. ヒューマン・ライツ・ウォッチの調査員 Peter Bouckaert は、ガーディアン紙の記者だった故 Tim Heatherington と協力して、カダフィ政権崩壊後にこの一件を含む数々の処刑を撮影した治安部隊の映画フィルムを安全な場所へ避難させた : Ian Black, "Gaddafi's Terror Exposed in Lost Picture Archive," *Guardian*, 2011 年 7 月 18 日付 .

45. L.S., の著者とのインタビュー .

46. "'You Have a Terribly Homosexual Face': Brazil's President Launches Attack on Journalist," *Independent*, 2019 年 12 月 21 日付 ; Colby Itkowitz, "Trump Attacks Rep. Cummings's District, Calling It a 'Disgusting, Rat and Rodent-Infested Mess,'" *Washington Post*, 2019 年 7 月 27 日付 ; Matthew Daly, "House Dems Back Subpoenas for Ivanka, Jared Private Emails," AP News, 2019 年 7 月 25 日 付 ; Joel Simon, "Muzzling the Media: How the New Autocrats Threaten Press Freedom," *World Policy Journal* 23, no. 2 (2006): 51-61.

47. Gábor Polyak, "How Hungary Shrunk the Media," *Mérték Media Monitor*, 2019 年 2 月 14 日号 , at European Centre for Press and Media Freedom: https://www.ecpmf.eu/news/threats/how-hungary-shrunk-the-media.

48. Ronald J. Deibert, "The Road to Unfreedom: Three Painful Truths about Social Media," *Journal of Democracy* 30, no. 1 (2019): 25-39; Adrian Shahbaz, *Freedom on the Net 2018: The Rise of Digital Authoritarianism.* Freedom House report, https://freedomhouse.org/report/freedom-net/2018/rise-digital-authoritarianism; Jason Schwartz, "Trump's 'Fake News' Mantra a Hit with Despots," *Politico*, 2017 年 12 月 8 日付 ; Elana Beiser, *Hundreds of Journalists Jailed Globally Becomes the New Normal*, Committee to Protect Journalists, 2018 年 12 月 13 日 付 : https://cpj.org/reports/2018/12/journalists-jailed-imprisoned-turkey-china-egypt-saudi-arabia/.

49. Yakov Smirnoff, in Randall Wood and Carmine DeLuca, *Dictator's Handbook: A Practical Manual for the Aspiring Tyrant* (Newfoundland: Gull Pond Books, 2012), 167; Masha Lipman, "The Media," in *Putin's Russia*, ed. Wegren, 127-150; Ruben Enikolopov, Maria Petrova, and Ekaterina Zhuravskaya, "Media and Political Persuasion: Evidence from Russia," *American Economic Review* 101, no. 7 (2011): 3253-85.

50. Peter Pomerantsev and Michael Weiss, T*he Menace of Unreality: How the Kremlin Weaponizes Information, Culture and Money*, The Interpreter Project, Institute of Modern Russia, 2014: https://imrussia.org/media/pdf/Research/Michael_Weiss_and_Peter_Pomerantsev__The_Menace_of_Unreality.pdf; Robinson et al., *Modern Political Warfare*, 66-68: https://www.rand.org/pubs/research_reports/RR1772.html; Lily Hay Newman, "Russia Takes a Big Step Towards Internet Isolation," *Wired*, 2020 年 1 月 5 日号 . 2020 年 3 月現在、RT は、ツイッターのフォロワーが 300 万人以上（世界向けチャンネルとイギリス向けチャンネルの合計）にすぎず、それに対して CNN は 5500 万人（国内放送と国際放送の合計）で、BBC は 3700 万人（世界向けチャンネルとイギリス向けチャンネルの合計）である。 Economist Staff, "Russians Are Shunning State-Controlled TV for YouTube," *Economist*, 2019 年 3 月 7 日付 .

51. Robinson et al., *Political Warfare*, 56-71; David E. Sanger, "Russian Hackers Appear to Shift Focus to the U.S. Power Grid," *New York Times*, 2018 年 7 月 27 日付 ; Molly K. McKew, "Putin's Real Long Game," *Politico*, 2017 年 1 月 1 日付 ; Alina Polyakova and Chris Meserole, *Exporting Digital Authoritarianism: The Russian and Chinese Models*, Brookings Institute Foreign Policy Brief, August 2019: https://www.brookings.edu/research/exporting-digital-authoritarianism/.

52. Yuri Levada, in Helena

Goscilo, "The Ultimate Celebrity. VVP as VIP Objet d'Art," in *Celebrity and Glamour in Contemporary Russia. Shocking Chic*, ed. Helena Goscilo and Vlad Strukov (New York: Routledge, 2011), 41; Peter Pomerantsev, *Nothing Is True and Everything Is Possible: The Surreal Heart of the New Russia* (New York: Public Affairs, 2015)（ピーター・ポマランツェフ『プーチンのユートピア：21世紀ロシアとプロパガンダ』［池田年穂訳。慶應義塾大学出版会。2018年］）.

53. Ingo Beckendorf, "Russia: Putin Satire as 'Extremist Material' on Prohibition List," European Centre for Press and Media Freedom Newsletter, 2017年11月5日付; Sergey Shvakin, in Marc Bennetts, "Russia Passes Law to Jail People for 15 Days for 'Disrespecting' Government," *Guardian*, 2019年3月6日付; BBC Staff, "Russia Laws Ban 'Disrespect' of Government and 'Fake News,'" BBC.com, 2019年3月7日付.

54. Ragnedda, "Censorship," 15; Ruben Durante, Paolo Pinotti, and Andrea Tesei, "The Political Legacy of Entertainment TV," *American Economic Review* 109, no. 7 (2019): 2497-2530.

55. Paolo Guzzanti, *Mignottocrazia. La sera andavamo a ministre* (Rome: Aliberti, 2010); Jeffrey Edward Green, *Eyes of the People. Democracy in an Age of Spectatorship* (New York: Oxford University Press, 2010); Thomas Meyer, *Media Democracy. How the Media Colonize Politics* (Cambridge, UK: Polity Press, 2002), 65-70.

56. Aram Mattioli, *"Viva Mussolini!" Die Aufwertung des Faschismus im Italien Berlusconis* (Paderborn: Ferdinand Schöningh, 2010); Sara Mondini and Carlo Semenza, "Research Report: How Berlusconi Keeps His Face," *Cortex* 42, no. 3 (2006): 332-35; Berlusconi, 2009年9月9日，出典はStella and Rizzo, *Cosi parlò*, 67; Sarfatti, *Dux*, 297, 原文は"Fortuna c'e Mussolini"; "Berlusconi via satellite su maxi-schermo a Rimini," *La Repubblica*, 1994年3月13日付; Pasquino, "Five Faces."

57. Ragnedda, "Censorship," 18; Stille, *Sack of Rome*, 294-312; Monica Boria, "Silenced Humor on RAI TV: Daniele Luzzatti, Sabrina Guzzanti & Co," in *Resisting the Tide. Cultures of Opposition under Berlusconi (2001-2006)*, ed. Daniele Albertazzi, Nina Rothenberg, Charlotte Ross, and Clodagh Brook (New York: Continuum, 2011), 97-109.

58. Justin Wise, "Trump: What You're Seeing and Reading in the News 'Is Not What's Happening,'" *Hill*, 2018年7月24日付.

59. McKay Coppins, "The Billion-Dollar Disinformation Campaign to Reelect the President," *Atlantic*, 2020年2月10日付; Glenn Kessler, Salvador Rizzo, and Meg Kelly, "President Trump Made 16,241 False or Misleading Claims in His First Three Years," *Washington Post*, 2020年1月20日付; Michiko Kakutani, *The Death of Truth. Notes on Falsehood in the Age of Trump* (New York: Penguin, 2018)（ミチコ・カクタニ『真実の終わり』［岡崎玲子訳。集英社。2019年］）; Yochai Benkler, Robert Faris, and Hal Roberts. *Network Propaganda: Manipulation, Disinformation, and Radicalization in American Politics* (New York: Oxford University Press, 2018).

60. 引用元はAndrew Marantz, "The Man Behind Trump's Facebook Juggernaut," *New Yorker*, 2020年3月2日号.

61. Oliver Darcy, "Comey Writes in Memo He Laughed When Trump Floated the Idea of Jailing Journalists," CNN.com, 2018年4月20日付; Josh Dawsey, "Trump Asked China's Xi to Help Him Win Reelection, According to Bolton Book," *Washington Post*, 2020年6月17日付，引用元はJohn Bolton *The Room Where It Happened* (New York: Simon and Schuster, 2020)（ジョン・ボルトン『ジョン・ボルトン回顧録：トランプ大統領との453日』［梅原季哉監訳、関根光宏・三宅康雄他訳。朝日新聞出版。2020年］）; Guy Snodgrass（James Mattis国防長官の元主任スピーチライター），2019年の国防総省でのTrumpとの会合についての2020年6月17日付ツイート：https://twit-

ter.com/GuySnodgrass/status/1273359990905024513; Mallory Shelbourne, "Trump: 'They're Not Going to Take Away My Social Media,'" *Hill*, 2017 年 7 月 11 日付 ; Lauren Egan, "The Fake News Is Creating Violence," NBCNews.com, 2018 年 11 月 2 日付 ; Jim Acosta, *Enemy of the People: A Dangerous Time to Tell the Truth in America* (New York: Harper Collins, 2019).

62. Tali Arbel, "Trump Bump? NYT Adds Subscribers, Grows Digital Revenue," AP, 2019 年 2 月 6 日付 ; "The Washington Post Announces Plans to Expand Its Investigative Journalism," *Washington Post*, 2019 年 6 月 20 日付 ; "The New York Times Adds to Investigative Muscle with Three New Hires," *New York Times*, 2017 年 3 月 16 日付 ; Katie Rogers, "White House Hosts Conservative Internet Activists at a 'Social Media Summit,'" *New York Times*, 2019 年 7 月 11 日付 ; Alex Kaplan, "Trump Keeps Amplifying Far-Right Racist Katie Hopkins, Who Called for a 'Final Solution' for Muslims," *Media Matters*, 2019 年 8 月 26 日付 ; Katharine Schwab, "Trump Tweets 2020 Campaign Logo Linked to Alt-Right and White Supremacist Groups," *Fast Company*, 2019 年 8 月 29 日号 ; David Niewert, *Alt-America: The Rise of the Radical Right in the Age of Trump* (New York: Verso, 2017). 現在削除済みのツイートは、Anthony Smith, "Donald Trump's Star of David Hillary Clinton Meme Was Created by White Supremacists," *Mic*, 2016 年 7 月 3 日付に再掲されている .

63. Michael D. Shear, Maggie Haberman, Nicholas Confessore, Karen Yourish, Larry Buchanan, and Keith Collins, "How Trump Reshaped the Presidency in Over 11,000 Tweets," *New York Times*, 2019 年 11 月 2 日付 ; Michael Wilner, "'We All Found Out by Tweet': Trump's Golan Heights Surprise," McClatchy, 2019 年 3 月 21 日付 .

64. Oliver Darcy, "'I Want to Quit': Fox News Employees Say Their Network's Russia Coverage Was 'an Embarassment,'" CNN.com, 2017 年 10 月 31 日付 ; Matthew Gertz, "I've Studied Trump's Feedback Loop for Months. It's Crazier Than You Think," *Politico*, 2018 年 1 月 5 日付 ; Sean Illing, "How Fox News Evolved into a Propaganda Operation," *Vox*, 2019 年 3 月 22 日付 ; Robert Costa, Sarah Ellison, and Jose Dawsey, "Hannity's Rising Role in Trump's World: 'He Basically Has a Desk in the Place,'" *Washington Post*, 2018 年 4 月 17 日付 .

第六章　男らしさ

1. Michela C., 1925 年 12 月 14 日付の手紙 , 出典は Caro *Duce*, 81.

2. Fermi, *Mussolini*, 66（フェルミ『ムッソリーニ』）; Franzinelli, *Il Duce*; Roberto Olla, *Il Duce and His Women: Mussolini's Rise to Power* (Richmond: Alma Books, 2011); Duggan, *Fascist Voices*, 216-37; Richard Bosworth, *Claretta: Mussolini's Last Lover* (New Haven: Yale University Press, 2017).

3. Duterte, in Chen, "Populist Demagogue"; Berlusconi, in Franco Vanni, "In discoteca col Cavaliere fino all'alba," *La Repubblica*, 2008 年 10 月 6 日付 ; Sarfatti, *Dux*, 312.

4. Federico Boni, *Il Superleader. Fenomenologia mediatica di Silvio Berlusconi* (Rome: Meltemi, 2008), 11; Ben Dreyfuss, "Stormy Daniels Confirmed She Spanked Trump with a Magazine," *Mother Jones*, 2018 年 3 月 25 日号 .

5. Claudine Haroche, "Anthropology of Virility: The Fear of Powerlessness," in *A History of Virility*, ed. Alain Corbin, Jean-Jacques Courtine, and Georges Vigarello (New York: Columbia University Press, 2016), 403-15（A・コルバン、J-J・クルティーヌ、G・ヴィガレロ監修『男らしさの歴史』（全 3 巻）［鷲見洋一・小倉孝誠・岑村傑監訳。藤原書店。2016 ～ 2017 年］）; Beinart, "New Authoritarians"; Berlusconi, in Angelo Bocconeti, "Stupri, gaffe del premier," *Secolo XIX*, 2009 年 1 月 26 日付 ; Alfred Rosenberg, 1930, in Mosse, *Nazi Culture*, 40.

6. Valerie Sperling, *Sex, Politics, and Putin. Political Legitimacy in Russia* (New York: Oxford University Press, 2014); Marc Bennetts,

"Putin Poses with Bikers as Thousands Take to Streets," *The Times*, 2019年8月12日付; Gessen, *Man without a Face*, 43-70（ゲッセン『そいつを黙らせろ』）; Taylor, *Code of Putinism*, 28-29; Galeotti, "Fear Gives Putin More Power Than He Deserves."

7. Hitler, in Goeschels, *Mussolini and Hitler*, 42; Ruth Ben-Ghiat, "Trump's Twinship with Orbán Shows 'Illiberal Democracy' Has a Home in the US," *Guardian*, 2019年5月16日付.
8. James Anthony Mangan, ed., *Shaping the Superman. The Fascist Body as Political Icon* (London: Frank Cass, 1999); Calvino, "Duce's Portraits"; Duggan, "The Internalization of the Cult of the Duce: The Evidence of Diaries and Letters," in *Cult of the Duce*, ed. Gundle, Duggan, Pieri, 129-43.
9. Mafiki Yav Marie, in Chris McGreal, "Women Seek Abolition of 'Family Code' as Most Hated Legacy of Regime," *Irish Times*, 1997年4月15日付.
10. Kamau Mutunga, "'My View, Sir, Is That Marriage Does Not Exist in Nature," *Daily Nation*, 2012年12月5日付; Jay Nordlinger, *Children of Monsters: An Inquiry into the Sons and Daughters of Dictators* (New York: Encounter Books, 2017), 200; Wen, "Eight Women."
11. Pinochet の元閣僚, 引用元は Matus, *Doña Lucia*, 223; Claudia Farfán and Fernando Vega, *La familia. Historia privada de los Pinochet* (Santiago: Random House Mondadori, 2009); Juan Cristóbal Peña, "Manuel Contreras, 'El Mamo' Por un Camino de Sombras," in *Los Malos*, ed. Leila Guerriero (Santiago: Ediciones Diego Portales, 2015), 21-23.
12. Lyudmila Putina, in Vladimir Putin, *First Person: An Astonishingly Frank Self-Portrait by Russia's President Vladimir Putin*, with Nataliya Gevorkyan, Natalya Timakova, Andrei Kolesnikov, trans. Catherine A. Fitzpatrick (New York: Public Affairs, 2000), 149-50（プーチン（述）、N・ゲヴォルクヤン、N・チマコワ、A・コレスニコフ著『プーチン、自らを語る』［高橋則明訳。扶桑社。2000年］）; Etakerina Sokirianskaia, "Vladimir Putin Has One Reliable Set of Allies," *Guardian*, 2017年3月22日付; Janet Elise Johnson and Alexandra Novitskaya, "Gender and Politics," in *Putin's Russia*, ed. Wegren, 215-32; Misha Friedman, "Babushkas for Putin," *New York Times*, 2018年3月15日付.
13. Angela Merkel, in George Packer, "The Quiet German," *New Yorker*, 2014年11月24日号; Dan Kedmey, "Berlusconi Stunned into Silence over Alleged Merkel Insult," *TIME*, 2014年5月21日号.
14. Alessandro Amadori, *Madre Silvio. Perché la psicologia profonda di Berlusconi è più femminile che maschile* (Milano: Mind Edizioni, 2011); Bolsonaro の病院からのビデオ: https://www.youtube.com/watch?v=OkENgrM-0VEM; Mariana Simões, "Brazil's Polarizing New President, Jair Bolsonaro, in His Own Words," *New York Times*, 2018年10月28日付; Ed Pilkington, "Feel the Love, Feel the Hate—My Week in the Cauldron of Trump's Wild Rallies," *Guardian*, 2018年11月1日付; ノースカロライナ州グリーンヴィル出身の Christian Carraway, 引用元は Peter Nicholas, "It Makes Us Want to Support Him More," *Atlantic*, 2019年7月18日付; BBC Staff, "Trump on Kim Jong-un: 'We Fell in Love,'" BBC.com, 2018年9月30日付.
15. Indro Montanelli, "Mussolini e noi" (1936), 引用元は Oreste del Buono, ed., *Eia, Eia, alalà: La stampa italiana sotto il fascismo* (Milan: Feltrinelli, 1971), 310-11.
16. Emil Ludwig, *Talks with Mussolini*, trans. Eden and Cedar Paul (Boston: Little, Brown, 1933), 193; Fermi, *Mussolini*, 66（フェルミ『ムッソリーニ』）.
17. Fermi, Mussolini, 124-25（フェルミ『ムッソリーニ』）; Franzinelli, *Il Duce*, 11-66, 81-104; Olla, *Duce*, 123-68.
18. Franzinelli, *Il Duce*, 122; Olla, *Duce*, 256-59.
19. Fermi, *Mussolini*, 66（フェルミ『ムッソリーニ』）; Duggan, *Fascist Voices*, 216-19; Cederna, preface to Caro *Duce*, 9; Olla, *Duce*, 353-86; Franzinelli, *Il Duce*, 204-19; Bosworth, *Claretta*; Petacci,

Mussolini segreto.

20. Bosworth, *Claretta*; Petacci, *Mussolini segreto*; Franzinelli, *Il Duce*, 4, 120; Romano Mussolini, *Il Duce Mio Padre* (Milan: Rizzoli, 2004), 41.
21. Papini, *Maschilità, Quaderni della Voce*, series III, no. 25 (1915); Filippo Tommaso Marinetti, "Manifeste du Futurisme," *Le Figaro*, 1909年2月20日付 ; Stéphane Audoin-Rouzeau, "The Great War and the History of Virility," in *Virility*, ed. Corbin, Courtine, Vigarello, 391-98. ドイツの退役軍人たちのあいだにあった同様の恐怖については Klaus Theweleit, *Male Fantasies, Vol. 1: Women, Floods, Bodies, Histories* (Minneapolis: University of Minnesota Press, 1987)（クラウス・テーヴェライト『男たちの妄想 I：女・流れ・身体・歴史』［田村和彦訳。法政大学出版局。1999年］）参照 .
22. Giorgio Amendola, Un'isola (Milan: Rizzoli, 1980), 30; Johann Chapoutot, "Fascist Virility," in Virility, ed. Corbin, Courtine, Vigarello, 491-514.
23. Fermi, *Mussolini*, 281（フェルミ『ムッソリーニ』）; Ben-Ghiat, *Empire Cinema*, 10-13, 124-46; Lorenzo Benadusi, "Masculinity," in *Everyday Life*, ed. Arthurs, Ebner, Ferris, 51-76; Ara Merjian, "Fascist Revolution, Futurist Spin: Renato Bertelli's Continuous Profile of Mussolini and the Face of Fascist Time," *Oxford Art Journal* 42, no. 3 (2019): 307-33.
24. Hitler, in Garry O'Connor, *The Butcher of Poland. Hitler's Lawyer Hans Frank* (Stroud: History Press, 2013), 76.
25. Heike B. Görtemaker, *Eva Braun. Life with Hitler* (New York: Knopf, 2011), 48（ハイケ・B・ゲルテマーカー『ヒトラーに愛された女：真実のエヴァ・ブラウン』［酒寄進一訳。東京創元社。2012年］）; Munn, *Hitler*, 2-3.
26. Machtan, *Hitler*（マハタン『ヒトラーの秘密の生活』）; Siemens, *Stormtroopers*, 172-75; Theodor Adorno, Else Frenkel-Brunswik, Daniel Levinson, and R. Nevitt Sanford, *The Authoritarian Personality* (New York: Harper and Row, 1950)（T・W・アドルノ『権威主義的パーソナリティ』［田中義久・矢沢修次郎・小林修一訳。青木書店。1980年］ ＊抄訳）; Robert Beachy, *Gay Berlin: Birthplace of a Modern Identity* (New York: Knopf, 2014), 244.
27. Karl Larkin, "It's True--Adolf Hitler Was a Woman!" *Weekly World News*, 27, no. 30 (1992); Rudolph Hess, in Machtan, *Hitler*, 144（マハタン『ヒトラーの秘密の生活』）; Michael Fry, *Hitler's Wonderland* (London: J. Murray, 1934), 106.
28. Eva Braun, in Guido Knopp, *Hitler's Women* (New York: Routledge, 2003), 19; Görtemaker, *Eva Braun*（ゲルテマーカー『ヒトラーに愛された女』）; Munn, *Hitler*.
29. Hans Frank in O'Connor, Butcher, 153; Siemens, Stormtroopers, 172-75; Traverso, *Fire*, 211-18（トラヴェルソ『ヨーロッパの内戦』）.
30. Gaddafi, in Annick Cojean, *Gaddafi's Harem* (New York: Grove Press, 2013), epitaph.
31. Maria Graeff-Wassink, "The Militarization of Women and 'Feminism' in Libya," in *Women Soldiers: Images and Realities*, ed. Elisabetta Addis, Valeria E. Russo, and Lorenza Sebesta (Basingstoke: Palgrave Macmillan, 1994), 137-49; Alison Rogers, "Revolutionary Nuns or Totalitarian Pawns: Evaluating Libyan State Feminism after Mu'ammar Gaddafi," in *Women's Movements in Post-"Arab Spring" North Africa*, ed. Fatima Sadiqi (New York: Palgrave Macmillan, 2016), 177-93.
32. Soraya, in Cojean, *Harem*, 75, 78. Soraya は、カダフィの性的虐待システムの話を、2011年にカダフィ政権が崩壊した後、フランス人ジャーナリスト Annick Cojean に語った。Staff, "Gaddafi Formed Special Department to Find Prostitutes," *Deccan Herald*, 2013年9月24日付 ; Vivienne Walt, "Gaddafi's Ghost: How a Tyrant Haunts Libya a Year after his Death," *TIME*, 2012年10月19日号 ; Marie Colvin, "Viagra-Munching Gaddafi Bedded Five a Day," *Sunday Times*, 2011年11月14日付 ; L.S., 著者とのインタビュー .
33. Condoleezza Rice, *No Higher Honor. A Memoir of My*

Years in Washington (New York: Crown Publishing, 2011), 703（コンドリーザ・ライス『ライス回顧録：ホワイトハウス激動の2920日』［福井昌子・波多野理彩子・宮崎真紀・三谷武司訳。集英社。2013年］）; L.S., 著者とのインタビュー.

34. Cojean, *Harem*.
35. Soraya, in *Cojean*, Harem, 75; L.S., 著者とのインタビュー.
36. L.S., 1980年代初頭にリビア東部で開かれた女生徒の集会とその結果についての話, 著者とのインタビュー; Soraya in Cojean, *Harem*, 27, 57, 61.
37. Annalisa Merelli, "What Happens When You Elect a Sexist to Run Your Country? Ask Italian Women," *Quartz*, 2016年10月19日付; Elisa Giomi, "Da 'Drive in' alla 'Makeover Television.' Modelli femminili e di rapporto fra i sessi nella TV berlusconiana (e non)," *Studi culturali*, IX, no. 1 (2012): 3-28.
38. Stille, *Sack of Rome*, 86.
39. Staff, "Acerto (Prc): una vergogna Emilio Fede a un concorso di miss a Pescara," www.6aprile.it, 2011年9月17日付; Staff, "Per il meteo Fede arruola Miss Italia," *Il Tempo*, 2003年9月3日付; Piero Colaprico, Giuseppe D'Avanzo, and Emilio Randacio, "Fede: 'Dormirete a casa mia': I provini per le ragazze del Cavaliere," *La Repubblica*, 2011年8月13日付; United Nations Convention on the Elimination of All Forms of Discrimination against Women, "Concluding Observations," 2011 session, 5-6: https://www2.ohchr.org/english/bodies/cedaw/docs/co/CEDAW-C-ITA-CO-6.pdf.
40. Berlusconiが2006年3月25日に女性警官に性的嫌がらせをした場面は、次の動画にある：https://www.youtube.com/watch?v=_2xHB1FmWpk（2020年4月20日閲覧）. ほかのふたつのエピソードの出典は、Merelli, "What Happens When You Elect a Sexist?"
41. Amalia Signorelli, "Le ambigue pari opportunità e il nuovo maschilismo," in *Berlusconismo*, ed. Ginsborg and Asquer, 207-22. Letizia Moratti（2001～2006年）とMariastella Gelmini（2008～2011年）は、教育大臣だった.
42. Berlusconi, 2000年1月15日の演説, 出典はOrsina, *Berlusconism*, 69; Berlusconi, 女性団体Federcasalingheへの演説, 1994年6月9日, 引用元はStella and Rizzo, *Cosí parlò*, 49; Stille, *Sack of Rome*, 89-90.
43. Evgenia Peretz, "La Dolce Viagra," *Vanity Fair*, 2011年3月31日号; Rachel Donadio, "Premier's Roving Eye Enrages Wife, but Not His Public," *New York Times*, 2009年4月29日付; Boni, *Il Superleader*, 167-70.
44. Mussoliniの愛人Giulia Alliata di Montereale は、1943年6月にアルベルト・ヴェラーノがパレルモの知事に選ばれるよう影響力を振るった：Franzinelli, *Il Duce*, 110; Peretz, "La Dolce Viagra"; Berlusconiのテレビ番組に出演していたVittoria Brambillaは下院議員となり、テレビに出演したりミス・イタリア・コンテストに出場したりしたBarbara Materaは欧州議会議員になった. Guzzanti, *Mignottocrazia*; Staff, "Profile: Karima El Mahroug," BBC News, 2013年6月24日付.
45. Paolo Berizzi, Karima El-Mahrougとのインタビュー, *La Repubblica*, 2011年1月14日付; Guzzanti, *Mignottocrazia*; Staff, "Ruby, due nuove ragazze dal pm. 'Un incubo quelle notti ad Arcore,'" *Il Gazzettino*, 2011年4月13日付; Colaprico, D'Avanzo, Randacio, "Fede."
46. Staff, "Ruby"; "Woman Describes Berlusconi's 'Bunga Bunga' Parties," *USA Today*, 2013年5月17日付.
47. Berizzi, El Mahrougとのインタビュー; Chiara Danese, in Francesco Oggiano, "Chiara Danese: 'Come si vive quando tutti ti considerano una prostituta,'" *Vanity Fair*, 2018年12月11日号.
48. Jane Timm, "Trump on Hot Mic: 'When You're a Star ... You Can Do Anything to Women," NBC News, 2016年10月7日付; Tessa Stuart, "A Timeline of Donald Trump's Creepiness While He Owned Miss Universe," *Rolling Stone*, 2016年10月12日号; Jeffrey Toobin, "Trump's Miss Universe Gambit," *New Yorker*, 2018年2月19日号; Jazz Egger, in Nina Burleigh, *Golden Handcuffs. The Secret Histo-*

ry of Trump's Women (New York: Gallery Books, 2018), 183, 199-208.

49. Michael Snyder, "During the Trump Era, Will Men Finally Start Acting Like Men Again?" *Infowars*, 2017年1月25日付；Trump のツイート, 2019年11月27日付, https://twitter.com/realDonaldTrump/status/1199718185865535490.

50. 司法省の女性に対する暴力対策局の現在のウェブサイトのページ https://www.justice.gov/ovw/domestic-violence と、2018年4月9日当時のページ https://web.archive.org/web/20180409111243/https:/www.justice.gov/ovw/domestic-violence を比較せよ；Maya Oppenheim, "Trump Administration 'Rolling Back Women's Rights by 50 Years' by Changing Definitions of Domestic Violence and Sexual Assault," *Independent*, 2019年1月24日付.

51. Eric Ortiz and Tyler Kingkade, "Betsy DeVos Releases Final Changes to Campus Sexual Assault Policies," NBC News, 2020年5月6日付；Philip Rucker, Robert Costa, Josh Dawsey, and Ashley Parker, "Defending Kavanaugh, Trump Laments #MeToo as 'Very Dangerous' for Powerful Men," *Washington Post*, 2018年9月26日付；Ryan Teague Beckwith, "President Trump Is Defending Kavanaugh the Same Way He Defended Himself and Other Men," *TIME*, 2018年9月20日号.

52. Tim Dickinson, "A History of Sex and Abuse in the Trump Administration," *Rolling Stone*, 2018年2月23日号；Jacey Fortin, "Trump's History of Defending Men Accused of Hurting Women," *New York Times*, 2018年2月11日付；Justin Elliott, "Trump Administration Hires Official Whom Five Students Accused of Sexual Assault," *ProPublica*, 2017年5月3日付；David Nakamura, "Formal and Casual White House Photos Show Distance between Trump and Increasingly Diverse Nation," *Washington Post*, 2019年4月4日付；Jennifer Jacobs and Daniel Flatley, "Trump's Protocol Chief Is Quitting Just Before the G-20 Summit," *Bloomberg*, 2019年6月26日.

53. Trump, in Kate Briquelet, "How Did Trump and Clinton Pal Jeffrey Epstein Escape #MeToo?" *Daily Beast*, 2018年6月22日付；Lucia Graves and Sam Morris, "The Trump Allegations," *Guardian*, 2017年11月29日付；Alva Johnson, "Former Trump Campaign Staffer Accuses President of Sexual Assault," *Fortune*, 2019年2月25日号；Burleigh, *Handcuffs*; Nicole Hong, Michael Rothfeld, Rebecca Davis O'Brien, and Rebecca Ballhaus, "Donald Trump Played Central Role in Hush Payoffs to Stormy Daniels and Karen McDougal," *Wall Street Journal*, 2018年11月9日付.